# 义务教育学段研究

## 以大中小学思政课一体化建设为视角

李乾夫　陈怀锐　李睿雪◎著

光明日报出版社

图书在版编目（CIP）数据

义务教育学段研究：以大中小学思政课一体化建设为视角 / 李乾夫，陈怀锐，李睿雪著. --北京：光明日报出版社，2025.1. -- ISBN 978-7-5194-8458-3

Ⅰ. D64

中国国家版本馆CIP数据核字第2025KJ4103号

## 义务教育学段研究：以大中小学思政课一体化建设为视角
YIWU JIAOYU XUEDUAN YANJIU：YI DAZHONGXIAOXUE SIZHENGKE YITIHUA JIANSHE WEI SHIJIAO

| 著　　　者：李乾夫　陈怀锐　李睿雪 | |
|---|---|
| 责任编辑：杜春荣 | 责任校对：房　蓉　李海慧 |
| 封面设计：中联华文 | 责任印制：曹　净 |

出版发行：光明日报出版社
地　　址：北京市西城区永安路106号，100050
电　　话：010-63169890（咨询），010-63131930（邮购）
传　　真：010-63131930
网　　址：http://book.gmw.cn
E - mail：gmrbcbs@gmw.cn
法律顾问：北京市兰台律师事务所龚柳方律师
印　　刷：三河市华东印刷有限公司
装　　订：三河市华东印刷有限公司
本书如有破损、缺页、装订错误，请与本社联系调换，电话：010-63131930

| 开　　本：170mm×240mm | |
|---|---|
| 字　　数：258千字 | 印　　张：15 |
| 版　　次：2025年1月第1版 | 印　　次：2025年1月第1次印刷 |
| 书　　号：ISBN 978-7-5194-8458-3 | |

定　　价：95.00元

版权所有　　翻印必究

# 目 录
## CONTENTS

导 言 ······················································································· 1
  一、研究背景 ········································································ 1
  二、相关政策梳理 ································································· 3
  三、研究意义 ········································································ 8

**第一章　义务教育学段思政课研究现状** ······································ 13
  一、基础理论研究 ································································ 13
  二、思政课教学研究 ····························································· 17
  三、思政课建设保障研究 ······················································· 22
  四、义务教育学段思政课建设存在的问题及对策 ······················· 27
  五、研究述评 ······································································· 31

**第二章　义务教育学段思政课的地位与作用** ······························· 34
  一、地位与作用的哲学阐释 ···················································· 34
  二、小学学段在大中小学思政课一体化建设中的地位 ················· 36
  三、小学学段在大中小学思政课一体化建设中的作用 ················· 41
  四、初中学段在大中小学思政课一体化建设中的地位 ················· 45
  五、初中学段在大中小学思政课一体化建设中的作用 ················· 50

## 第三章　义务教育学段学生的思想品德形成规律及认知发展特点 …… 56
  一、认知发展理论 …… 56
  二、义务教育学段学生的思想品德形成 …… 68
  三、义务教育阶段学生认知发展的影响因素分析 …… 70
  四、小学学段学生的认知发展特点 …… 77
  五、初中学段学生的认知发展特点 …… 79

## 第四章　义务教育学段要解决的重点问题 …… 82
  一、道德情感培养：小学思政课要解决的重点问题 …… 82
  二、打牢思想基础：初中思政课要解决的重点问题 …… 103

## 第五章　义务教育思政课与相邻学段的衔接分析 …… 115
  一、教学目标衔接分析 …… 115
  二、教学内容衔接分析 …… 121
  三、教学方法衔接分析 …… 159
  四、教学评价衔接分析 …… 163

## 第六章　义务教育学段思政课建设的困境、成因及解决路径
　　　　——以云南省大理州为例 …… 172
  一、思政课建设的困境 …… 172
  二、思政课建设困境的成因分析 …… 184
  三、思政课建设的解决路径 …… 194

## 结　语 …… 219

## 参考文献 …… 221

# 导 言

## 一、研究背景

思政课是落实立德树人根本任务的关键课程，其贯穿了中国国民教育体系的整个过程、各个学段，其建设应当是一个整体系统设计，要体现思想政治教育的整体性、层次性和递进性，要遵循不同年龄段的学生身心发展规律，遵循不同学段的教育教学规律，遵循学生成长成才规律。在大中小学各学段循序渐进、螺旋上升地开设思政课，进行思政课一体化建设，是实现为党育人、为国育才的教育目标，贯彻落实立德树人根本任务的重要举措。

2019年3月18日，习近平总书记在北京主持召开了学校思想政治理论课教师座谈会（以下简称"3·18"座谈会）并发表重要讲话，这在新中国教育史上是具有里程碑意义的大事件。习近平总书记的讲话系统深刻地回答了"培养什么人、怎样培养人、为谁培养人"这一教育的根本问题，为推进新时代思政课建设指明了方向。在讲话中，习近平总书记强调"思想政治理论课是落实立德树人根本任务的关键课程"，特别是强调了"大中小学循序渐进、螺旋上升地开设思政课非常必要"。在此次座谈会中，习近平总书记创造性地提出了"大中小学思政课一体化建设"这一专业术语，多次指出"近些年，大中小学思政课一体化建设初显成效"，但是"大中小学思政课一体化建设需要深化"，要把"统筹推进大中小学思政课一体化建设作为一项重要工程"。这为新时代思政课建设提出了一个崭新的课题，作为承担立德树人根本任务的关键课程——各个学段的思政课始终要纵向衔接、循序渐进、螺旋上升地贯彻"培养什么人、怎样培养人、为谁培养人"这一根本性问题,在思政课一体化建设中铸魂育人。自此,大中小学思政课一体化建设如火如荼地开展起来。

面对新任务新挑战,不同学段思政课要统筹推进、系统规划和整体构建,克服传统的课程设置中不同学段思政课的相互分离,实现相互支撑和配合,为培养德智体美劳全面发展的社会主义建设者和接班人共同奋斗。

1986年颁布的《中华人民共和国义务教育法》(以下简称"义务教育法")于2018年进行了修订,其中第二条规定"国家实行九年义务教育制度",按照中国现行学制,义务教育指的是小学和初中两个学段。义务教育法中明确要求"义务教育必须贯彻国家的教育方针,为培养有理想、有道德、有文化、有纪律的社会主义建设者和接班人奠定基础"。义务教育阶段是学生身心发展的关键时期,这个阶段的学生正处于道德观念、价值观、社会责任感等形成的重要时期,可塑性非常强,容易受到外界影响,需要给予正确的引导和教育。

义务教育阶段的思政课统称为"道德与法治",具体设置包括了中国特色社会主义、品德、法律常识、中华文化、心理健康等课程,义务教育的思政课建设事关亿万少年儿童健康成长,事关党的事业,事关国家发展,事关民族未来。因此,在义务教育阶段加强思政课建设,在小学和初中阶段深化思政课改革,健全立德树人落实机制,在坚定理想信念、厚植爱国主义情怀、加强品德修养、增长知识见识、培养奋斗精神、增强综合素质上下功夫,大力开展理想信念、社会主义核心价值观、中华优秀传统文化、生态文明和心理健康教育,加强爱国主义、集体主义、社会主义教育,引导少年儿童听党话、跟党走,加强品德修养教育,强化学生良好行为习惯和法治意识养成,教育引导学生爱党爱国爱人民爱社会主义,在义务教育阶段加强政治启蒙和价值观塑造,是坚持全面发展,为学生终身发展奠定基础,是凝聚人心、完善人格、开发人力、培育人才、造福人民、培养担当民族复兴大任的时代新人的有力举措。

长期以来,党中央十分重视学校思想政治教育,作为思政教育主阵地的思政课建设更是备受关注,"3·18"座谈会以后,整个思政课的研究、讨论更是达到一个新的高潮。大中小学思政课一体化建设更是以其系统性、整体性和科学性引起广泛关注和实践探索。整体推进大中小学思政课一体化建设，促进不同学段思政教育的融合发展，已经成为一项系统工程。为深入贯彻《关于深化新时代学校思想政治理论课改革创新的若干意见》要求，加强对不同学段、不同类型思政课建设分类指导，推动学校思政课高质量发展，全面提高思政课质量和水平，教育部成立大中小学思政课一体化建设指导委员会，并制定《大中小学思政课一体化建设指导委员会章程》，对大中小学思政课一体化建设的前瞻研究、评价指导、工作研讨、经验总结、问题研判等理论与实践工作进行统筹协调并指导推动。大中小学思政课一体化建设虽然取得了一定的实效，但是研究成果主要集中在大学阶段，对义务教育阶段思政课建设的研究仍然缺乏系统性成果、整体构建和有效合力。因此，深入研究义务教育阶段思政课建设，促进义务教育阶段思政教育的发展，使不同学段思政课相互支撑、有力配合和有效衔接，以实现立德树人的使命，是新时代思政课改革创新的必然趋势，也是全面提高义务教育质量的应有之义。

## 二、相关政策梳理

为全面提高义务教育质量，中共中央国务院于2019年发布《关于深化教育教学改革全面提高义务教育质量的意见》，提出坚持立德树人，着力培养担当民族复兴大任的时代新人，要求坚持"五育"并举，完善德育工作体系，认真制订德育工作实施方案，突出政治启蒙和价值观塑造，突出德育实效。

2019年，教育部颁布《关于加强新时代中小学思想政治理论课教师队伍建设的意见》，从战略和全局的高度全面推进中小学思政课教师队伍建设。其中明确要求推进大中小学思政课教师队伍专业发展一体化建设。发挥高校马克思主义学院辐射作用，主动对接中小学思政课教师队伍建设，开发专门培训项目，并鼓励教师走进中小学校开展教学实践。推动大中小学思政课教师专业发展一体化团队建设，每年遴选一批国家级示范团队，确保每个团队涵盖各学段思政课教师，定期开展大中小学思政课一体化教学研究活动。鼓励高校马克思主义学院与中小学开展结对活动，定期开展教学研讨、课程研究、教师实践教育等活动。

2019年8月，为全面贯彻党的教育方针、坚持不懈用习近平新时代中国特色社会主义思想铸魂育人，为贯彻落实习近平总书记"3·18"讲话精神，中共中央办公厅、国务院办公厅印发了《关于深化新时代学校思想政治理论课改革创新的若干意见》，明确提出要深化大中小学思政课一体化建设，增强各类课程同思政课建设的协同效应，形成合力全面提高思政课质量和水平。对义务教育阶段思政课课程目标（小学阶段重在启蒙道德情感，引导学生形成爱党、爱国、爱社会主义、爱人民、爱集体的情感，具有做社会主义建设者和接班人的美好愿望。初中阶段重在打牢思想基础，引导学生把党、祖国、人民装在心中，强化做社会主义建设者和接班人的思想意识）、课程体系（在保持思政课必修课程设置相对稳定基础上，结合大中小学各学段特点构建形成必修课加选修课的课程体系。小学、初中阶段开设"道德与法治"必修课程，可结合校本课程、兴趣班开设思政类选修课程）、课程内容建设（小学阶段重在开展启蒙性学习，初中阶段重在开展体验性学习）、教材体系建设，整体推进高校课程思政和中小学学科德育等方面提出了具体的要求和指导方向。

根据2020年6月《新时代学校思想政治理论课改革创新实施方案》的指示，推进大中小学思政课一体化建设，要注重统筹，总体推进，分类指导，分步实施，积极稳妥地做好各项工作。要建立纵向衔接、横向贯通、密切配合、相互协调的课程目标、课程设置、课程内容、教材体系，实现有效贯通。要根据学生成长规律，结合不同年龄段学生的认知特点，使思政课一体化建设更具科学性、针对性及创新性。

2020年9月1日，《求是》杂志发表习近平总书记重要文章《思政课是落实立德树人根本任务的关键课程》，文章再次强调，"在大中小学循序渐进、螺旋上升地开设思政课非常必要，是培养一代又一代社会主义建设者和接班人的重要保障""要把统筹推进大中小学思政课一体化建设作为一项重要工程""推动思政课建设内涵式发展"。

2021年1月，教育部印发关于《革命传统进中小学课程教材指南》《中华优秀传统文化进中小学课程教材指南》的通知，两个指南按照由浅入深原则，一体化设计和分学段安排相结合，基于不同年龄阶段学生知识结构、认知特点、生活实际，提出相应的教育内容、具体要求和呈现方式，体现一定的进阶性。

2021年7月教育部召开《习近平新时代中国特色社会主义思想学生读本》工作座谈会，该读本是各学段学生学习习近平新时代中国特色社会主义思想的重要教材，是推动大中小学思政课一体化建设的重要载体。

2021年9月，国家教材委员会印发关于《"党的领导"相关内容进大中小学课程教材指南》的通知，指出"党的领导"相关内容进课程教材的整体布局与分科安排科学有序，学段学科全面覆盖，理论内涵充分阐释，学习要求循序渐进，全面提升课程教材铸魂育人功能。这是思政课一体化的又一次实践推进，是推动各个学段学习贯彻习近平新时代中国特色社会主义思想、学习党的创新理论走深走实，更是教育引导学生不断增进对中国共产党和中国特色社会主义的政治认同、思想认同、理论认同、情感认同，体现了思政课一体化建设的思想性、时代性和先进性。

2022年2月，教育部印发关于《新时代马克思主义理论研究和建设工程教育部重点教材建设推进方案》的通知，强调面对前所未有的大好机遇和前所未有的严峻挑战，教育部马工程重点教材建设要结合新的时代特征，适应新时代人才培养要求，总结经验，进一步加强和改进教育部马工程重点教材建设工作。增强针对性，强化统筹性，遵循教育教学规律、人才培养规律和教材建设规律，注重整体设计，注重理论联系实际，编写适应不同学段、不同类型学生的教材，对不同学段、不同类型、不同学科专业课程教材实施分类管理，丰富呈现形式，增强教材适宜性实效性。

在义务教育阶段落实立德树人根本任务，根据基础教育课程改革与发展需要，2022年3月，教育部组织专家修订形成了《义务教育道德与法治课程标准（2022年版）》（以下简称"新课标"）为义务教育阶段思政课一体化建设提供了重要参考。新课标相较于旧课标，进一步明确了"培养什么人、怎样培养人、为谁培养人"的内容。义务教育阶段的思政课程"道德与法治"是在小学"品德与生活""品德与社会"和初中"思想品德"的基础上九年一贯制设置而成。新课标明确指出，思政课是落实立德树人根本任务的关键课程，道德与法治课程是义务教育阶段的思政课，旨在提升学生的思想政治素质、道德修养、法治素养和人格修养等，增强学生做中国人的志气、骨气、底气，为培养以实现中华民族伟大复兴为己任的有理想、有本领、有担当的时代新人打下牢固的思想根基。所以，道德与法治课程是融道德教育、生命安全与健康教育、法治教育、中华优秀传统文化与革命传统教育、国情教育等为一体的综合性、实践性课程，具有政治性、思想性、综合性、实践性特征。课程内容结构遵循大中小学德育一体化的思想，基于核心素养，遵循学生身心发展特点和成长规律，按照大中小学德育一体化的思路，以螺旋上升的方式组织和呈现教育主题，强化课程设计的整体性。新课标以结构化设计对课程内容进行了整体布局，对一至九年级课程内容进行一体化统筹设计，分学段设置课程主题，构建学段衔接、循序渐进、螺旋上升的课程内容体系。作为九年一体化设计的道德与法治课程标准，将学段差异融进了整体结构之中，充分体现了不同学段学生的学情特点和发展需求，为新时代思政课育人指明了新的方向。这对于中小学思政课一体化建设全面推进、蓬勃发展有重要的推动作用，统编统用、统一标准，使中小学思政课的思想性、政治性、规范性的要求得以提高。

2022年7月《教育部办公厅等八部门关于公布"大思政课"实践教学基地名单的通知》指出要积极与大中小学对接，开发特色课程，不断增强实践教学效果，要与基地加强联系，探索建立长效机制，形成工作合力，推进思政课健康发展，着力打造服务"大思政课"实践教学的优质服务平台。

2022年8月，教育部等十部门印发关于《全面推进"大思政课"建设的工作方案》。该方案将持续深化大中小学思政课一体化建设作为"大思政课"建设中思政课改革创新重大问题的一个重要部分，要求拓展工作格局，在北京、天津、上海以及江西、陕西等地设立综合改革试验区。同时，教育部加强大中小学思政课一体化建设指导委员会建设，支持各地建设一批一体化基地，鼓励高校积极开展与中小学思政课共建。各地教育部门加强引导和协调，建立大中小学师资培育、听课评课、教研交流、集体备课等常态化工作机制。

2022年11月，教育部《关于进一步加强新时代中小学思政课建设的意见》要求坚持问题导向、目标导向和效果导向相结合，以点带面、分层分类，完善工作机制，加强协同合作，注重资源整合，深入推进大中小学思政课一体化建设。注重学段衔接，完善大中小学思想政治教育体系。遵循思想政治工作规律、教育教学规律和学生成长规律，坚持守正创新，完善体制机制，创新方法途径，切实增强思政课时代性、针对性、实效性，大力促进思政课改革发展。

青少年思想政治教育是一个接续的过程，需要大中小学不同学段共同努力。2022年12月，教育部办公厅发布《关于开展大中小学思政课一体化共同体建设的通知》，设立32个大中小学思政课一体化共同体，为统筹推动全国大中小学开展思政课一体化理论研究和实践探索提供工作平台、实践经验、理论支撑和决策咨询，切实发挥思政课立德树人关键课程作用，全面增强思政育人效果。

为发展素质教育，促进教育公平，深化课程教学改革，促进学生德智体美劳全面发展，2023年5月，教育部办公厅印发关于《基础教育课程教学改革深化行动方案》的通知。同年7月，教育部国家发展改革委财政部下发《关于实施新时代基础教育扩优提质行动计划的意见》，强调要实施义务教育强校提质行动，加快优质均衡发展。同年9月，教育部人民日报社全国少工委在全国中小学校持续开展"学习新思想，做好接班人"主题活动，引导广大中小学生坚定不移听党话、跟党走，着力培养德智体美劳全面发展的社会主义建设者和接班人。这些举措体现党中央重视基础教育改革创新，全面推进基础教育高质量发展，加之中小学思政课与时代联系越来越紧密，以提升中小学生兴趣、激发学生潜能为目标，充分体现了思政课的育人作用，体现出强烈的时代感和使命感。

为实现人才强国战略，教育引导学生扣好人生第一粒扣子，我国坚持在大中小学各学段开设思政课，并整体推进大中小学思政课一体化建设，使各个学段思政课更具层次性、衔接性、内涵性和时代性。这一举措既是对思政课教育教学规律的遵循，也是对学生认知发展规律的遵循。自这一举措提出以来，从理念探索不断变为具体实践，使思政课一体化建设不断向前推进。

新时代，大中小学思政课一体化建设机遇与挑战并存，思政课必须牢牢守住阵地，坚定落实一体化建设工作，理直气壮地开好思政课，使大中小学各学段的学生都更具责任感和时代感。义务教育阶段作为学生成长的关键时期，教育引导学生形成正确的价值观、道德观和政治观具有重要意义。作为一项重要举措和重大课题，义务教育阶段思政课建设在大中小学思政课一体化建设的整体系统工程中将会持续推进，为我国培养一代又一代社会主义建设者和接班人不断努力。

### 三、研究意义

随着思政课一体化建设在全国大中小学思政课课堂的践行，各地区如何找准思政课一体化建设更有针对性的锚点、从粗放式发展转向内涵式发展、从依赖政策的被动发展转向各学段学校的自主发展就成为各级大中小学学校和教育行政部门面临的主要任务，也是社会各界关注和研究的重要课题。面对这些问题，一些理论研究者虽然触及了一体化问题的多维层面，但常常由于泛泛而谈而不够深入，导致各地区实践无针对性。基于大中小学思政课一体化建设与义务教育发展现实和理论研究现状，本研究综合运用哲学、教育学、管理学等学科的相关理论，借鉴经济社会发展方式转变的实践模式，从多维视角来探讨和分析大中小学思政课一体化建设视域下义务教育学段该如何发挥自身作用的相关问题，探寻发展方式转变的有效路径，以期更好地推进我国大中小学思政课一体化建设发展，实现各学段发展目标。因此，本研究具有较强的理论意义和较高的实践价值。

（一）理论意义

1. 有助于科学理解大中小学思政课一体化发展的内在属性

随着社会的发展和进步，人们对教育的要求也越来越高。作为培养合格公民的重要途径，思想政治教育（以下简称"思政教育"）在我国教育体系中占据着重要的位置。而在这个过程中，义务教育阶段的思政课研究对于科学理解大中小学思政课一体化发展的内在属性起到了关键作用。

（1）思政课在义务教育阶段的重要性

马克思主义哲学认为，人是社会历史的产物。而思政课正是通过对国家历史、文化等方面的教育，让学生对自己所处的国家有更深入的了解，从而增强国家认同感和文化自信。例如，在思政课上学习到的中国梦理念，可以让学生明白国家发展与个人命运息息相关,从而更加珍惜自己所拥有的一切,并为国家繁荣贡献自己的力量。

(2) 义务教育阶段思政课研究对大中小学思政课一体化发展的积极作用

第一,促进教学内容的更新与升级。义务教育阶段思政课研究能够深入挖掘和研究思政课课程内容,从而推动教学内容的更新与升级。例如,在对历史事件的研究中,可以发现新的事实和观点,从而丰富教学内容,使其更加符合学生的认知需求。第二,提高教师教育水平和专业素养。义务教育阶段思政课研究不仅能够促进教学内容的更新,还能够提高教师的教育水平和专业素养。通过对思政课程的深入研究,教师能够更好地理解课程的内涵和要求,从而提高自己的教学水平,更好地引导学生。第三,推动大中小学思政课一体化发展。义务教育阶段思政课研究还能够推动大中小学思政课一体化发展。通过对大中小学思政课程的研究,可以发现不同学段之间的联系和衔接点,从而更好地实现大中小学思政课程的有机结合。

综上所述,义务教育阶段思政课研究对于科学理解大中小学思政课一体化发展的内在属性起到了重要作用。通过对义务教育阶段思政课程的深入研究,不仅可以促进教学内容的更新与升级,提高教师的教育水平和专业素养,还能够推动大中小学思政课一体化发展。因此,应该重视义务教育阶段思政课研究的重要性,为大中小学思政课程的发展做出更多贡献。

2. 有助于丰富和完善思政课一体化建设与义务教育发展理论

作为一门关乎学生全面发展、价值观塑造以及公民素养培养的重要课程,思想政治理论课在义务教育中具有重要地位。随着时代的发展和社会的进步,义务教育思政课建设不断深化和完善,不仅丰富了思政课一体化建设的内涵,也推动了义务教育发展理论的提升。思政课通过宣传党的路线方针政策、国家法律法规等内容,引导学生正确看待世界和人生,形成正确的价值观。同时,思政课还通过开展道德品质教育,培养学生良好的道德品质和行为习惯。在现代社会中,公民素养是每个公民应具备的基本素质。思政课通过学习国家法律法规、社会伦理道德等内容,培养学生遵纪守法、尊重他人、关心社会的意识和能力,提高他们的公民素养。

(1) 义务教育思政课建设丰富了思政课一体化建设的内涵

思政课与其他学科融合是思政课一体化建设的重要方面。通过与语文、历史、地理等学科的融合，可以使思政课更贴近学生的实际需求，增加学生所学知识的深度和广度。随着社会的发展和进步，思政课教材内容也需要不断更新。义务教育学段思政课建设可以引入最新最权威的理论成果和研究成果，使教材内容更加符合时代要求。义务教育思政课建设也可以推动教学方法的创新，传统的教学方法已经不能满足学生的需求，我们需要通过多媒体、互动讨论等方式，激发学生的学习兴趣和思考能力。

(2) 义务教育思政课建设推动了义务教育发展理论的提升

义务教育思政课建设注重培养学生的批判性思维能力，使他们能够对各种观点进行分析和评价。这种能力不仅可以帮助他们更好地理解和应对现实问题，也是其他学科发展的基础。通过开展社会实践活动，义务教育思政课建设可以引导学生积极参与社会实践，增强他们的社会责任感和担当精神。这不仅有助于提高学生的综合素质，也促进了社会的进步和发展。义务教育思政课建设注重培养学生的人际关系和沟通能力，使他们能够更好地与他人合作和交流。这种能力对于学生的个人发展和社会适应能力具有重要意义。

(二) 实践意义

1. 有助于在义务教育阶段全面贯彻思政课一体化建设

思政课是中小学教育中的重要组成部分，对于培养学生的思想品德、道德伦理和社会责任感具有重要意义。

(1) 义务教育阶段思政课建设的重要性

一是培养良好的思想品德。义务教育阶段是孩子们成长的关键时期，通过思政课的开展，可以引导学生树立正确的世界观和价值观，培养他们良好的思想品德，使其成为有道德修养和社会责任感的公民。二是培养创新能力和实践能力。思政课应该注重培养学生的创新能力和实践能力。通过多样化的教学方法和实践活动，可以激发学生的创造力和实践意识，培养他们解决问题和适应社会变化的能力。三是提升学生综合素质。思政课应该关注学生的全面发展，培养他们的思维能力、情感态度和社会适应能力。通过思政课的开展，可以提升学生的综合素质和竞争力，为他们未来的发展打下坚实的基础。

(2) 全面贯彻思政课一体化建设思想的重要性

一是推动教育整体发展。思政课一体化建设思想强调将思政课融入其他学科中，形成全面发展的教育模式。这样可以消除学科之间的割裂感，并促进学科之间的交流和合作，推动教育整体发展。二是培养学生的综合素质。思政课一体化建设思想注重培养学生的综合素质，使他们具备批判性思维、创新能力和实践能力。这对于提高学生的综合素质和应对未来社会变化具有重要意义。三是强化学校社会责任。通过全面贯彻思政课一体化建设思想，可以推动学校强化社会责任，将教育与社会需求相结合。这样可以更好地满足社会对于学生素质的要求，为社会发展做出贡献。

通过对义务教育阶段的思政课建设的探讨，我们可以看出它对于全面贯彻思政课一体化建设具有重要意义。只有加强师资力量、丰富教学内容、创新教学方法，并建立科学合理的评价机制，才能真正发挥思政课在学生思想道德教育中的重要作用。同时，全面贯彻思政课一体化建设思想也能够推动教育整体发展，培养学生的综合素质，强化学校的社会责任。

2. 有助于准确把握思政课一体化建设的地区发展现状

义务教育阶段的思想政治课程是培养学生正确的价值观和思维方式的重要途径。准确把握大中小学思想政治课一体化建设的地区发展现状，有助于促进思想政治教育的有效开展，培养社会主义核心价值观和中国特色社会主义事业的合格建设者和可靠接班人。通过实地调研和问卷调查等方式，本书编写组成员了解了大理地区大中小学思想政治课一体化建设的具体情况。通过与大理地区义务教育阶段骨干思政课教师的交流和访谈，深入了解他们对思想政治理论课的认识和需求，找出问题所在，并提出相应的改进措施。还可以了解各地区对思政课一体化建设的重视程度和投入情况，为进一步推动其他地区的思想政治教育发展提供参考。综上，准确把握大中小学思政课一体化建设的地区发展现状是推动思想政治教育有效开展的关键。通过开展实地调研和问卷调查等方式，了解地区思想政治理论课的具体情况，并加强对思想政治教育师资队伍建设的重视。相信在各方共同努力下，我国义务教育阶段思想政治课程一体化建设会取得更加明显的成效，为培养社会主义核心价值观和中国特色社会主义事业的合格建设者和可靠接班人做出积极贡献。

3. 有助于更好更快地推进义务教育阶段的思政课发展

义务教育是我国基础教育的重要阶段，而思政课作为义务教育阶段的一门核心课程，对学生的思维、道德、品质等方面的培养起着重要作用。因此，研究义务教育阶段思政课教育教学，对于更好更快地推进思政课的发展具有重要意义。

首先，通过对义务教育阶段思政课教育教学研究可以帮助我们更好地了解学生的需求和特点。每个年龄阶段的学生都有不同的发展特点和需求，理解这些特点和需求对于设计出更适合学生发展的思政课内容和教学方法至关重要。通过研究，我们可以深入了解学生的心理变化、认知能力、价值观念等方面的发展情况，从而根据他们的需求来制订相应的教学计划和方法。

其次，研究还可以帮助义务教育阶段思政课教师不断创新思政课教育教学的方式和方法。随着社会的发展和变化，学生们面临着新的问题和挑战，传统的教育方法可能已经无法满足他们的需求。因此，我们需要不断地进行研究，探索新的教育模式和方法。例如，可以借助现代技术手段，将思政课与信息技术相结合，开设线上线下相结合的课程，提供更多样化、个性化的学习资源等。只有不断创新思政课教育教学方式，才能更好地适应时代的发展需求。

综上所述，义务教育阶段思政课教育教学研究有助于更好更快地推进思政课的发展。通过研究，我们可以更好地了解学生的需求和特点，发现和解决问题，创新教育方式和方法。同时，研究还可以推动思政课的理论研究和实践创新。只有不断地进行研究和创新，才能确保思政课在义务教育阶段发挥出应有的作用，培养出党和国家需要的德智体美全面发展的社会主义建设者和接班人。

# 第一章

# 义务教育学段思政课研究现状

中共中央国务院印发《关于深化教育教学改革全面提高义务教育质量的意见》中提出，要"引导少年儿童听党话、跟党走"，更旗帜鲜明地指出，要"突出政治启蒙和价值观塑造"。培养有理想信念的时代新人，中小学责任重大。大中小学思政课一体化建设是新时期加强和改进学校思政课的重要工作，义务教育学段思政课理论与实践研究是提升教育质量的重要举措。近些年，义务教育学段思政课在理论研究和实践探索方面取得了丰硕的成果，对切实提高思政课教育教学质量，推动思政课内涵式发展意义重大。因此，梳理学术界对大中小学思政课一体化建设中的义务教育学段研究非常必要，对促进义务教育思政课建设和一体化建设的推进都有重大意义。

为保证研究质量，本章节梳理了中国知网（CNKI）上检索到的北大核心期刊和CSSCI上的学术期刊共170余篇学术文章，发表年限为2019年至今。在梳理学术文章时，本研究也同时兼顾了2023年至今的其他学术期刊文章。本章根据检索到的文献资料，主要从基础理论研究、思政课教学研究、思政课建设保障研究、义务教育学段思政课建设研究四个方面进行研究现状分析。

## 一、基础理论研究

### （一）思政课一体化建设的规律研究

要整体推进思政课一体化建设就必须遵循思政课教育教学规律和学生认知发展规律，这样才能使各个学段思政课循序渐进、螺旋上升，才能体现层次性、衔接性和整体性。对于大中小学思政课一体化建设规律的研究，王治东认为思政课一体化建设与思政课教育规律之间关系紧密,要依循学生的身心成长规律,注重教育理念的贯通性。① 吴宏政认为一体化建设要明确价值观教育所遵循的四重教育规律,即不同学段的学段认知规律、不同学段教材中的知识点分布规律、不同学段之间以及同一学段不同层次之间螺旋式上升的知识递进规律和不同学段教育逻辑的统一性规律。② 陈丽微认为思政课一体化建设要遵循教育发展规律,包括教育教学规律、学生认知规律和学生成才规律,从学校抓起,从教育阶段的源头抓紧抓实。③

(二) 思政课一体化建设的重要性研究

一是关于学段定位的研究。相比于其他学段的思政课,义务教育学段的思政课为学生的思想政治素养健康发展和价值观形成奠定关键基础,而小学学段和初中学段的思政课也具有各自的特点和作用。程英认为义务教育阶段的思政课是一体化统筹推进的逻辑起点、新时代思政课学科建设的基点、立德树人根本任务实现的关键,是符合青少年身心发展规律和需要的关键课程,对大中小学思政课一体化建设与推进具有重要的建基作用。④ 卢黎歌等人认为小学思政课是思政课一体化建设的前端,小学思政教育在德育与培养人才过程中具有基础性地位,小学生所处的儿童阶段是"播种育苗期",新时代小学思政教育正在引导小学生扣好人生的第一粒扣子。⑤ 陈思认为初中思政课政治性更为突出,初中阶段学生处于人生价值观形成的关键时期,初中思政课作为贯通小学和高中教育的桥梁,更需要我们关注其在思政课一体化构建中的特殊定位,包括角色定位——初中生思政教育的主渠道、阶段定位——衔接高中与小学思政教育的必要阶段、价值定位——青少年成长成才

---

① 王治东. 统筹推进大中小学思政课一体化建设的三个维度 [J]. 中国高等教育, 2020 (1): 10-12.

② 吴宏政. 从知识增长到价值认同的逻辑进路: 大中小学思政课一体化建设中的教育规律探寻 [J]. 学术论坛, 2020, 43 (6): 106-111.

③ 陈丽微. 学校思想政治理论课一体化建设的四个维度 [J]. 教育学术月刊, 2020 (4): 49-54.

④ 程英. 一体化视域下义务教育阶段思政课的重要性探析 [J]. 中学政治教学参考, 2020 (18): 74-75.

⑤ 卢黎歌, 耶旭妍, 王世娟, 等. 统筹推进大中小学思政课一体化建设研究: 学习习近平总书记在学校思想政治理论课教师座谈会上的重要讲话精神笔谈 [J]. 北京工业大学学报 (社会科学版), 2020, 20 (1): 9-25.

的必修课。① 张康军、訾艳阳也认为中学阶段作为贯通大学与小学的桥梁和纽带是一体化建设中的"咽喉要道","咽喉要道"是基于中学阶段关键时期与独特地位的形象描述,这一时期是思想品质提升的关键时期。②

二是关于学段特征的研究。在大中小学思政课一体化建设中,每个学段思政课都有自身的学段特征和话语特征,深刻把握这些特征,才能提升一体化建设的有效性。宋婷认为,在大中小学思政课一体化建设中,各个学段都有自己的学段特征和话语特征,对义务教育小学和初中学段而言,小学阶段是学生"播种"的启蒙阶段,是开启人的社会化的基础阶段,也是思政课教育的培土育苗阶段。中学阶段是学生"拔节"的成长阶段,是树立正确世界观、人生观和价值观的积累阶段,也是思政课教育的固本强基阶段。③ 陈思认为要把握初中思政课在思政课一体化建设中的特征,进行系统分析,持续发力,这些特征包括了课程目标引导性、课程体系针对性、课程内容体验性、教材体系全局性。④

(三) 思政课一体化建设的认知研究

一是对思政课理念的认知。强化大中小学思政课一体化建设要提升学校、社会、师生等对于义务教育学段思政课建设的认知,加强规律性认识、树立共同体理念、建立系统性思维。冯建军认为要依据《义务教育道德与法治课程标准(2022版)》,强调遵循育人规律和学生成长规律,强化课程一体化设计和课程的整体性。⑤ 石书臣认为推进大中小学思政课一体化建设要树立"思政课共同体"理念,强调思政课是"关键课程"理念,贯彻思政课"一体化建设"理念,坚持思政课建设"内涵式发展"理念,实施高校"课

---

① 陈思. 大中小一体化建设视域初中思政课定位与特征 [J]. 中学政治教学参考, 2021 (23): 8-9.
② 卢黎歌, 耶旭妍, 王世娟, 等. 统筹推进大中小学思政课一体化建设研究:学习习近平总书记在学校思想政治理论课教师座谈会上的重要讲话精神笔谈 [J]. 北京工业大学学报(社会科学版), 2020, 20 (1): 9-25.
③ 宋婷. 构建大中小学思政课一体化育人格局 [J]. 思想政治课教学, 2020 (5): 4-7.
④ 陈思. 大中小一体化建设视域初中思政课定位与特征 [J]. 中学政治教学参考, 2021 (23): 8-9.
⑤ 冯建军. 义务教育道德与法治课程理念 [J]. 课程·教材·教法, 2022, 42 (6): 20-28.

程思政"理念，这些理念创新，对于新时代办好思政课具有积极的推动作用。① 付洪、王丹阳提出要以系统思维的整体性确保大中小学思政课一体化建设目标的一致性，各个学段要以系统思维的层次性衔接大中小学思政课教育发展的阶段性，要以系统思维的结构性优化大中小学思政课一体化建设的各个要素。② 孙其昂认为推进大中小学思政课一体化建设应坚持系统观念，要重视思政课的课程、内容和教学三个基本要素，要具有结构逻辑、过程逻辑和社会逻辑三重逻辑。③

二是对思政课性质的认知。义务教育学段的思政课主要是道德与法治课，课程性质是思政课教师深刻理解该课程是什么、如何做以及如何讲好思政课的根本。冯建军认为，《义务教育道德与法治课程标准（2022版）》规定了义务教育道德与法治的课程性质，即道德与法治课程是道德教育与法治教育的融合，是义务教育阶段的思政课，在落实立德树人根本任务中发挥着铸魂育人的作用，具有政治性、思想性和综合性、实践性。④ 黄晓红认为发挥思政课政治引导功能，落实立德树人根本任务，是一体化建设中的"体"；大中小学思政课一体化建设既要突出各学段特色，强调层次性，又要注重整体性，形成"一体"；一体化建设的关键在"化"，即注重衔接性，积极探索和建立大中小学思政课一体化衔接机制。⑤ 曾令辉认为思想政治理论课是一门基于人的思想政治素养形成发展的阶段性、递进性与整体性特点，贯穿于大中小学全学段立德树人的关键课程，深化大中小学思想政治理论课一体化建设，首要的是厘清和科学把握大中小学思想政治理论课一体化"为何化""化什么""如何化"三个基本问题。⑥

---

① 冯建军. 义务教育道德与法治课程理念［J］. 课程·教材·教法，2022，42（6）：20-28.
② 付洪，王丹阳. 运用系统思维推进新时代大中小学思政课一体化建设探析［J］. 马克思主义理论教学与研究，2022，2（2）：100-107.
③ 孙其昂. 论大中小学思政课的三重逻辑［J］. 学校党建与思想教育，2023（7）：40-43.
④ 冯建军. 义务教育道德与法治课程性质［J］. 思想政治课教学，2022（5）：4-10.
⑤ 黄晓红. 大中小学思政课一体化建设的几点思考［J］. 北京教育（高教），2022（12）：45-47.
⑥ 曾令辉. 论大中小学思想政治理论课一体化建设的三个基本问题［J］. 思想教育研究，2022（8）：104-110.

## 二、思政课教学研究

### （一）教学目标研究

义务教育学段思政课的主要教学目标在于培养学生的核心素养，在实现教学目标的过程中，要坚持问题导向，采取不同策略，提升思政课育人效能。武燕认为思政课一体化建设要以核心素养培育为应然选择。① 周增为、杨兰认为义务教育道德与法治课程建设遵循大中小学德育一体化理念，基于核心素养对课程目标进行一体化设计，实现了义务教育阶段道德与法治课程目标的整体性、系统性和进阶性。② 蔡爱佳从《义务教育道德与法治课程标准（2022年版）》出发，认为初中道德与法治教学要坚持问题导向，以学生真实生活为基础，以活动为载体，依据教学内容特点，采取不同的问题策略，提升育人效能。③ 易君霞认为推进大中小学思政课教学目标一体化建设，可以从教学目标一体化的阶段性、关联性和进阶性三个层面设计，既要做好各学段教学目标的区分与衔接，又要相互贯通、紧密关联，坚持课程总目标的方向指引，还要遵循学生身心发展的规律性要求，设计有层次、有梯度、有实效性的一体化教学目标。④ 金钊着眼于中小学思政课一体化建设，认为小学道德与法治、初中道德与法治学科核心素养需要统整为义务教育阶段道德与法治学科核心素养。⑤

### （二）教学内容研究

教学内容是实现教学目标的重要支撑。要发挥思政课的整体育人实效，推进教学内容的一体化建设是重中之重。而推进教学内容一体化建设还需要

---

① 武燕. 补齐初中道德与法治核心素养培育短板［J］. 中学政治教学参考，2023（18）：14-16.

② 周增为，杨兰. 基于核心素养的课程目标一体化设计：《义务教育道德与法治课程标准（2022年版）》课程目标解读［J］. 课程·教材·教法，2022，42（9）：4-10，78.

③ 蔡爱佳. 一体化视域下的问题导向策略［J］. 中学政治教学参考，2023（46）：21-22.

④ 易君霞，陈美兰. 大中小学思政课教学目标一体化设计探论［J］. 中学政治教学参考，2023（1）：21-23.

⑤ 金钊. 义务教育阶段道德与法治学科核心素养的整体建构［J］. 中学政治教学参考，2021（39）：17-19.

解决存在的问题，遵循相应规律，把握建设原则。

其一，课程内容一体化建设的问题。王立仁、白和明认为大中小学思想政治理论课课程内容一体化建设目前尚没有形成一个课程内容一体化建设的平台和机制，思政课课程内容存在重复、断层、倒置等问题。① 丁帅、陈旻也认为大中小学思想政治理论课课程内容一体化存在诸如课程内容的价值取向未能充分体现、课程内容的覆盖范围不够全面、课程内容上下贯通的体系不够健全、课程内容的组织形式比较缺乏系统性等问题。②

其二，课程内容一体化建设的原则。丁帅、陈旻认为要解决思政课一体化建设中课程内容存在的问题，就需要从价值取向、内容机制、内容体系、组织形式等方面探索构建整体构架，切实增强大中小学思想政治理论课课程内容一体化建设的整体性和系统性，以提升大中小学思想政治理论课一体化的科学性和实效性。③ 杨立冬、周江认为思政课程内容一体化建设要遵循整体性原则、递进性原则、依规性原则。对初中《道德与法治》教材而言，重在开展体验性学习。一方面，充分考虑青春期学生身心发展特点来建设课程；另一方面，初中作为一个中间学段，在德育知识安排上应承前启后，逐步增强思想性以便为高中阶段做准备。④

其三，课程内容一体化建设的途径。杨立冬、周江提出统筹衔接的前提——研读教材和课标，统筹衔接的关键——尊重学情和规律，初中学段思政课教师应该尊重学生的思想品德形成、发展规律和心理发展特点，设计课程内容，引导各阶段学生循序渐进、螺旋上升地内化与理解知识。⑤ 丁帅、陈旻提出大中小学思想政治理论课课程内容一体化需要从价值取向、内容机

---

① 王立仁，白和明．关于大中小学思想政治理论课课程内容一体化建设的构想［J］．思想理论教育，2019（11）：11-16.
② 丁帅，陈旻．大中小学思想政治理论课课程内容一体化面临的问题及破解路径［J］．思想教育研究，2022（10）：131-137.
③ 丁帅，陈旻．大中小学思想政治理论课课程内容一体化面临的问题及破解路径［J］．思想教育研究，2022（10）：131-137.
④ 杨立冬，周江．初高中思政课内容一体化建设的原则与途径［J］．中学政治教学参考，2022（7）：45-47.
⑤ 杨立冬，周江．初高中思政课内容一体化建设的原则与途径［J］．中学政治教学参考，2022（7）：45-47.

制、内容体系、组织形式等方面探索构建整体构架。① 王立仁、白和明提出形成共识、组织队伍、整体规划、逻辑展开，构建大中小学思政课课程内容一体化布局；基于目的、根据任务、瞄准目标、把握实际，确定大中小学思政课不同学段的内容；整体视图、过程关照、时段交流、共同提高，确保大中小学思政课课程内容一体化的有效推进。② 陈迪明认为在大中小学思政课一体化建设中，以习近平新时代中国特色社会主义思想为核心内容，统筹推进大中小学思政课课程内容体系建设；构建以思想理论教育和价值引领为核心的学校思政课课程体系及内容体系；加强适应教学内容有机衔接要求的大中小学思政课教材体系建设。③

其四，课程体系一体化建设。黄冰凤指出正确处理大中小学思政课课程体系一体化内含的整体性与层次性、普遍性与特殊性、衔接性与差异性、协同性与创新性的辩证统一关系，这不仅有利于加快推进大中小学思政课课程体系一体化进程，推动大中小学思政课一体化建设高质量发展，还有利于循序渐进地培养德智体美劳全面发展的时代新人。④ 朱少雄、覃承凤、潘柳燕指出促进大中小学思想道德与法治课程一体化，在教材层面，各学段教材既要融会贯通又要彰显本学段特征；在教师层面，各学段教师要通晓本课程在各学段的目标与要求；在学生层面，要明确本学段的教学要求并自觉提升自身修养水平。⑤

## （三）教学方法研究

教学方法是将教学内容传达给受教育者时所采用的手段，选择与教学内容和受教育者特征相适应的教学方法，能大大提升思政课的教学实效。对小

---

① 丁帅，陈旻. 大中小学思想政治理论课课程内容一体化面临的问题及破解路径 [J]. 思想教育研究，2022（10）：131-137.
② 王立仁，白和明. 关于大中小学思想政治理论课课程内容一体化建设的构想 [J]. 思想理论教育，2019（11）：11-16.
③ 卢黎歌，耶旭妍，王世娟，等. 统筹推进大中小学思政课一体化建设研究：学习习近平总书记在学校思想政治理论课教师座谈会上的重要讲话精神笔谈 [J]. 北京工业大学学报（社会科学版），2020，20（1）：9-25.
④ 黄冰凤，徐秦法. 大中小学思政课课程体系一体化需处理好的几对关系 [J]. 广西社会科学，2023（6）：138-145.
⑤ 朱少雄，覃承凤，潘柳燕. 大中小学思想道德与法治课程一体化的思考与建议 [J]. 高教论坛，2022（8）：54-57.

学来说，要注重启蒙性教学方法的运用，对于初中学生要加强体验式教学方法的探究。孙辉提出思政课不仅是一门课程，还是一种人生体验，思政课教师可以根据不同阶段学生的认知和思想特点，开展情感性、现实性、意义性等不同形式的体验活动。① 虞明霞等人着眼初中道德与法治学科核心素养培育，提出应立足课程性质，根据教学内容的不同特点和初中学生认知发展规律，构建主题探究型、议题思辨型、专题实践型等课堂教学新样态。② 张彩云提出"守正创新、精准施教"分层教学方式的新图景，指出小学阶段要开展启蒙性学习，让课堂"动"起来；初中阶段要开展体验性学习，让课堂"燃"起来。③ 吕增艳、王宇指出要以情感叙事方法推动大中小学思政课一体化教学的螺旋式上升，小学重启蒙、中学重体验、大学重思维，通过情感叙事实现有意识的衔接；小学讲故事、中学讲道理、大学讲价值，通过情感叙事实现有选择的传导；小学养习惯、中学育素养、大学强信念，通过情感叙事实现有个性的共创。④ 徐秦法、赖远妮认为统筹推进大中小学思政课一体化教学方法建构，必须遵循大中小学思政课"课程目标—课程内容—教学方法"的逻辑进路，围绕培养社会主义建设者和接班人的根本任务，明确"服务国家建设—增强使命担当—提升政治素养—筑牢思想基础—培养道德情感"的大中小学课程目标，以"探究性—理论性—常识性—体验性—启蒙性"学习为重点设置大中小学课程内容，运用"领域建构—实践创造—知识建构—关系互动—具体形象"为主导的大中小学教学方法，以实现课程目标、课程内容和教学方法的"匹配"。⑤ 胡新峰、李丹指出探索大中小学实践育人一体化的教学模式创新，可以通过基地体验式教学设计、平台情景式教学设计、数字沉浸式教学设计、社会实战式教学设计和校园互动式教学设

---

① 孙辉，杨立冬．初高中思政课一体化建构困境与策略［J］．中学政治教学参考，2021（25）：73-75．

② 虞明霞，陈艳．初中道德与法治教学新样态之构建［J］．中学政治教学参考，2021（38）：48-49．

③ 张彩云．大中小学思政课一体化建设新图景［J］．中学政治教学参考，2019（34）：4-8．

④ 吕增艳，王宇．略论情感叙事在大中小学思政课一体化教学中的应用［J］．东北师大学报（哲学社会科学版），2022（4）：144-149．

⑤ 徐秦法，赖远妮．以教育逻辑为遵循构建大中小学思政课一体化教学方法［J］．中国大学教学，2021（12）：40-47．

计，推动大中小学实践育人在教学内容、教学目标和教学方法上有效衔接。① 李婧提出统筹推进大中小学思政课一体化建设，不同学段可以从教学目标规划、教学衔接优化、教学方式筹划、智慧资源整合等角度，探讨小学、初中、高中同上一堂思政课的教学设计，推动小初高思政课一体化发展。②

（四）教学评价研究

教学评价是教学过程的最后一环，可以对整个教学过程起到反馈、调节的作用，只有紧扣教、学、评三个环节的一致性，才能真正提升思政课教学质量，促进思政课高质量发展。严兴文等人认为思政课实现教学评一致性，就是用课程标准串联起教师教学活动、学生学习活动以及教师对学生学习情况的评价这三个环节，要求"教""学""评"实施环节紧扣课程标准，并从标准出发，实现预设目标。③ 徐秦法、张肖认为理性审思当前大中小学思政课质量评价中存在的瓶颈性制约，立足一体化评价堵点，在破立并举中精准施策，要从顶层设计层面，打破"唯学段"的评价窠臼，锚定"一体化"构建衔接贯通的评价导向；在评价主体层面，打破"唯教师"的评价主体设置，立足"多元化"打造评价共同体。④

（五）教学创新研究

思政课的教学要跟上时代步伐，不断进行教学创新。赵启平认为初中思政课教学创新可以从以下四个方面展开：革新教学观念，融入时政热点；充实思政课教学内容；变革教学手段，为学生打造多元体验平台；组织社会实践活动，提高学生社会责任感。⑤ 安宝珍、郭雨馨认为小学道德与法治课基

---

① 胡新峰，李丹."大思政课"视域下实践育人一体化建设探析［J］.思想政治课教学，2023（8）：18-21.
② 李婧.小初高同上一堂思政课实践探索［J］.中学政治教学参考，2023（29）：26-28.
③ 严兴文，梁思贤.教学评一致性实施的现状、问题与路径：以义务教育阶段思政课为例［J］.中学政治教学参考，2023（23）：69-72.
④ 徐秦法，张肖.破立并举：大中小学思政课一体化评价的理性审思［J］.江苏高教，2022（9）：81-85.
⑤ 赵启平."大思政课"导向下初中思政课教学创新［J］.中学政治教学参考，2023（36）：115.

于儿童哲学的视角，通过转变教学理念、重组加工教学内容、创新教学方法，营造平等和谐的课堂氛围，帮助学生养成良好的思维习惯和法治观念，为培养爱思考、会生活、全面发展的社会主义事业建设者和接班人发挥应有的作用。①

### 三、思政课建设保障研究

#### （一）教材建设研究

思政课教材是教师开展思政课教学的重要依据和重要载体，只有系统建设好思政课教材，才能保证大中小学思政课一体化建设的有序衔接。

其一，教材一体化建设存在的问题。李超民等人认为在大中小学思政课一体化建设的过程中，教材建设还存在教材目标指向明确但系统区分性弱，教材内容知识性强但存在不同程度重复，教材组织与衔接关注学生成长规律但内容供给不足，以及教师仅关注教材使用但对其他教学阶段教材研究不足等需要解决的关键问题。② 白秀指出推进小学与初中《道德与法治》教材一体化建设具有重要意义，目前还存在教学目标差异性有待明晰，教材内容交叉重复；栏目设置整体性仍需提高，教材结构还需优化；衔接过渡的连贯性尚待加强，课程教学彼此独立等亟待解决的问题。③

其二，教材一体化建设的策略。李超民、李想、吴芳提出推进大中小学思政课一体化建设，要加强教材内容一体化的规划设计、完善教材一体化建设的保障机制、促进教材实施主体间的互动交流。④ 白秀提出小学与初中《道德与法治》教材一体化建设实施策略：确保目标层次清晰，增强渐近性；

---

① 安宝珍，郭雨馨．"儿童哲学"视角下小学道德与法治课教学［J］．教学与管理，2020（2）：42-44．
② 李超民，李想，吴芳．大中小学思想政治课教材一体化建设研究［J］．天津师范大学学报（基础教育版），2021，22（4）：9-14．
③ 白秀．《道德与法治》教材一体化建设面临的问题及对策［J］．中学政治教学参考，2020（37）：82-83．
④ 李超民，李想，吴芳．大中小学思想政治课教材一体化建设研究［J］．天津师范大学学报（基础教育版），2021，22（4）：9-14．

科学设置教材栏目，增强整体性；促进内容有序衔接，增强连贯性。①

其三，强化思政课教师对教材的理解。杨兰认为加强思政课教师对教科书教学特性的认识，开发配套教学资源，重点关注西部和欠发达区县教师以及青年教师，构建教研训一体化的专业支持，以推动思政课教师对统编教科书的深入理解和有效落实。②毛志浩认为要正确认识教材修订的内容之"变"，就要深刻理解教材修订中的"不变"，明确思政课以习近平新时代中国特色社会主义思想铸魂育人的根本宗旨，把握培育学生核心素养的育人目标，坚持教材与时俱进的一贯追求，在辩证把握"变"与"不变"的基础上，用好每年的《道德与法治》"新"教材。③申霞认为基础教育阶段思政课教材将立德树人贯穿教材及教学环节，需要适时修订教材，编订地方辅助性教材，建立公共教育资源数据库，以教材为载体引导学生自主学习，发掘事件背后的道德价值，发挥家庭、学校、社会等的协同育人作用。④

（二）教学衔接策略研究

孙辉认为要统筹学段衔接，加强内容规划，研读教材和课标是前提，尊重学情和规律是关键。⑤宋婷认为一体化建设要处理好一体化衔接过程中德育目标与教学过程之间的关系、教师素养提升与学生需求满足之间的关系、教材体系与教学体系之间的关系。⑥余华、涂雪莲认为对应义务教育、高中、大学三个学段，思政课教育教学可分为初阶、中阶、高阶，依次进阶，逐级深化，为做好大中小学思政课三级进阶的有效衔接，当前要注重大中小学思

---

① 白秀.《道德与法治》教材一体化建设面临的问题及对策［J］.中学政治教学参考，2020（37）：82-83.
② 杨兰，吴晓云.思政课教师对统编教科书的理解与使用：基于全国调研数据的分析［J］.课程·教材·教法，2023，43（12）：63-71.
③ 毛志浩.《道德与法治》教材修订中的"变"与"不变"［J］.思想政治课教学，2021（3）：18-23.
④ 申霞，赵凯，申国昌.基础教育思政课教材贯穿立德树人根本任务刍议［J］.课程·教材·教法，2021，41（4）：93-98.
⑤ 孙辉，杨立冬.初高中思政课一体化建构困境与策略［J］.中学政治教学参考，2021（25）：73-75.
⑥ 宋婷.构建大中小学思政课一体化育人格局［J］.思想政治课教学，2020（5）：4-7.

政课相同、相似主题的教学衔接，加强不同学段思政课教师的交流互动，构建大中小学思政课教育教学相衔接的制度体系。① 谢春风认为构建大中小学思政课一体化教学衔接机制要持续加强行政推动和政策保障，构建实践落实机制，创新教学机制，搭建交互机制与资源库。② 张莉等人认为要从大中小学思政课教材内容入手进一步实现整体优化。③ 卢黎歌等人认为思政课一体化强调各学段的思想教育效果的一体化和一致性，关键点是各学段思政教育的有效和无缝衔接。④ 那琛、张必发强调在思政课一体化建设过程中，教师要充分发挥桥梁和媒介作用，打通各学段课程理论、课程标准、统编教材的内在联系，更好地落实立德树人的根本任务。⑤ 陈小春提出一体化教学必须坚持"分步递进，分层达标"的设计策略，基于学生的认知起点是实施这一策略的基础，推动学生核心素养螺旋式上升是实施这一策略的目标。⑥

（三）师资队伍建设研究

推动思政课建设，教师队伍是关键。在大中小学思政课一体化建设的推进过程中，教师队伍建设一直是学界研究的热点话题。学界对中小学思政课教师队伍的研究主要集中在三个方面。

一是关注教师的角色转变。牟文杰认为有效推进大中小学思政课一体化建设，需要初中道德与法治教师积极转换角色，成为大中小学思政课一体化有效衔接的弥合者、有序推进的实践者、高效联动的协同者和理论实践的创

---

① 余华，涂雪莲．关于大中小学思想政治理论课教学有效衔接的思考［J］．思想理论教育，2019（9）：62-67.
② 谢春风．教师视域下大中小学思政课一体化教学衔接机制建设的实证分析［J］．中国高等教育，2022（19）：26-28.
③ 张莉，徐国锋，吴涯．思政课教材内容纵向一体化衔接的问题分析［J］．中学政治教学参考，2022（39）：52-55.
④ 卢黎歌，耶旭妍，王世娟，等．统筹推进大中小学思政课一体化建设研究：学习习近平总书记在学校思想政治理论课教师座谈会上的重要讲话精神笔谈［J］．北京工业大学学报（社会科学版），2020，20（1）：9-25.
⑤ 那琛，张必发．"同异"之间：初高中思政课一体化的思考与实践：以"基本经济制度"一框为例［J］．中学政治教学参考，2022（2）：35-37.
⑥ 陈小春．初高中思政教学一体化设计探索［J］．中学政治教学参考，2021（21）：22-23.

新者，担当教育使命，推进思政课教学改革。① 李静提出在大中小学思政课一体化建设的大背景下，大中小学思政课教师要培养一体化意识和能力。② 张彩云、马喜宁提出实现大中小学思想政治教育一体化最关键的是思政课教师队伍、认知状况、沟通合作、研修培训等维度的一体化，促进大中小学思政课教师自觉融入思想政治教育"共同体"，形成育人合力。③

二是加强师资培养。王世娟等人提出思政课一体化对教师队伍建设的统筹推进中要夯实各级教育行政部门、学校、教师三级主体的政治责任，从顶层设计上解决配不齐、建不强的问题。④ 石海泉认为办好思政课关键在教师，思政课一体化教师队伍建设应同时兼顾存量优化与增量培育，即以"六要""四有"好老师为标准推现有教师队伍培训，提升教师综合素养与职业成熟度，完善高校思想政治教育专业本科、硕士、博士层次化与一体化培育，推进培育对象整体素质契合大中小学思政课改革与发展的要求。⑤

三是构建师资发展模式。高静毅、张东方认为大中小学思政课师资队伍一体化的建构范围既包括思政课教师，也包括处于职业准备阶段的思想政治教育专业本硕博在校生。要系统构建大中小学思政课师资队伍一体化实践体系，应贯通师资培育、教师选聘、队伍管理、职业发展全过程，盘活思政课师资队伍建设资源，激发主体活力。⑥ 金松、李正军、章绍麟指出推进大中小学思政课教师队伍一体化建设是大中小学思政课一体化建设的关键环节，需要从理念一体化、组织一体化、机制一体化三个方面推进大中小学思政课

---

① 牟文杰. 初中道德与法治教师的角色转换［J］. 中学政治教学参考，2022（42）：79-80.

② 李静. 大中小学思政课教师一体化意识与能力养成探赜［J］. 教育科学研究，2023（9）：81-87.

③ 张彩云，马喜宁. 大中小学思政课教师队伍一体化建设的现实际遇与实践逻辑［J］. 课程·教材·教法，2023，43（7）：84-90.

④ 卢黎歌，耶旭妍，王世娟，等. 统筹推进大中小学思政课一体化建设研究：学习习近平总书记在学校思想政治理论课教师座谈会上的重要讲话精神笔谈［J］. 北京工业大学学报（社会科学版），2020，20（1）：9-25.

⑤ 石海泉，霍雪辉. 存量优化与增量培育：思政课一体化教师队伍建设探论［J］. 中学政治教学参考，2023（43）：87-92.

⑥ 高静毅，张东方. 大中小学思政课师资队伍一体化建设的实践审思［J］. 学校党建与思想教育，2023（19）：64-67.

教师队伍一体化建设。① 胡莉英提出以"教科研训一体化"的模式服务小学思政教师的专业发展，促进思政教师在常态、冗杂的教学中坚守育人初心，挖掘自身潜力。② 计琳、周敬山、谢诒范提出应从提高中小学思政课学科地位，提升中小学思政教师队伍的专业能力和综合素质，探索建立纵向衔接、横向贯通、层级联动的一体化培育体系等方面加强中小学思政教师专业化发展。③

### （四）教学资源研究

教学资源是思政课顺利进行和发挥作用的重要保障。李爱琴、师海娟认为大中小学思政课一体化是多主体通过教育网络链接、跨界互动交流和资源整合共享而共同创造教育价值的动态过程，资源端要实现全要素—多样化的育人供给联动。④ 孙子洋、刘芳、孙莹炜认为网络平台的构建让大中小学思政课一体化做到了有序、智能、连贯，寓教于乐，个性化教学，通过教学资源、师资培养、教研互通、科学评价、空间自由五个方面进行大中小思政课一体化网络平台的搭建。⑤ 董翔薇、孙雪认为要不断挖掘更多地方性知识资源、创新教育模式，为大中小学思政课一体化建设提供新思路。⑥ 胡新峰认为大中小学思政课一体化建设要深入挖掘实践教学资源，从立德树人根本要求出发，"遵循思想政治工作规律、遵循教书育人规律、遵循学生成长规律"，根据小学、中学、大学的不同学情，整合实践育人资源，构建全学段

---

① 金松，李正军，章绍麟．大中小学思政课教师队伍一体化建设研究［J］．学校党建与思想教育，2023（12）：63-65．

② 胡莉英．"教科研训一体化"服务思政教师专业发展：以太仓市小学道德与法治教师队伍建设为例［J］．中学政治教学参考，2021（3）：89-90．

③ 计琳，周敬山，谢诒范．中小学思政课教师专业化发展现状、问题与对策研究［J］．上海教育科研，2023（3）：46-53．

④ 李爱琴，师海娟．大中小学思政课一体化的价值共创［J］．思想政治课教学，2023（11）：17-20．

⑤ 孙子洋，刘芳，孙莹炜．大中小学思政课一体化网络平台构建研究［J］．齐齐哈尔大学学报（哲学社会科学版），2022（11）：145-147．

⑥ 董翔薇，孙雪．地方性知识融入大中小学思政课一体化建设研究［J］．齐齐哈尔大学学报（哲学社会科学版），2023（12）：152-155．

螺旋上升、循序渐进的实践育人体系。①

（五）机制保障研究

推动大中小学思政课一体化建设还要构建发展的长效机制。学界对此也展开了大量研究，取得了丰硕的研究成果。李梁、刘翔宇认为统筹推进大中小学思政课一体化建设是系统提升新时代思政教育科学化水平的政治要求、教育规律和实践逻辑，这就需要我们积极探索大中小学思政课一体化建设的机制问题，包括融合发展机制、协同推进机制、资源共享机制和有效保障机制。② 刘小勇、文晓夏提出构建区域共同体是推进大中小学思政课一体化常态发展的现实路径，认为区域共同体建设要坚持"共建共研共享共育"理念，在"大"字上下功夫，在"常"字上建机制，在"研"字上做文章，在"特"字上见风采。③ 刘峰认为构建大中小思政课一体化建设长效机制要坚持有序原则，提升实效原则，拓展协同原则，采取以学科资源推进创新建设、以共享平台谋求技术创新、把握规律增强建设质量等措施，协力打造新时代大中小思政课一体化育人的新格局，将立德树人根本任务落细落实。④

**四、义务教育学段思政课建设存在的问题及对策**

近年来，大中小学思政课一体化建设在推动过程中，虽然取得了丰硕的研究成果，但依然存在着很多亟待解决的问题，离一体化建设的目标还有差距。

（一）存在的问题

张康军、訾艳阳等人认为初中学段作为大中小学思政课一体化建设的

---

① 胡新峰，李丹．"大思政课"视域下实践育人一体化建设探析［J］．思想政治课教学，2023（8）：18-21．
② 卢黎歌，耶旭妍，王世娟，等．统筹推进大中小学思政课一体化建设研究：学习习近平总书记在学校思想政治理论课教师座谈会上的重要讲话精神笔谈［J］．北京工业大学学报（社会科学版），2020，20（1）：9-25．
③ 刘小勇，文晓夏．推进大中小学思政课一体化建设的常态机制与路径［J］．中学政治教学参考，2023（39）：75-77．
④ 刘峰．新时代大中小思政课一体化建设长效机制研究［J］．教育理论与实践，2023，43（9）：46-49．

"咽喉要道"存在评价体系不够完善与系统,思政课一体化的同一性评价设计尚属空白;资源整合不够充分,横向贯通与纵向衔接普遍存在着脱节现象;内容衔接不够通畅,中学思政课与小学、大学思政课梯度不明显;教学方法不够灵活,课程实施途径相对单一;教师学养不够扎实,专业能力发展与课程要求之间存在较大差距等问题。① 谢俊丽认为大中小学思想政治教育一体化建设存在的问题是思想政治教育一体化建设的工作格局、统筹协同创新、保障机制等不够完善。② 周奇、李茂春认为大中小学思政教育一体化建设还面临教材内容不系统不协同、部分教师缺乏协同意识、评价体系相互脱节、缺乏相应的协同制度等困境。③ 徐建飞、董静认为大中小学思想政治理论课一体化建设取得了显著实效,但也面临诸多现实梗堵,如教学目标定位不准、层次不清、衔接不足,教学内容简单重复、断裂缺失、倒挂脱节,教学队伍管理缺位、供给不足、交流不畅,教学评价主体单向、内容片面、指标不一等问题。④

（二）对策建议

一是注重系统性思维。谢俊丽提出要以系统思维构建一体化格局,以创新思维优化工作载体,以战略思维健全一体化制度机制。⑤ 徐建飞、董静认为针对大中小学思想政治理论课一体化建设中暴露出来的问题,不同学段的教育主管部门和教师应统一思想、深化共识、通力协作、凝聚力量,从教学目标一体化、教学内容一体化、教师队伍一体化以及教学评价一体化等方面

---

① 卢黎歌,耶旭妍,王世娟,等.统筹推进大中小学思政课一体化建设研究:学习习近平总书记在学校思想政治理论课教师座谈会上的重要讲话精神笔谈[J].北京工业大学学报（社会科学版）,2020,20（1）:9-25.
② 谢俊丽.大中小学思想政治教育一体化建设存在的问题与对策[J].学校党建与思想教育,2023（22）:33-35.
③ 周奇,李茂春.论大中小学思政教育一体化建设[J].中学政治教学参考,2022（39）:33-36.
④ 徐建飞,董静.大中小学思想政治理论课一体化建设:内涵逻辑、实践困囿与优化方略[J].社会主义核心价值观研究,2022,8（4）:78-88.
⑤ 谢俊丽.大中小学思想政治教育一体化建设存在的问题与对策[J].学校党建与思想教育,2023（22）:33-35.

强化策略实施。①

二是坚持问题导向。陈鹏、刘侣萍认为应以问题为导向建设大中小学思政课一体化共同体，以守正创新为基础实现系统性建构，以高质量为任务推进内涵式发展，最终提升大中小学思政课一体化建设的整体实效。② 吴双、赵野认为大中小思政一体化建设应从三个维度探索，分析其所含有的问题并提出解决方式，分别为大中小学三个阶段教育教学的不同特点、不同过程、不同目的。③ 陈麒认为探究大中小学思想政治教育一体化建设要坚持问题导向，准确把握大中小学思想政治教育一体化建设的内在要求，探索大中小学思想政治教育一体化建设的科学内涵和建设路径，实现大中小学思想政治教育一体化建设理论与实践的深度融合和双向互动，推进大中小学思想政治教育一体化建设不断创新发展。④ 张彩云认为大中小学思政课一体化建设要从分层教学目标、分层教学资源、分层教学方式、分层教学评价入手，不断提升思政课的实效性。⑤

三是要素的协同。梁建新、王文静认为可通过"理念协同、目标协同、主体协同、资源协同、实践协同"五位一体发挥大中小学思政课一体化协同育人的效能，进而为循序渐进培养时代新人赋能助力。⑥

四是强调机制建设。张善喜认为革新教育评价机制、细化地方思政课建设政策、构建各学段思政课建设常态协同机制，是推进大中小学思政课一体

---

① 徐建飞，董静．大中小学思想政治理论课一体化建设：内涵逻辑、实践困囿与优化方略［J］．社会主义核心价值观研究，2022，8（4）：78-88．
② 陈鹏，刘侣萍．大中小学思政课一体化建设的价值意蕴、生成动因与创新展望［J］．学校党建与思想教育，2023（19）：68-70．
③ 吴双，赵野．三维双向：大中小学思政一体化建设路向探寻［J］．中学政治教学参考，2023（32）：36-40．
④ 胡新峰，陈麒．新时代背景下大中小学思想政治教育一体化建设研究［J］．思想政治教育研究，2022，38（4）：75-79．
⑤ 张彩云．大中小学思政课一体化建设新图景［J］．中学政治教学参考，2019（34）：4-8．
⑥ 梁建新，王文静．大中小学思政课一体化协同育人的五维进路［J］．江苏高教，2023（8）：114-120．

化建设的必然选择。① 冯建军认为大中小学思政课一体化，是一个系统的工程，要建立从国家到地方，再到大中小学的系统化推进机制。② 卢黎歌、耶旭妍等人认为统筹推进一体化建设的着力点要从建立大中小学思政课一体化建设机制，听课互鉴，资源共享，加强大中小学教师不同学段的研修培训、兼职、轮岗，教研相通，共促繁荣等几个方面入手。③

五是强调一体化推进。徐高虹认为系统推进和深化大中小学思政课一体化建设，需要进一步完善政策运行机制；加强思政内容整合，构建育人合力，建立纵横相连、内外一致的课程框架体系；促使教师在思想理念、学习方式、教学方法等方面进行关键性转变；精心组织思政课程教学实践，深度打造创新、趣味、灵动的思政课堂。④ 杨利利认为要通过整体规划课程目标、统筹推进课程建设、完善教材一体化机制、推动教学评价改革创新、搭建教师沟通交流平台等举措，加快大中小学思想政治理论课一体化建设进程。⑤ 奉元圆认为一体化建设成效有赖于五个路径的构建和实施："全域化"导向下的育人目标体系构建、"全学段"指引下的统筹衔接教学内容的设计、"多主体"参与下的协同合作育人、"专业化"背景下的师资队伍建设的支持、"发展性"理念下的评价改革机制的建立。⑥

除此之外，张康军、訾艳阳等人认为对思政课一体化的中学思政课建设初步构想为核心素养导向，完善分级评价、整合教学资源，推动综合育人、加强课程建设，优化教学内容、变革教学方式，提升教学效果、严把教师资

---

① 张善喜. 大中小学思政课一体化建设的制约因素与路径选择［J］. 中学政治教学参考，2022（12）：41-43.
② 冯建军. 大中小学思政课一体化的内容要求与推进措施［J］. 课程·教材·教法，2023，43（2）：59-66.
③ 卢黎歌，耶旭妍，王世娟，等. 统筹推进大中小学思政课一体化建设研究：学习习近平总书记在学校思想政治理论课教师座谈会上的重要讲话精神笔谈［J］. 北京工业大学学报（社会科学版），2020，20（1）：9-25.
④ 徐高虹. 从政策到实践：深化思政课一体化建设［J］. 思想政治课教学，2023（1）：18-22.
⑤ 杨利利. 大中小学思想政治理论课一体化建设的三维探析［J］. 北京教育（德育），2022（Z1）：134-138.
⑥ 奉元圆. 大中小学思政课一体化建设的逻辑向度及实践进路［J］. 西华师范大学学报（哲学社会科学版），2022（6）：113-119.

格关，提高专业化水平。① 谢晓娟、路晓芳认为加快大中小学思政课一体化建设的进程，要从思想认识、教育主体、学科建设三方面入手，分别采取具有针对性、可广泛推广的有效措施，从而处理好大中小学思政课一体化建设中"全程贯穿"与"学段差异"的关系，为一体化建设保驾护航。②

**五、研究述评**

"3·18"座谈会以来，大中小学思政课一体化建设在广大思政教育工作者的研究和实践中，已经迈进深层次推进阶段。对学术界的研究成果进行总结分析，针对义务教育阶段的思政课建设的关键问题、制约问题和发展问题进行梳理，对指导义务教育学段思政课建设具有指导意义。

（一）义务教育阶段思政课建设研究评析

通过大中小学思政课一体化建设的持续推进，义务教育阶段的思政课建设开展了广泛的理论研究和实践探索，但思政课建设所关涉的一些重要问题还未真正实现突破。

第一，对义务教育学段思政课建设的实践研究较多，对基础理论研究较少。从现有研究成果来看，学者对于关涉义务教育阶段思政课建设的基本概念、科学范畴、本质研究、地位与作用、要素结构等，在学术理论层面尚缺少深刻的研究和准确的界定。比如，在大中小学思政课建设一体化视域下义务教育学段思政课的本质与功能定位、义务教育阶段思政课建设遵循的原则与规律、新课程标准引领下义务教育阶段思政课建设的学理依据等问题，这些都是思政课程能否科学构建纵向衔接、横向贯通的体系的关键问题。这些问题在当前的研究中虽有涉及，但还未得到深入探讨。

第二，研究群体同质化，研究视野和视角不够开阔。就研究者身份和学术背景而言，对义务教育学段思政课建设的研究，大部分具有马克思主义理

---

① 卢黎歌，耶旭妍，王世娟，等．统筹推进大中小学思政课一体化建设研究：学习习近平总书记在学校思想政治理论课教师座谈会上的重要讲话精神笔谈［J］．北京工业大学学报（社会科学版），2020，20（1）：9-25．
② 谢晓娟，路晓芳．新时代推动大中小学思政课一体化建设研究［J］．学校党建与思想教育，2022（11）：71-74．

论和思想政治教育学科背景，研究群体同质化较为明显。研究群体的同质化很大程度上使得研究成果整体视野不够开阔。大部分论文还主要集中在思想政治教育学科领域内对思政课建设这一议题进行观察分析，其他学科和跨学科的研究视角不多。

第三，大中小学思政课一体化建设的研究成果丰硕，但对于义务教育阶段思政课建设的关注度、研究程度、重视程度还存在差距。目前，学界对大中小学思政课一体化建设的研究主要集中于宏观研究和微观研究，即关注于大中小学思政课一体化建设的内涵、逻辑、存在的问题及对策进行研究，而对一体化中的不同学段如何开展建设研究还存在不足，很多小学、初中思政课的研究还是集中于某一具体的问题，缺乏整体性和一体化的视野。比如，义务教育阶段思政课教师对思政课建设的研究和重视还未融入大中小学思政课一体化建设的视域当中。

第四，义务教育学段思政课研究还处在相对分散的状况，研究的系统性和整体性不足。学术界对于大中小学思政课一体化建设中的各类研究主题的关注程度差异较大。如关于思政课建设存在的问题谈的多，但有效的对策少；关于不同学段思政课的教学目标、教学内容、教学评价研究的论文较多，而对大中小学思政课一体化建设中不同学段衔接的论文则相对较少；对义务教育学段思政课建设的对策提出较多，但可落实的长效机制相对较少。

第五，提出的很多策略和模式难以落地，具有实际应用价值的成果较少。针对如何进行思政课建设，学者们基于自身的学术研究和教学经验均提出了不同的建设路径和模式探讨，但很多研究成果大多停留于理论探究或对策建议的层面，尚缺少基于实践又能"返回"实践、指导实践的高质量研究成果。例如，关于思政课建设开展教学评价的论文研究较多，但缺少对教学实践情境性、动态性的考察，对一线思政课教师来说，可能只是具有"参考意义"，而无多大"指导价值"。

（二）对义务教育学段思政课建设研究的反思和建议

在后续研究中，研究者应扎根于义务教育学段思政课理论建设和教学实践，借鉴多学科理论，运用多样化的理论视角与分析框架，聚焦重点与难点问题，推动大中小学思政课一体化建设的进程。基于对研究现状的分析，笔者提出未来研究者应该重点关注的议题。

第一，聚焦核心素养，进一步优化思政课教学一体化实践路径。《义务教育道德与法治课程标准（2022年版）》不仅明确了"道德与法治课程是义务教育阶段的思政课"，还提出道德与法治课程的五大核心素养，即"政治认同""道德修养""法治观念""健全人格"与"责任意识"。至此，在课程标准与教学要求层面，大中小学思政课实现了以"政治认同"为统领的课程核心素养一体化建构。因此，加强核心素养导向的思政课教学一体化研究成为当前最需要研究者回应的问题之一。

第二，加强思政课教师一体化培训方式的研究。当前各地正在开展多种形式的大中小学思政课教师一体化研修活动，研究者需要洞察困扰各学段思政课教师的真实问题，在此基础上思考解决这些问题需要如何设计培训内容与培训方式，进而探索如何开展能够吸引不同学段思政课教师的培训与研修活动。毋庸置疑，这是一个需要多部门合作、理论研究者和实践工作者携手共同研究才能完成的复杂课题，教育管理部门应该牵头组建研究共同体，对这一课题进行集体攻关。

第三，加强对学生思政课学习的学情研究。如前所述，当前对学生本身以及思政课学习规律的研究仍相对薄弱。"学生的幸福人生以学生的全面发展为前提，观照学生的全面发展是思想政治教育的题中应有之义。"①

第四，加强评估和监督机制建设。建议建立完善的思政课程评估和监督机制，对教学效果进行定期评估和监测，及时发现问题并加以改进。同时，要鼓励学生和家长积极参与评估和监督，形成多种评估手段相互促进、共同推动的格局。

第五，聚焦一体化工作机制建设研究，突破思政课一体化建设的制度瓶颈。当前，各地已建立各项保障思政课一体化建设顺利实施的制度与机制，如形成了教学管理部门和德育管理部门协同工作机制、各学段教师联合教研机制、高等学校与中小学协同推进机制等，而如何将这些工作机制有效落实，真正突破思政课一体化建设的制度瓶颈，依然是思想政治教育工作者需要关注的重要问题。

---

① 孟庆涛，齐媛，侯金芹，等. 为担当民族复兴大任的时代新人培根铸魂：习近平总书记关于教育的重要论述学习研究之一［J］. 教育研究，2022，43（1）：11-22.

# 第二章

# 义务教育学段思政课的地位与作用

义务教育学段在我国教育体系中具有重要地位，它是每个孩子迈入知识殿堂的门槛，也是他们从童年走向成年的必经之路。同时，义务教育学段在个人发展中也起着至关重要的作用，它为孩子们提供了全面发展的机会和平台。此外，义务教育学段也是社会进步和稳定的重要保障。所以义务教育学段在社会中具有重要地位与作用，它不仅是个人全面发展和成长的保障，更是社会进步与稳定的基础。在全面推进大中小学思政课一体化建设的进程中，明确义务教育小学和初中学段在一体化建设中的地位和作用，有助于充分发挥义务教育学段的作用，更好地推动一体化建设的顺利进行，更好地发挥思政课的功能。

## 一、地位与作用的哲学阐释

### （一）地位

地位是一个广泛而深刻的概念，它涉及人类生活的方方面面，包括社会地位、道德地位、知识地位等。在哲学领域，对于地位一词的解释和阐释更是丰富多样，不同思想家从不同角度对其进行了深入的思考和探索。

古代哲学家亚里士多德认为地位是与人的自然属性和能力息息相关的。亚里士多德在《政治学》中提到，"人性使得人们有了理性思维、道德行为和社会交往能力"。这些能力使得人类在社会中拥有独特的地位。他强调了每个人都应该根据自己所具备的能力来发挥作用，并在社会中找到适合自己的位置。这种基于个体能力和自然属性的地位观念，在一定程度上反映了亚里士多德对于个体与社会关系的思考。

另一位哲学家康德则从道德的角度对地位进行了探讨。他认为地位是由人的道德行为所决定的，而不是基于个体的能力或社会地位。康德在《纯粹理性批判》中提到，"人类作为自由和道德主体，应该根据普遍的道德原则来行动"。他强调了每个人都应该以道德为准绳来衡量自己的行为，并根据道德原则来追求更高的道德地位。这种基于道德行为和自由意志的地位观念，对于我们理解个体与社会之间的伦理关系具有重要意义。

除了亚里士多德和康德之外，马克思也对地位问题进行了深入研究。马克思认为地位是由个体在生产关系中所处的位置所决定的。在《资本论》中，他指出："社会存在决定社会意识。"他强调了经济基础对于社会地位的决定性作用，并指出了人们在生产关系中所处地位的重要性。这种基于经济关系和阶级斗争的地位观念，揭示了社会的阶级结构和不平等现象，为我们认识社会现实提供了重要的视角。

综上所述，地位一词涉及个体与社会、能力与道德、经济与阶级、知识与权力以及公平与公正等多个方面。不同的哲学家从不同的角度对地位进行了深入的思考和阐释，为我们认识个体与社会的关系提供了丰富的思想资源。

（二）作用

作用，这个看似普通的词汇，却在哲学领域扮演着重要的角色。它不仅是描述某种行为或现象的结果，更是人们对于世界本质和人生意义的思考与追求。

在西方哲学中，亚里士多德对于作用的理解具有重要影响。他认为作用是物体或事物所具备的动力或能力，是其存在和运动的原因。亚里士多德进一步指出，作用既包含外在于物体的因果关系，也包含内在于物体本身的本性和属性。例如，火焰燃烧木头产生热量，这是火焰作用于木头的结果；而一个人思考、创造则是人类理性思维能力的体现。

与亚里士多德相比，在东方哲学中，尤其是中国传统哲学中，作用被赋予了更加深邃且超越个体的意义。《易经》中提到，"天行健，君子以自强不息"，强调了"行"这一动作所带来的积极影响。这种行为所产生的作用不仅是对个体的影响，更是对整个社会和世界的作用。《道德经》中也反复强调了"无为而治"的原则，即通过放下私欲和个人意志，按照天道自然的规律行事，以达到最好的结果。这种无为而治的作用，体现了中国传统哲学对于作用的超越性理解。

除了亚里士多德和中国传统哲学，作用在其他哲学思潮中也扮演着重要角色。例如，存在主义哲学家尼采提出了"每一种行动都有其价值"的观点，即每一个行动都是对于人生意义的一种追求和实现。他坚信通过自主选择和积极主动的行动，个体可以创造出属于自己独特的价值和意义。这种个体行动所带来的作用，在尼采看来是人们实现自由和自我超越的途径。

在现代哲学中，功能主义对于作用的理解也具有重要意义。功能主义认为事物或现象应该被看作一种功能性系统，而不仅是单个个体。这种系统的作用是实现某种目标或满足某种需求。例如，社会制度、经济组织等都被看作为了实现社会稳定和经济繁荣的功能性系统。在这种理解下，作用不仅是对个体或物体的描述，更是对整体系统运行的评估和分析。

综上，作用一词在哲学中具有丰富而深远的含义。它既包括了对于事物行为结果的描述，也涉及事物本质、人生意义以及社会运行等方面。无论是亚里士多德的因果关系理论，还是中国传统哲学中超越个体的作用观念，都试图通过对作用的探讨，揭示世界本质和人生意义。

## 二、小学学段在大中小学思政课一体化建设中的地位

随着"3·18"座谈会的召开，思政课作为一门重要的基础性课程，更加受到广大教育者和家长的关注。小学学段的思政课建设，不仅是整个大中小学思政课一体化建设中的重要组成部分，更对培养良好的道德品质、培养学生的思维能力和创新精神、培养学生的社会责任感和公民意识、构建和谐校园和家庭具有重要意义。

### （一）小学思政课是学生自我认知的启蒙阶段

思政课是培养学生的社会主义核心价值观和人文素养的重要途径，对小学生来说，思政课更是他们自我认知的启蒙阶段。在大中小学思政课一体化建设中，小学学段扮演着重要的角色。

1. 小学思政课对于培养学生正确的世界观、人生观、价值观的重要性

小学思政课作为培养学生社会主义核心价值观的重要途径,具有不可替代的作用。根据教育部《关于加强和改进中小学德育工作的意见》,小学阶段是儿童心智发展的关键时期,也是他们形成正确的世界观、人生观、价值观的关键时期。而小学思政课正好可以借助其浅显易懂、寓教于乐的特点,引导学生正确理解和认识世界,培养正确的价值观。在小学思政课中,教师可以通过讲述优秀的历史故事、传统文化和社会现实等内容,让学生了解到正义、公平、友爱等社会主义核心价值观的内涵。例如,在学习《梁山伯与祝英台》这个中国民间故事时,教师可以引导学生通过思考故事中的人物形象和他们的行为,理解爱国主义、英雄主义等价值观的重要性。通过这样的方式,学生可以在情感上接受这些核心价值观,并逐渐形成自己正确的世界观、人生观、价值观。

2. 小学思政课对于培养学生自我认知能力的重要性

小学思政课不仅可以帮助学生形成正确的世界观、人生观、价值观,还可以培养他们的自我认知能力。自我认知是指个体对自我特征、行为和内心感受的认知和理解。而对小学生来说,他们正处在个体意识逐步形成的时期,因此培养他们的自我认知能力尤为重要。小学思政课可以通过让学生反思和表达自己的思想、感受,引导他们主动思考和观察自己的行为和内心感受。例如,在学习中秋节的时候,教师可以引导学生回顾自己在这个节日里的行为和感受,并让他们思考这些行为和感受背后的原因。通过这样的活动,学生可以更加清晰地认识到自己的内心世界,从而加深对自我认知的理解。

3. 小学思政课在大中小学思政课一体化建设中的地位

小学思政课在大中小学思政课一体化建设中扮演着重要的角色。首先,小学是孩子的世界观、人生观、价值观形成的关键时期,因此在小学阶段培养正确的世界观、人生观、价值观尤为重要。其次,小学思政课作为整个一体化建设的起点,对于后续中学和大学阶段的思政教育起到了铺垫作用。在大中小学思政课一体化建设中,小学阶段是教育内容过渡性最强的时期。因此,在设计小学思政课教材时,应注重内容的适应性和连贯性,以确保学生

过渡到中学阶段时能够顺利接受更加深入的思政教育。同时，在教师培训方面，要注重对小学思政课教师的专业素养培养，以确保他们能够准确把握教学内容和方法，有效引导学生进行自我认知。

小学思政课作为学生自我认知的启蒙阶段，在大中小学思政课一体化建设中占据着重要地位。通过培养正确的世界观、人生观、价值观和自我认知能力，小学思政课为学生的成长奠定了坚实的基础。因此，我们应该重视小学思政课的教育意义，并加强其在整个一体化建设中的地位，为培养具有社会主义核心价值观和良好人文素养的新一代做出积极贡献。

（二）小学思政课是赋能学生逻辑思维发展的重要阶段

在儿童认知发展领域，瑞士心理学家让·皮亚杰的贡献无法忽视。他的认知发展理论提供了一个框架，帮助我们理解儿童是如何逐渐建立起对世界的认知和思维能力的。其中，具体运算阶段作为皮亚杰认知发展阶段中的一个关键环节，扮演着重要的角色。

我们需要了解什么是具体运算阶段。具体运算阶段是指儿童在7岁到11岁之间，开始具备逻辑思考和操作的能力。在这个阶段，儿童可以进行具体的数学计算、量化问题、逻辑推理等。他们开始能够理解并应用基本的数学概念，如加减乘除等。在皮亚杰的认知发展阶段理论中，具体运算阶段被称为"操作期"。这个阶段是儿童从前一阶段的"前运算阶段"过渡到后一阶段的"形式运算阶段"的关键时期。在前运算阶段，儿童主要通过感觉和直观的方式来认识世界。而在具体运算阶段，他们开始能够进行内部操作，逐渐从感觉直觉转向逻辑思维。具体运算阶段在皮亚杰认知发展阶段中的地位可以从多个角度进行探讨。首先，具体运算阶段是儿童认知能力得到显著提升的一个重要阶段。在这个阶段，儿童能够使用逻辑思维解决问题，开始理解数学概念，并能够应用于实际生活中。例如，他们能够进行简单的加减乘除运算，量化物体的数量和大小等。这种进步标志着儿童认知能力的突破，为后续的学习和思维能力奠定了坚实基础。其次，具体运算阶段也对儿童的思维方式产生了深远影响。在前运算阶段，儿童主要通过感觉和直观的方式来认识世界。然而，在具体运算阶段，他们开始通过内部操作和逻辑推理来解决问题。这种思维方式的转变，标志着儿童从感知依赖向思维独立的发展方向迈出了重要一步。通过具体运算阶段的训练和实践,儿童的思维能力得到了极大的提升,他们开始能够独立思考和解决问题。此外,具体运算阶段还对儿童的社会交往和合作能力产生了积极影响。在具体运算阶段,儿童开始学习并应用一些基本的合作规则和技巧。例如,在进行数学计算时,他们需要与他人进行合作,共同解决问题。这种合作过程培养了儿童的团队合作精神和沟通能力,提高了他们与他人相处的能力。

综上所述,具体运算阶段在皮亚杰认知发展阶段中具有重要地位。它标志着儿童认知能力的显著提升,并带来了思维方式和社会交往能力的积极变化。我们可以更加深入地理解具体运算阶段在皮亚杰认知发展理论中的地位。我们应该在教育实践中充分利用具体运算阶段的特点和优势,为儿童提供适当的学习环境和机会,促进他们认知能力的全面发展。

(三) 小学思政课是学生道德情感培养的关键阶段

道德情感的培养是思想政治教育的重要任务,而小学阶段则是学生道德情感培育的关键时期。小学思政课作为培养学生道德情感的重要途径之一,具有不可忽视的地位和作用。

1. 小学思政课课程内容的综合性

第一,小学思政课是客体与实践活动的有机结合。综合实践活动是小学教育的重要组成部分,而思政课则是对学生进行道德教育的主要渠道。通过将思政课与综合实践活动有机结合,可以使学生在实践中感受到道德价值,并将其内化为自己的行为准则。第二,小学思政课涉及历史、地理、文俗等多学科的内容,将思政课与其他学科融合,可以使学生在各个学科中都能接触到道德教育内容,增强道德情感的培养。第三,小学思政课要与校园文化建设相结合。校园文化建设是小学教育的重要环节,而思政课则是培养学生校园文化素养的重要途径。通过将思政课与校园文化建设相结合,可以使学生在学习道德知识的同时,感受到校园文化的魅力,从而更好地塑造他们的道德情感。

2. 小学思政课对于道德情感培养的特殊性

首先是道德知识的传授方面。小学阶段是学生接触道德知识最早的时期,因此思政课应注重对基本道德知识的传授。教师可以通过讲解、讨论、案例分析等方式，向学生传授有关友善、正直、公平等方面的道德知识。其次是情感体验的培养。小学阶段是孩子情感发展最为活跃的时期，因此思政课应注重培养学生的情感体验。教师可以通过情感交流、情感教育活动等方式，引导学生积极参与，体验和感受道德情感。最后是实践能力的培养。小学阶段是学生实践能力发展最为迅猛的时期，因此思政课应注重培养学生的实践能力。教师可以通过组织社会实践、参观考察等方式，让学生亲身体验道德行为的重要性，并提高他们的实践能力。

小学思政课旨在培养学生良好的道德情感，使他们具备正确的价值观和行为准则。只有在小学阶段将良好的道德情感根植于学生心中，才能为其未来的成长打下坚实的基础。小学思政课还可以培养学生的社会责任感。通过讲解社会问题、开展公益活动等方式，可以让学生认识到自己对社会的责任，并激发他们积极参与社会事务的热情。小学阶段是学生道德情感可塑性最强的时期，因此小学思政课在大中小学思政课一体化建设中具有重要地位。通过将思政课与综合实践活动结合、与其他学科融合以及与校园文化建设相结合，可以更好地培养学生的道德情感。

（四）小学思政课是促进学生全面发展的黄金阶段

小学思政课作为培养学生社会主义核心价值观和道德品质的重要课程，在大中小学思政课一体化建设中扮演着重要角色。小学学段是儿童人格形成的关键时期，也是他们世界观、人生观、价值观形成的黄金阶段。在这个阶段，通过思政课的教育引导，可以促进学生全面发展，为他们未来的成长奠定良好基础。

1. 小学思政课在培养学生价值观念方面的作用

第一，引导学生正确认识世界。小学阶段是孩子开始接触社会的时期，他们对世界的认知有限，容易受到外界各种信息和价值观念的影响。小学思政课可以通过开展各种形式的教育活动，引导学生正确认识世界。第二，培养学生正确看待人际关系。小学时期是孩子开始与他人进行社交的时候，他们需要学习如何与人相处、如何处理人际关系。小学思政课可以通过教育活动和案例分析等方式，引导学生树立正确的人际观。例如，在班级活动中，可以组织学生进行团队合作，培养他们互助友爱、团结协作的精神；在课堂上，可以通过讨论和角色扮演等方式，引导学生了解并尊重他人的权益和个性差异。第三，塑造学生正确的价值观。小学阶段是孩子价值观初步形成的阶段，思政课可以在此过程中起到积极的引导作用。通过开展各种形式的教育活动，小学思政课可以培养学生正确的价值观。例如，在思政课上，可以讲述正直、诚信、友善等道德故事，并引导学生从中获得正确的行为准则；在音乐课上，可以教唱爱国歌曲，激发学生对祖国的热爱和责任感。

2. 小学思政课在培养学生良好品质方面的作用

首先，培养学生积极向上的人生态度。小学阶段是孩子形成人生态度的关键时期。小学思政课可以通过培养学生积极向上的人生态度，帮助他们面对困难和挫折。例如，在心理健康教育课上，可以引导学生正确认识自己的情绪和需求，并教授一些应对压力的方法；在体育课上，可以通过锻炼身体，培养学生坚强的意志力和毅力。其次，培养学生创新精神。小学时期是孩子创新能力形成的关键时期。小学思政课可以通过开展各种创新活动，培养学生创新精神。此外，塑造学生优秀品质。小学阶段是孩子品质形成的关键时期，小学思政课可以通过各种教育活动培养学生优秀品质。

小学思政课作为促进学生全面发展的黄金阶段，在大中小学思政课一体化建设中扮演着重要角色。通过正确引导学生世界观、人生观和价值观的形成，以及培养学生积极向上的人生态度和良好品质，小学思政课为学生未来的成长奠定了良好基础。因此，我们应该重视小学思政课建设，为其提供更好的教育资源和支持，确保其发挥应有的作用，促进学生全面发展。

### 三、小学学段在大中小学思政课一体化建设中的作用

小学思政课在大中小学思政课一体化建设中具有重要作用。通过加强小学思政课教育，可以帮助孩子们树立正确的世界观、人生观和价值观，促进他们德智体美劳全面发展。同时，将小学思政课纳入大中小学思政课一体化建设的框架之中，可以实现教育资源的共享，提高教育质量，培养德智体美劳全面发展的社会主义建设者和接班人。

（一）小学思政课是实现思政课一体化建设教学的切入点

随着时代的发展和社会需求的变化，人们对于教育的要求也逐渐提高，

不再满足于单纯的知识传授，而是更加注重培养学生的综合素质和良好的思想品德。因此，在教育改革进程中，思想政治理论课已成为一门重要的课程，旨在全面培养学生的思想道德、文化素养和社会责任感。在这个过程中，小学思政课作为实现思政课一体化建设教学的切入点起着至关重要的作用。

1. 小学思政课与大中小学思政课一体化建设

近年来，我国教育改革持续推进，教育部门提出了"全面发展、全员受教育"的目标要求。为了实现这一目标，大中小学之间必须进行思政课一体化建设，以保证教育质量和提升学生的综合素质。小学思政课是思政课一体化建设的切入点，对于培养学生的思想道德、文化素养和社会责任感具有重要意义。小学阶段是孩子性格形成和价值观塑造的关键时期，通过思政课的教育，可以引导学生树立正确的世界观、人生观和价值观，培养他们积极向上、勇敢拼搏的精神风貌。

2. 小学思政课建设的意义和价值

首先，培养良好的思想道德品质。小学思政课可以帮助学生树立正确的世界观、人生观、价值观，培养他们良好的思想道德品质。只有具备正确的价值观和道德观，才能够在面对困难和挫折时坚守原则、勇往直前。其次，培养全面发展的人才。小学思政课旨在培养学生的综合素质，通过思政课的教育，学生可以在知识、技能、情感、态度等方面得到全面发展，为未来的学习和工作奠定良好的基础。此外，培养社会责任感和公民意识。小学思政课可以培养学生的社会责任感和公民意识。学生通过思政课的教育，了解社会现实，认识到自己作为公民应该承担的责任，并且激发他们积极参与社会实践和公益活动的热情。

小学思政课作为实现思政课一体化建设教学的切入点，在培养学生思想道德、文化素养和社会责任感方面具有重要意义。通过设计合理的教学内容和形式、培养优秀师资队伍以及加强与家庭、社区的联系，可以实现小学思政课建设的目标，这对学生养成良好的思想道德品质、成为全面发展的人才和培养社会责任感和公民意识具有重要意义。因此，小学思政课在大中小学思政课一体化建设中的作用不可忽视，应该得到充分的重视和支持。

(二) 小学思政课是实现思政课一体化建设实践的关键点

思政课作为一门重要的教育课程，在培养学生的思想道德素质方面起着不可替代的作用。在当前社会背景下，实现思政课一体化建设已经成为教育改革的重要任务。小学阶段作为整个教育过程中的基础环节，小学思政课具有独特的优势，是实现思政课一体化建设实践的关键点。

1. 小学思政课有助于培养学生形成良好的价值观念

小学阶段是孩子人格形成和价值观养成的关键时期，而思政课正是帮助孩子树立正确的世界观、人生观和价值观的重要途径。在小学思政课中，通过以身作则、情境体验等多种方式，教师可以直观地向学生传递正确的价值观念，引导他们形成正确的价值取向。比如，在讲述历史故事时，可以告诉孩子们什么是真、善、美，并通过案例分析来引导他们分清是非、善恶。同时，小学思政课还可以通过让学生参与社会实践活动，培养他们的社会责任感和公民意识，进一步巩固他们的价值观念。

2. 小学思政课有利于提升学生的思维能力

小学阶段是培养学生良好思维习惯和能力的关键时期，而思政课在这个过程中起到了积极的推动作用。通过开展多样化的教学活动，小学思政课可以激发学生的思考意识和创新精神，培养他们主动思考问题、独立解决问题的能力。比如，在讲述道德故事时，可以引导学生提出问题，让他们思考为什么某些行为是对的，某些行为是错的，并通过组织讨论来促进他们进行深入思考。此外，小学思政课还可以通过开展辩论赛、写作比赛等形式，培养学生批判性思维和表达能力。

3. 小学思政课有助于增强学生的社会适应能力

小学阶段是孩子从家庭走向社会的过渡时期，思政课在这个过程中起到了桥梁作用。通过引导学生了解社会、参与社会实践，小学思政课可以增强学生的社会适应能力和综合素质。比如，在讲述法律知识时，可以通过案例分析来引导学生认识到法律的重要性，并鼓励他们积极参与社会公益活动，提高自己的法律意识和法治素养。此外，小学思政课还可以通过组织学生参观社区、政府机关等，让他们亲身感受社会的多样性和复杂性，培养他们适应社会的能力。

4. 小学思政课有利于促进学生的全面发展

小学阶段是孩子身心发展的关键时期,思政课在这个过程中可以起到促进学生全面发展的作用。通过开展多样化的教育活动,小学思政课可以帮助孩子在品德、智力、体育、艺术等各方面得到均衡发展。比如,在讲述思想品德方面的内容时,可以结合音乐、美术等艺术形式进行教学,使学生在欣赏美的同时提升自己的审美能力。此外,小学思政课还可以通过组织学生参加各类体育运动和文艺活动,增强他们的体质,培养他们的团队合作意识和创造力。

小学思政课作为实现思政课一体化建设实践的关键点,具有独特的优势。它可以培养学生良好的价值观,发展学生的思维能力,增强学生的社会适应能力,促进学生全面发展。因此,在推进思政课一体化建设过程中,要充分发挥小学思政课的作用,为学生全面发展提供有力支持。同时,教育部门也应加强对小学思政课教师的培训和评估,提高他们的教育教学水平,进一步提升小学思政课的质量。只有这样,才能真正实现思政课一体化建设的目标,为培养德智体美劳全面发展的社会主义建设者和接班人发挥应有的作用。

(三) 小学思政课是实现思政课一体化建设目标的奠基点

在小学阶段,孩子们的认知能力正处于蓬勃发展的阶段,他们对世界充满好奇和探索的欲望。思政课作为培养学生综合素质、塑造正确价值观的重要学科,应该引导学生从感觉直觉向逻辑思维发展,使其形成独立思考和判断的能力。

教育心理学认为,小学阶段的孩子大多处于感觉直觉阶段,他们通过感官和直观的方式来认识世界。然而,随着年龄的增长和认知水平的提高,他们逐渐形成了自己的思维方式,并开始进行逻辑思维。小学思政课正是利用这一特点,通过情景模拟、案例分析等教学手段,引导学生从感觉直觉向逻辑思维发展。例如,在学习中华优秀传统文化时,教师可以通过讲述相关故事、展示传统艺术品等方式激发学生的兴趣与好奇心,培养他们对文化的感知能力,然后通过问题引导和讨论,使学生从感受中逐渐提取出规律和原则,进而形成逻辑思维。

为了更好地理解小学思政课对于学生认知能力转变的作用,以四年级思政课的观摩活动为例。这节课以"友谊"为主题进行教学。首先,老师给同学们讲述了一个关于真正友谊的故事,让学生们通过情感的共鸣来感受和理解友谊的内涵。其次,老师提出了几个问题,例如:"什么是真正的朋友?""你们身边有没有真正的朋友?"通过这些问题的引导,学生们开始运用自己的逻辑思维来思考,逐渐从个人经验和直观感受中提炼出友谊的本质,并能够给出自己的答案和理由。最后,老师总结了学生们的答案,并进一步引导他们思考如何在日常生活中去实践友谊。

小学思政课作为培养学生正确世界观、人生观和价值观的重要途径,具有引导学生从感觉直觉向逻辑思维发展的重要作用。通过历史背景、教育心理学和教学实践三个方面的论述,可以得出结论:小学思政课通过情景模拟、案例分析等教学手段,可以有效地引导学生从感觉直觉向逻辑思维发展,提升学生的认知能力。

### 四、初中学段在大中小学思政课一体化建设中的地位

习近平总书记在学校思想政治理论课教师座谈会中强调,要按照循序渐进、螺旋上升的原则统筹推进大中小学思政课一体化建设。作为大中小学思政课一体化建设中的初中学段,其在大中小学思政课一体化建设中的地位极其特殊,主要体现为:初中学段是大中小学思政课一体化建设中不可缺少的重要一环,是一体化建设中的关键桥梁,具有打牢学生思想基础的特殊地位。因此,要明确初中学段在大中小学思政课一体化建设中的特殊地位,推动初中思政课高质量发展。

(一)初中学段是不可缺少的重要一环

《中华人民共和国教育法》第十七条规定:"国家实行学前教育、初等教育、中等教育、高等教育的学校教育制度。"学前教育,又称幼儿教育,是指实施幼儿教育的机构根据一定的培养目标和幼儿的身心特点,对入小学前的幼儿进行有计划的教育,其主要任务是使儿童身心获得协调发展,为入小学接受小学阶段的教育做好准备。实施学前教育的机构主要有托儿所、幼儿园、附设在小学的学前班等,其年限从1年至3年不等。初等教育是使受教

育者打下文化知识基础，具备基本的写算能力，为接受更高一阶段的教育做好准备的教育。初等教育是国家学制中的第一阶段，又称小学教育。我国实施初等教育的机构一般分为两类，一类是对6~12岁的儿童实施教育的普通小学；另一类是为未能接受初等教育的成年公民开办的成人初等学校，主要是进行扫盲教育和基本的文化知识教育。此外还包括承担实施小学教育任务的其他机构，如招收儿童、少年学员的文艺、体育及特种工艺等机构。中等教育是指在初等教育基础上继续实施的中等普通教育和职业教育。中等教育在整个学校教育体系中具有承上启下的重要作用，分为初级中等教育和高级中等教育两个阶段。实施中等教育的机构也分为两类，一类主要为普通初级中学和普通高级中学，还有一类就是初等和高等的职业学校。中等教育的数量和质量在很大程度上直接决定一个国家劳动者的素质，对于经济建设和社会发展起着重要作用。高等教育是指建立在中等教育基础上的各种专业教育，一般分为高等专科教育、本科教育和研究生教育。高等教育担负着培养专门人才、开展科学研究、从事社会服务的多重任务。实施高等教育的机构主要有专科学校、独立设置的学院和大学等。

  在传统的应试教育观念的影响下，大中小学各个学段往往只根据自身学段的特征和受教育对象的身心发展特点制定不同的培养目标，安排不同的教学内容，采用不同的教学方法，开展适合自身学段的教学评价。这样就造成在传统的思政课上，考试成绩成为思政课教师开展教学的目标，教学活动围绕"中考""高考"为指挥棒转动，对学生的思想观念和价值观的塑造关注度不够，培养了很多成绩好，但思想价值观念和行为规范未达到培养目标的学生。过度关注自身学段的思政课教学，也导致了不同学段思政课之间无法实现有效衔接，不同学段间交流沟通不畅的情况，使得学生在思政课的学习上没有清晰的认识，缺乏学习的系统性和连贯性，很多教学内容存在重复、倒置、悬挂等问题，这些都使得思政课程无法发挥其铸魂育人的作用。

  因此，立足于传统的思政课教育现状，国家提出要以学生为本，提出素质教育的目标，将培养德智体美劳全面发展的社会主义建设者和接班人作为最终的人才培养标准。而后又提出大中小学德育一体化建设的要求，着力将学校教育的不同学段整合到一起，发挥不同学段的整体育人作用。直至2019

年"3·18"座谈会的召开,思政课建设更是步入了一个崭新的阶段。在座谈会上,习近平总书记提出要推动大中小学思政课一体化建设,推动思政课内涵式发展。大中小学思政课一体化建设是一项重要的系统工程,是一个有机的整体,需要不同学段纵向相互衔接,不同课程横向相互贯通,共同实现思政课整体的育人实效。

  作为大中小学思政课一体化建设中的不同学段,都要按照一体化的整体育人目标和分学段的具体目标,统筹教材编写、明确教学内容和教学方法,从而达到本学段的育人目标,守好本学段的"责任田"。具体到大中小学思政课一体化建设中的初中学段,它是大中小学思政课一体化建设中不可缺少的重要一环,缺少了初中学段,大中小学思政课一体化建设就不是一个完整的教育链条,对学生的思想政治教育就无法形成一个完整的教育体系。这是由初中学段在我国的教育体系当中所处的位置决定的,这也是由初中学段本身所具有的自然属性决定的。初中学段处于大中小学思政课一体化建设的整体当中的一环,就决定了初中学段思政课具有其独特的重要的地位,它能为学生的身心发展起到其他学段不可替代的功能和价值,缺失初中学段的思政课一体化并不是完整的思政课一体化建设,因此初中学段是大中小学思政课一体化建设中不可缺少的重要一环。加之初中学段是学生世界观、人生观、价值观形成的关键时期,学生正处于青春期,思想矛盾运动较为激烈,思想和行为之间的指导和促进作用尚未完全形成。在人生重要的成长阶段,初中学段思政课的建设情况直接关系着立德树人的根本任务的实现,关系着时代新人的培育和社会主义的建设者和接班人的培养。因此,初中学段在大中小学思政课一体化建设中地位特殊,不可或缺。要在一体化建设中注重初中思政课的建设,给学生正确的思想价值引领,帮助学生树立正确的价值观,形成对中国特色社会主义的政治认同,为实现思政课的整体育人实效打下坚实的基础。

  (二)初中学段是贯通小学和高中学段的关键桥梁

  在大中小学思政课一体化建设中,初中学段位于小学和高中学段之间,既要兼顾小学思政课的教育内容和育人实效,更要为高中学段思政课的建设做好铺垫和引导,以使学生更加顺利地步入高中学段。因此,在大中小学思政课一体化建设中，初中学段是贯通小学和高中学段的关键桥梁。只有桥梁地位发挥得当，才能真正实现不同学段的前后衔接和整体贯通，真正实现大中小学思政课一体化建设。

在现代汉语词典中，桥梁是指一种架空的人造通道，是架构于两个事物之间将两个事物联系到一起的一种物质。很多时候，完全不同的两种事物可能很难放在一起，如果借助于第三方事物，那么这两种事物就有了沟通和连接的可能性。而"关键桥梁"是指在一个组织或系统中，起到连接、过渡或转换作用的要素或部分。它通常是一个必不可少的环节，如果没有它，系统就无法正常运转或达到其目标。关键桥梁通常具有以下特征：一是连接性。关键桥梁可以连接不同的部分或方面，使它们能够相互协作、交流或相互作用。二是转换性。关键桥梁可以转换不同的能量、信息或物质，使其从一个状态或形式转变为另一个状态或形式。三是稳定性。关键桥梁通常具有较高的稳定性，可以承受较大的压力、负载或变化，保持其正常功能。四是适应性。关键桥梁可以根据环境、需求或条件的变化，进行自我调整、适应或改变，保持其高效运转。

具体到大中小学思政课一体化建设中，作为中间衔接环节的初中学段，就成了沟通小学学段和高中学段的关键桥梁，将小学和高中联系到一起，共同成为大中小学思政课一体化建设的组成部分，发挥各自的育人作用。首先，初中学段连接了小学学段和高中学段，作为两者的沟通媒介，将小学学段启蒙出的道德情感进一步提升，转化为对学生的思想基础的牢固树立，进而转化为高中学段对学生政治素养的提升，使学生逐步过渡到较高的学习和思想政治素质提升层面。其次，初中学段作为小学学段和高中学段的桥梁，可以根据受教育对象所面临的现实情况，依据小学学段学生的思想政治现状，调整自身的教学内容和教学方法，帮助学生更好地步入高中学段，从而起到调节和稳定的作用。

小学学段是大中小学思政课一体化建设的起始阶段，也是基础性阶段，其教育效果可以通过初中学段的思政课进行检视，从而为小学和初中学段的育人衔接打好基础，进而反思小学思政课的建设。高中学段作为中等教育中的高级阶段，要增强高中思政课的育人实效，也必须观照初中思政课的建设情况，明确初中思政课的教育内容、教育方法和评价体系，以便更好地开设高中思政课。因此，初中思政课的地位极其特殊，它是贯通小学和高中学段的中间衔接阶段，也是关键桥梁，只有初中思政课做好了衔接，才能保证大中小学思政课一体化建设顺利开展，发挥思政课的育人实效。

（三）初中思政课具有打牢学生思想基础的特殊地位

2020年，中共中央宣传部、教育部关于印发的《新时代学校思想政治理论课改革创新实施方案》中指出："小学阶段重在培养学生的道德情感，初中阶段重在打牢学生的思想基础，高中阶段重在提升学生的政治素养，大学阶段重在增强学生的使命担当。"[1] 对初中思政课来说，要将本学段的核心素养——打牢学生的思想基础作为工作的重点，使学生坚定马克思主义的立场，坚定共产主义的理想信念，将爱国情、报国志融入自己的知、情、意、信、行中，巩固马克思主义在意识形态领域的指导地位，为初中学生的思想品德和政治认同打下良好的基础。

初中思政课具有打牢学生思想基础的特殊地位，是由初中思政课的受教育者的身心发展特点和规律以及所处的外部环境决定的。首先，当学生步入初中阶段，他们周围的世界进一步拓展，从家庭、学校逐步转入社会当中，与社会的接触越来越多，收集到的信息越来越复杂，如何处理这些纷繁复杂的信息，如何辨别信息的真伪就成为摆在初中思政课面前亟待解决的重点问题。因此，初中思政课必须立足于学生当前面临的实际问题，坚持问题导向，在对问题的剖析和辨析中，帮助学生树立马克思主义的坚定信仰，提高学生分析问题和解决问题的能力。其次，西方资本主义国家与我国的社会制度存在根本性的差别，加之现在中国在国际舞台上的地位和作用越来越明显，西方资本主义国家更加剧了对中国意识形态方面的渗透，企图通过瓦解中国人民的思想观念来达到制衡中国的目的，而学生就成了其意识形态渗透的重点对象。随着互联网的迅速普及和新媒体平台的多方崛起，意识形态斗争又有了新场域。作为西方意识形态渗透的重点对象，"普世价值观""历史终结论"，各种西化、分化、丑化中国的言论在社交平台上更是屡屡出现，

---

[1] 中央宣传部 教育部关于印发《新时代学校思想政治理论课改革创新实施方案》的通知[J]. 中华人民共和国国务院公报，2021（9）：75-80.

很大程度扰乱了我国网民的思想观念。因此，我们需要保持警惕，增强自身辨别能力，不能被其蒙蔽。同时，我们也应该积极宣传社会主义核心价值观，加强对青少年的思想引导，坚决抵制西方意识形态渗透的影响。最后，初中学生的思想还不成熟，容易受到外界的影响，因此，需要在小学思政课中启蒙出的道德情感的基础上，继续打牢学生的思想基础，帮助学生坚定理想信念，争做时代新人，为中华民族伟大复兴贡献力量。这些因素都要求初中思政课要打牢学生的思想基础，为提升学生的政治素养和培养使命担当打下坚实的基础。

因此，初中思政课在大中小学思政课一体化建设中具有打牢学生思想基础的特殊地位，只有初中学段学生思想基础的牢固树立，才能为高中阶段的政治素养奠定坚实的基础。

## 五、初中学段在大中小学思政课一体化建设中的作用

要做好大中小学思政课一体化建设这项系统工程，做好初中思政课的建设工作，除了要明确初中学段的特殊地位，明确初中思政课建设的必要性，还需要进一步明确初中学段在大中小学思政课一体化建设中的重要作用，以提高初中思政课建设的重视程度，进一步规范初中思政课建设，按照循序渐进、螺旋上升的原则做好大中小学思政课一体化建设。

### （一）初中学段关系着大中小学思政课一体化建设的系统推进

系统理论认为，系统是要素、结构、功能、环境多因素的组合，系统不是组成对象要素的机械相加，而是一个有机整体，系统具有原有要素不具备的新的性质。[1] 大中小学思政课一体化建设作为一项重要的系统工程，其最终建设的成效和目标的实现离不开系统内各组成部分作用的发挥。只有各组成部分、各个要素共同发挥应有的作用，才能实现整体的发展目标。

初中思政课在学生的成长过程中发挥着重要作用，主要体现在以下几个方面：一是帮助学生树立正确的世界观、人生观和价值观。初中阶段是学生思想观念形成的关键时期，通过思政课的教育，引导学生树立正确的世界

---

[1] 李志远，张秋生．经济结构调整中的系统理论［J］．集团经济研究，1997（10）：41-42．

观、人生观和价值观,增强社会责任感和历史使命感,培养良好的道德品质和行为习惯。二是培养学生的思辨能力和创新精神。思政课不仅是一门思想教育课程,还注重培养学生的思维能力和创新精神。通过引导学生对政治、经济、文化等方面的思考和分析,提高学生的思维能力和创新精神,为未来的学习和工作打下基础。三是增强学生的国家意识和民族自豪感。思政课教育学生了解国家的历史、文化和社会制度,让学生更加深入地了解国家的发展历程和民族文化的精髓,增强国家意识和民族自豪感,培养学生的爱国主义精神。四是提高学生的心理素质和自我调节能力。思政课还注重学生的心理健康和自我调节能力的培养,通过心理健康教育、心理咨询等方式,帮助学生解决心理问题,增强自我调节能力,提高学生的心理素质和应对压力的能力。五是为学生的未来发展奠定基础。通过思政课的学习,学生可以了解社会的发展趋势和未来需要的人才类型,明确自己的职业规划和人生目标,为未来的发展打下基础。初中思政课的这些重要的作用,都对学生的成长成才和国家的繁荣发展产生重要的影响。总之,初中思政课在学生的成长过程中发挥着重要作用,不仅可以帮助学生树立正确的思想观念和价值观,还可以提高学生的思维能力和心理素质,为未来的发展打下基础。因此,我们应该重视思政课的教育,充分发挥其应有的作用。

具体落实到大中小学思政课一体化建设中,只有小学、初中、高中、大学等各个学段按照整体的育人目标,形成育人共同体,从系统性和整体性建设的角度出发,做好各自学段的思政课建设,同时考虑不同学段的衔接,才能真正实现思政课的一体化建设。因此,初中学段关系着大中小学思政课一体化建设的系统推进。初中学段处于小学学段和高中学段之间,作为中间环节,如果起不到应有的桥梁和衔接作用,后续的高中、大学学段的思政课建设都会受到影响,一体化的育人目标更无法实现,更无法发挥思政课铸魂育人的关键作用。

综上所述,初中学段思政课的建设情况,直接关系着大中小学思政课一体化建设的系统推进。只有初中思政课充分发挥作用,才能关照小学学段,在小学思政课的基础上调整初中思政课的教学内容和教学方法,为高中和大学学段打好思想基础,使广大青少年更好地坚定共产主义的理想信念,树立正确的符合社会主义发展方向的思想道德观念，完善自身的人格。

（二）初中学段关系着思政课整体育人目标的实现

十年树木，百年树人。育人是一个长期的过程，一个人的成长、成才不是一朝一夕就能实现的，需要个体发挥积极性主动性，也需要家庭、学校、社会共同参与，从学校加强对学生开展思想政治教育工作，到开展家庭教育传承优良家风，再到全社会营造良好的育人氛围，这些环节缺一不可，各个部分、各个方面、各个学段均要发挥育人作用。

习近平总书记强调："办好思政课，最根本的是要全面贯彻党的教育方针，解决好培养什么人、怎样培养人、为谁培养人这个根本问题。""努力培养担当民族复兴大任的时代新人，培养德智体美劳全面发展的社会主义建设者和接班人。"① 这为我们培养什么人指明了方向，即我们的思政课程要努力培养担当民族复兴大任的时代新人，培养德智体美劳全面发展的社会主义建设者和接班人。这个培养目标任重道远，不是一朝一夕就能完成的，也不是依靠某一个学段就能独立完成的，必须依靠全体教育工作者共同努力，久久为功。

身处于大中小学思政课一体化建设中的初中学段，其所处的小学学段和高中学段的中间衔接环节的位置就决定了其必须发挥自身的关键桥梁作用，打通小学学段与高中学段的衔接，连点成线，从培养本学段学生的核心素养入手，深入研究受教育者的身心发展特点和思想品德形成规律，制定适合初中学生的教学目标，设计教学内容，采用与内容相切合的教学方法，最后通过体系化的教学评价对教学环节进行反馈，在完成初中思政课建设的过程中，关注相邻学段的衔接，真正做到循序渐进和螺旋上升。初中思政课作为初中学段培养德智体美劳全面发展的社会主义建设者和接班人的重要课程，旨在引导学生树立正确的世界观、人生观和价值观，培养学生的思想道德素质、科学文化素质和社会责任感等方面的能力，使学生更好地成长成才。

因此，初中学段思政课建设情况直接关系到整体育人目标的实现。缺少初中思政课的大中小学思政课一体化建设是不完备的，更遑论培育时代新人

---

① 习近平．习近平谈治国理政：第三卷［M］．北京：外文出版社，2020：328．

的育人目标的实现。新时代的青少年，面临的国际国内情况更加复杂，网络信息的庞杂使得青少年无法辨别浩如烟海的信息的真伪，如不及时加强各学段学生的思想政治教育工作，其意识形态方面必然出现偏差，不利于社会主义事业向前发展。

综上所述，初中学段在大中小学思政课一体化建设中的作用极其重要，关系着整体育人目标的实现。初中思政课要提高认识，在思政课建设过程中注重思想性、理论性和价值导向性，帮助学生解决思想方面的问题，树立正确的思想品德和价值体系。

### （三）初中学段关系着大中小学思政课创新性改革的整体实效

在庆祝改革开放40周年大会上，习近平总书记强调："40年春风化雨、春华秋实，改革开放极大改变了中国的面貌、中华民族的面貌、中国人民的面貌、中国共产党的面貌。"① 正是改革开放政策的实施，使中国发生了翻天覆地的变化，中国的经济迅速发展，人民生活水平逐步提高，中国已经成为世界第二大经济体，在国际上发挥着越来越重要的作用。改革开放对经济领域的发展产生了重大的影响，教育领域同样需要依据时代的变化，整合教学内容，改进教学方法等措施，通过改革创新实现思政课内涵式高质量发展。

2023年9月，在中央政治局第五次集体学习中，习近平总书记对扎实推动教育强国建设做出了重要指示。他指出，"建设教育强国，基点在基础教育。基础教育搞得越扎实，教育强国步伐就越稳、后劲就越足"，强调"从教育大国到教育强国是一个系统性跃升和质变，必须以改革创新为动力。要坚持系统观念，统筹推进育人方式、办学模式、管理体制、保障机制改革，坚决破除一切制约教育高质量发展的思想观念束缚和体制机制弊端，全面提高教育治理体系和治理能力现代化水平"。② 这为思政课推动改革创新提供了方向。

新时代，要想发挥思政课的育人实效，思政课必须要根据党和国家的要求和社会环境的变化，实现改革创新，不断调整改革的目标和方向，真正实现思政课为党育人、为国育才的目标。大中小学思政课创新性改革的整体实

---

① 习近平. 在庆祝改革开放40周年大会上的讲话［EB/OL］. 新华网，2018-12-18.
② 习近平. 扎实推动教育强国建设［J］. 求是，2023（18）.

效的发挥取决于各个学段的建设情况，更与不同学段之间的相互衔接密切相关。

初中学段作为大中小学思政课一体化建设中连接小学学段和高中学段的桥梁和纽带，只有做好前后衔接工作，才能保证大中小学思政课一体化建设的整体育人实效，推动思政课改革创新性发展。

当前，思政课改革创新可以从多方面入手：一是教学内容创新。根据时代发展和学生需求，不断更新思政课的教学内容，注重内容的针对性和实效性，使思政课更加贴近现实、贴近学生。二是教学方法创新。采用多种教学方法，如案例教学、情景模拟、角色扮演等，激发学生的学习兴趣和参与热情，增强思政课的吸引力和感染力。三是教学手段创新。利用现代信息技术手段，如多媒体、网络平台等，丰富教学手段，实现线上线下相结合的教学方式，提高教学效果和学生的学习体验。四是实践教学创新。加强实践教学环节，开展多种形式的实践活动，如社会调查、志愿服务等，引导学生积极参与社会实践，增强思政课的教学效果和社会影响力。五是评价方式创新。采用多元评价方式，注重过程评价和结果评价的有机结合，建立科学的评价体系，全面客观地评价学生的学习成果和教师的教学效果。六是教师队伍建设创新。加强思政课教师队伍建设，提高教师的专业素养和教学能力，鼓励教师开展教学研究和实践探索，为思政课改革创新提供有力的人才保障。七是学科建设创新。加强学科建设，完善学科体系和学科教材体系，推动学科交叉融合和创新发展，提高思政课的学科水平和学术影响力。

综上所述，思政课改革创新需要从教学内容、教学方法、教学手段、实践教学、评价方式、教师队伍建设和学科建设等多方面入手，全面提升思政课的教学质量和效果，更好地实现思政课的育人目标。因此，初中思政课关系着大中小学思政课一体化建设的整体实效的发挥及育人效果。只有建设好初中思政课，发挥好桥梁和纽带作用，才能确保育人目标的实现，保证思政课改革朝着正确的方向发展，真正将思政课的思想性和政治性发挥出来，保证思政课建设和改革的整体实效。

大中小学思政课一体化建设是党和国家根据建设要求，结合目前思政课建设的现状制定的重大战略部署，事关社会主义建设者和接班人育人目标的实现，其责任务必重大，使命无上光荣。因此，要将大中小学思政课一体化建设作为一项重要的系统工程来抓，做好每个学段的纵向衔接和各个部门各科课程的横向贯通，以循序渐进、螺旋上升的原则开展大中小学思政课一体化建设。初中学段作为大中小学思政课一体化建设中不可或缺的桥梁纽带，其功能的发挥直接关系着大中小学思政课一体化建设的系统推进、育人目标的实现和思政课改革的整体实效。因此，要注重开展初中思政课建设的理论研究和实践探索，论证初中学段的特殊地位和重要作用，守好初中学段这块"责任田"，为推动大中小学思政课一体化建设和培育时代新人发挥本学段的重要作用，不断推动思政课内涵式高质量发展。

# 第三章

# 义务教育学段学生的思想品德形成规律及认知发展特点

义务教育学段是儿童和青少年成长的关键阶段,在这个时期,学生经历了从幼儿到青少年的转变,认知能力和思维方式发生了重大变化,并且逐步形成了自己的认知模式和道德观念。研究义务教育学段学生的思想品德形成规律和认知发展特点,有助于思政课和教师更好地引导学生的认知发展和思想品德形成,为他们的未来发展打下坚实的基础。

**一、认知发展理论**

(一) 西方的相关理论介绍

1. 皮亚杰的认知发展理论

皮亚杰的认知发展阶段理论,是指瑞士心理学家让·皮亚杰(Jean Piaget)在20世纪50年代提出的一种关于儿童认知发展的理论。他通过对儿童的观察和实验研究,总结出了儿童成长过程中的四个主要认知发展阶段,即感知运动阶段、前操作阶段、具体操作阶段和形式操作阶段。这一理论成为儿童心理学和教育学领域中的重要理论基础,对于了解儿童认知发展规律、制订教育教学方案具有重要意义。

在皮亚杰看来,儿童的认知发展是一个渐进的过程,从简单到复杂,从具体到抽象。他认为儿童在成长过程中会经历四个不同的发展阶段。

第一个阶段是感知运动阶段,指出生到两岁期间。在这个阶段,婴幼儿主要通过感官和运动来认识世界。他们对外界事物的认知主要依赖于直接感觉和运动经验。例如,当一个婴儿看到一只玩具狗时,他会触摸、咬一下,以此来认识这个新物体。在这个阶段，儿童的思维是非常具体和客观的，他们还没有形成内心的符号表示。

第二个阶段是前操作阶段，指 2 岁到 7 岁期间。在这个阶段，儿童开始使用内心的符号表示来进行思维活动。他们能够用语言或图形来表达自己的想法，并且开始具备记忆和想象的能力。例如，一个 5 岁的孩子可以通过画图来描述自己所见到的事物或经历过的事件。在这个阶段，儿童的思维仍然是非常具体和感性的，他们往往只能从自己的角度出发来思考问题。

第三个阶段是具体操作阶段，指 7 岁到 11 岁期间。在这个阶段，儿童开始具备一定程度上的逻辑思维能力。他们可以进行简单的推理和分类，并能够按照规则进行操作。例如，一个 8 岁的孩子可以通过对一系列数学题目进行分类和比较来解决问题。在这个阶段，儿童开始有了抽象思维和概念形成的能力，但仍然依赖于具体的情境和物质。

第四个阶段是形式操作阶段，指 11 岁以后。在这个阶段，儿童开始具备更加抽象和逻辑的思维能力。他们能够进行复杂的推理和思考，并且能够从多个角度来考虑问题。例如，一个 15 岁的青少年可以通过逻辑推理来解决复杂的数学问题。在这个阶段，儿童已经可以独立思考和解决抽象问题，并且开始形成自己的价值观和思维方式。

皮亚杰的认知发展阶段理论对于儿童教育有着重要的指导意义。根据他的理论，教育者应该根据儿童所处的不同发展阶段，采用不同的教育方法和策略。在感知运动阶段，应该注重提供丰富多样的感官刺激和运动机会，帮助儿童建立起对外界事物的基本认识。在前操作阶段，应该注重培养儿童的语言表达能力和想象力，帮助他们进一步发展内心符号表示。在具体操作阶段，应该注重培养儿童的逻辑思维和问题解决能力，帮助他们形成基本的分类和推理能力。在形式操作阶段，应该注重培养儿童的抽象思维和批判性思维能力，帮助他们成为独立、有逻辑思考能力的人。

总之，皮亚杰的认知发展阶段理论提供了一种全面而系统的认知发展模型。它不仅对于儿童认知发展有着重要意义，同时也对教育者和家长具有指导价值。通过了解儿童所处的不同阶段，并根据其特点和需求提供适当的教育环境和教学方法，我们可以更好地促进儿童的认知发展，帮助他们建立起健康而全面的认知结构。

2. 科尔伯格的道德发展阶段理论

道德发展是人类社会中一个重要的议题。在人类社会的发展过程中，道德观念的形成和发展对于个体和整个社会的和谐共处至关重要。美国心理学家劳伦斯·科尔伯格（Lawrence Kohlberg）对道德发展进行了深入研究，并提出了著名的"道德发展阶段理论"。该理论以其深刻的洞察力，在心理学领域产生了广泛而深远的影响。科尔伯格道德发展阶段理论是基于瑞士心理学家让·皮亚杰（Jean Piaget）儿童认知发展理论的基础上建立起来的。科尔伯格认为，道德发展是一个渐进的过程，个体从儿童时期到成人时期逐渐形成了不同的道德观念和价值观。

科尔伯格将道德发展分为三个主要的阶段，每个阶段又细分为两个层次，共六个阶段。这六个阶段是顺从与惩罚取向、自利交换取向、社会准则和法律取向、维护权威或秩序的道德定向取向、社会契约的定向取向以及普遍的道德原则的定向取向。每个阶段都代表了一个不同的道德水平，具有不同的道德判断和行为。

顺从与惩罚取向阶段。在这个阶段，个体主要受到外部权威的影响，道德判断基于对惩罚和奖励的顺从。例如，在一个经典的实验中，科尔伯格给儿童们讲述了一个故事，描述了一个男孩偷面包的情景。大多数儿童认为偷窃是错误的，因为会受到惩罚。

自利交换取向。在这个阶段，个体开始关注自己的利益和他人之间的交换关系。他们认为道德行为是为了满足自己利益或者获得回报。例如，在一个实验中，科尔伯格给儿童们讲述了一个故事，描述了两个人为了互相获得好处而互相帮助的情景。大多数儿童认为这是正确的行为，因为可以获得回报。

社会准则和法律取向。在这个阶段，个体开始关注社会准则和法律规定。他们认为道德行为是遵守社会规范和法律的义务。例如，在一个实验中，科尔伯格给儿童们讲述了一个故事，描述了一个男人偷药的情景。大多数儿童认为偷窃是错误的，因为违反了法律规定。

维护权威或秩序的道德定向取向。此阶段个体以遵守社会规则、维护权威和社会秩序为道德判断核心,认为法律和规范是维系社会稳定的基础。行为好坏取决于是否符合既定规则,强调义务、权威和固定秩序,如"守法即正义"。例如,认为偷药救人虽情有可原但仍属违法,故不可取。这一阶段体现了对社会系统的服从,但尚未形成独立的道德原则批判力。

社会契约的定向取向。在这个阶段,个体开始关注社会契约和普世原则。他们认为道德行为是基于公正和平等的原则。例如,在一个实验中,科尔伯格给儿童们讲述了一个故事,描述了一个人随意打破规则并损害他人利益的情景。大多数儿童认为这是错误的行为,因为违反了公正原则。

普遍的道德原则的定向取向。在这个阶段,个体开始内化普遍的道德原则,并将其作为自己的内在准则来指导行为。他们认为道德行为是出于对公正和社会责任的内在承诺。例如,在一个实验中,科尔伯格给成年人讲述了一个故事,描述了一个人违反法律规定但是拯救他人生命的情景。大多数成年人认为这是正确的行为,因为对于拯救他人生命和遵守法律规定之间的冲突,他们选择了更高级别的道德原则。

科尔伯格道德发展阶段理论对于我们理解个体道德发展具有重要意义。它不仅帮助我们更好地了解人类道德观念的形成和发展,还为道德教育和培养提供了指导。

3. 马克思主义经典著作中关于人的全面发展的理论

马克思主义经典著作中,关于人的全面发展的理论是其核心内容之一。马克思主义者认为,人的全面发展是社会主义社会的目标和基本要求,也是实现共产主义社会的根本条件。马克思、恩格斯、列宁等在一系列经典著作中深刻阐述了人的全面发展的理论,并指明了实现这一目标的路径。

首先,马克思主义经典著作强调了物质生活和精神生活的统一发展。《共产党宣言》中指出:"共产主义者不仅要解放无产阶级,还要解放整个人类。"[①] 这表明马克思主义者追求的是全人类的自由和幸福,而不仅仅是无产阶级群体的利益。在这个意义上,马克思主义经典著作提出了物质生活和精神生活的统一发展的理念。

---

① 中共中央马克思恩格斯列宁斯大林著作编译局. 马克思恩格斯文集:第1卷[M]. 北京:人民出版社,2009:26.

在《资本论》中，马克思指出："劳动是人类与自然界之间特定关系的体现。"① 这意味着马克思主义者认为，劳动是人与自然界相互作用的重要方式，通过劳动，人类可以改造自然和创造财富。同时，马克思主义经典著作还强调了人的劳动创造力的发展。列宁在《社会主义与战争》一书中指出："只有完全解放生产力才能迅速增加社会财富。"② 这意味着只有通过解放生产力，才能实现人们物质生活水平的提高，并为人的全面发展奠定基础。

马克思主义经典著作还关注人的社会性和个体发展之间的关系。恩格斯在《家庭、私有制和国家的起源》中指出："个体只有在社会中才能发展自己的全部潜力。"③ 这表明个体的发展需要依靠社会的支持和帮助，而不是孤立进行。同时，马克思主义经典著作也强调了个体发展对于社会发展的重要性。列宁在《国家与革命》中指出："社会主义国家实现人民全面发展的任务是最重要的。"④ 这说明社会主义国家应当致力于为每个个体提供充分的发展机会，从而推动整个社会的进步。

此外，马克思主义经典著作还对人的全面发展提出了具体要求。马克思在《德意志意识形态》中指出："真正的自由是使每一个人都能够实现自己的人类本质。"⑤ 这表明实现人的全面发展需要保障每个人都能够充分发挥自己的才能和潜力。同时，马克思主义经典著作还强调了教育对于人的全面发展的重要性。列宁在《无产阶级革命和叛徒考茨基》一书中指出："我们必须使劳动群众得到最广泛、最高级别、最科学的教育。"⑥ 这说明为了实现人的全面发展，必须为劳动群众提供优质教育资源，提高他们的综合素质。

总之，马克思主义经典著作关于人的全面发展的理论是深刻而富有启示性的。从物质生活和精神生活的统一发展、劳动创造力的发展、个体发展与

---

① 中共中央马克思恩格斯列宁斯大林著作编译局．马克思恩格斯文集：第3卷[M]．北京：人民出版社，2009：79．
② 列宁全集：第26卷[M]．北京：人民出版社，2017：322．
③ 中共中央马克思恩格斯列宁斯大林著作编译局．马克思恩格斯全集：第45卷[M]．北京：人民出版社，2003：398．
④ 列宁选集：第4卷[M]．北京：人民出版社，2012：138．
⑤ 中共中央马克思恩格斯列宁斯大林著作编译局．马克思恩格斯文集：第1卷[M]．北京：人民出版社，2009：571．
⑥ 列宁选集：第4卷[M]．北京：人民出版社，2012：166．

社会性的关系以及具体要求等方面，这些著作都为我们提供了重要的思想资源和行动指南。只有坚持这些理论，我们才能够实现人的全面发展的目标，推动社会进步，迈向共产主义的美好未来。

（二）中国哲学家和教育学家的相关论述

1. 中国古代哲学家对事物的认识

（1）儒家学者对事物的认识

古代中国的儒家学者认为，事物的发展是遵循天道运行的，而天道是恒常不变的。因此，事物的变化和发展也应该是恒常的，而不是突然的或跳跃式的。这种观点影响了中国古代对政治、社会、伦理等方面的思考和实践。

儒家对事物发展的认识主要体现在其对于"天道"和"人道"的理解上。儒家认为，天道是恒常不变的，而人道则受到多种因素的影响，需要遵循一定的道德规范和伦理原则。

首先，儒家认为事物的发展是遵循天道的，即自然界和人类社会的运行规律是恒常不变的。这种观点体现在儒家的宇宙观和哲学思考中，认为自然界和人类社会都是按照一定的规律运行的，而这些规律是可以通过观察和实践来认识的。

其次，儒家强调人道的可变性。在儒家看来，人类社会的发展受到多种因素的影响，包括政治、经济、文化等方面。因此，儒家认为人道的变化是有规律的，可以通过对历史和现实的观察来认识和把握。同时，儒家也认为人道的变化需要遵循一定的道德规范和伦理原则，以保持社会的稳定和发展。例如，孔子提出了"仁者乐山，智者乐水"的观点，认为自然山水可以启迪人的智慧和德性。

此外，儒家还提出了"天人合一"的观点，认为自然界和人类社会是相互联系、相互影响的。因此，儒家主张人类应该顺应自然规律，与自然和谐相处，以达到人与自然的和谐发展。这种观点体现了儒家对于环境保护和可持续发展的重视。

（2）道家学者对事物的认识

道教作为一种传统文化，其对事物发展的认识也具有其独特的观点和思想。

首先，道教强调"道"是万物之本源，世间万物都是由道演化而来。因此，道教认为事物的发展是自然而然的，是一种必然的趋势。在道教的观念中，事物的产生、发展和变化都是一种正常的现象，人们应该顺应自然规律，以平和的心态看待事物的发展。例如，老子认为"道生一，一生二，二生三，三生万物"，即万物都是由道所生，道是万物的本源和规律。

其次，道教注重对事物本质的研究和探索，认为只有深入了解事物的本质和规律，才能更好地把握事物的发展趋势。道教提倡通过修身养性、炼气养生等方式来提高自身的素质和能力，从而更好地理解和应对事物的发展。

此外，道教还强调人与自然和谐相处，主张保护环境、节约资源等行为，以促进人与自然的和谐发展。在道教的观念中，人类应该尊重自然、顺应自然，与自然协同共进，实现可持续发展。

综上所述，道教对于事物发展的认识主要体现在其对宇宙观的认识和对人与自然关系的重视上。这些观点和思想对于我们今天认识和理解事物的发展仍然具有重要的启示意义。

(3) 佛家学者对事物的认识

佛教作为一种哲学体系，其对事物发展的认识也具有其独特的观点和思想。

首先，佛教认为世间万物都是由"空"所生，"空"是万物的本源和本质。因此，佛教认为事物的发展是一种虚幻的过程，没有永恒不变的本质。在佛教的观念中，事物的产生、发展和变化都是一种必然的趋势，是不可逆转的。这种观点体现了佛教对于事物发展变化的深刻洞察和理解。

其次，佛教注重对个体内心的修行和修炼，通过修行达到心灵的平静。在这种修行的过程中，佛教强调对自身的反省和内观，以及对自身与外界关系的认知。这种自我修养的思想有助于培养个人的内在品质和能力，从而更好地应对外界的变化和发展。

此外，佛教还提出了"因果报应"的观点，认为世间万物都有其因果关系和相应的报应。这种因果报应的思想提醒人们要遵守道德规范和行为准则，以避免因自己的行为而带来不良的后果。

综上所述，佛教对于事物发展的认识主要体现在其对宇宙观的独特理解和对个体内心修行的重视上。这些观点和思想对于我们今天认识和理解事物的发展仍然具有重要的启示意义。

（4）中国古代哲学家对环境的重视

中国古代对人的成长环境重视的思想主要体现在以下几方面：

一是强调家庭和家族环境的重要性。在古代中国，家庭和家族是社会的基本单位，对个人的成长和发展起着至关重要的作用。家庭和家族的环境直接影响一个人的品行、道德和性格的形成。因此，中国古代思想家们强调家庭教育的重要性，认为家庭和家族的环境是培养优秀人才的基石。

二是注重社会环境的影响。中国古代思想家们认为，社会环境对个人的成长和发展也有着重要的作用。人们所处的社会环境、文化背景和社会制度等因素都会对个人的思想、行为和价值观产生影响。因此，中国古代思想家们主张通过改善社会环境来促进人才的成长和发展。

三是重视自然环境的影响。中国古代思想家们认为，自然环境对人的成长和发展也有着重要的作用。不同的自然环境会对人的外貌、性格、情绪、气质等方面产生影响。因此，中国古代思想家们主张选择适宜的生活环境，以促进个人的身心健康和成长。

四是强调个体内心的修养。在中国古代思想中，个体内心的修养也是非常重要的。人们应该注重培养自己的品德、智慧和能力，通过自我修养和学习来提高自己的素质和水平。只有具备了良好的内心修养，才能更好地适应家庭、社会和自然环境，实现个人的成长和发展。

这些思想对于我们今天培养优秀人才仍然具有重要的启示意义。

2. 中国近现代教育思想家对人的认知发展的思想

（1）蔡元培（1868—1940）

蔡元培认为人的认知发展应包括知识、能力和道德三方面的素质。

知识：不仅包括专业领域的知识，还有人文知识。蔡元培认为，全面的知识体系能够拓宽人的视野，增强人的理解力和判断力。

能力：包括思想能力、创新能力、实践能力等。蔡元培强调，能力的培养是认知发展的重要环节，通过各种教学方法如实验和社会实践等，可以帮助学生提高这些能力。

道德：包括诚实、守信、责任感、团队精神等。蔡元培认为，道德素质是人的认知发展的基础，没有良好的道德素质，知识和能力就无法为社会做出贡献。

为了培养这样的人才，蔡元培提出了一系列的教学方法，如阅读、讲座、实验和社会实践等，这些教学手段可以帮助学生全面地发展自己。此外，蔡元培还强调了学生自主性的培养，学生要自我管理、自我学习。

（2）陶行知（1891—1946）

陶行知对人的认识发展的思想主要体现在他的人本教育理念中。他强调教育应该以人为本，注重人的个性、情感和需要，促进人的全面发展。

首先，陶行知认为，人的认识发展应该以做人为基础。他提出了"做人"的标准，即要有主人翁精神、真实坦诚、有献身和创造精神、追求高尚完美的人格。他提出的"真人"理念强调，要在"行以求知，知而促行"的循环中不断精进，通过实践与认知的相互作用追求真理，最终成为兼具真善美品质的完整个体。

其次，陶行知认为，人的认识发展需要注重个性发展。他倡导"自由人"的培养，认为自由是人的本质属性，只有在自由的环境中，人的个性才能得到充分的发展。他主张解放思想，通过现代教育把人民从传统的束缚中解放出来，成为有自由意志的"自由人"。

最后，陶行知认为，人的认识发展需要注重实践和创造。他强调教育要与实践相结合，培养学生的实践能力。同时，他也强调创造力的培养，认为创造是推动社会进步的重要力量。他主张通过创造性的教育活动，激发学生的创造潜能，培养具有创新精神的人才。

总的来说，陶行知的人本教育理念强调人的全面发展，注重个性发展、实践和创造。他认为教育的目的是培养具有高尚人格、实践能力、创新精神和自由意志的人才，为社会的进步和发展做出贡献。

（3）叶圣陶（1894—1988）

叶圣陶对人的认识发展的思想主要体现在他的教育理念中。他认为教育的宗旨是让受教育者学会"做人"，而不仅是读书或学习知识。

首先，叶圣陶认为，做人是教育的根本目标。他强调，受教育的意义和目的是成为社会的合格成员和国家的合格公民。这意味着，人们需要懂得推动社会和国家向前发展的道理，并且是为公而不是为私。他强调集体主义的重要性，认为在现代社会中，只有胸怀有集体主义的人，才能真正有益于人类，有益于社会，有益于国家。

其次，叶圣陶认为，做一个人必须具备"知"和"行"的能力。他强调遇到问题和矛盾时，人们不仅要知道其中的道理，还需要能够付诸行动。叶圣陶认为，有知识和有本领是做人的基本条件，特别是在现代社会中，随着新问题、新矛盾和新事物的不断涌现，人们需要的"知"和"行"无论在量上还是在质上，要求都比以往更高。

此外，叶圣陶还强调了实践的重要性。他认为教育应该与实践相结合，通过实践来培养受教育者的实际能力和解决问题的能力。他主张解放思想，让学生从传统的束缚中解放出来，通过实践来培养他们的创新精神和创造力。

总的来说，叶圣陶的教育理念强调了人的全面发展，注重实践和创新能力的培养，以及集体主义和为公的精神。他认为教育的目的是培养具有高尚人格、实践能力、创新精神和为公精神的合格公民，为社会的进步和发展做出贡献。

（4）杨贤江（1895—1931）

杨贤江对人的认知发展的思想主要体现在他的"全人生指导"理念中。他主张从青年的需要、现代的趋势和中国的现状出发，指导他们树立正确的人生观。他强调青年应增强社会责任感和使命感，积极参与社会实践活动，以改造社会、促进人类幸福为目标。

在认知发展方面，杨贤江认为青年的求学观至关重要。他反对以功名、利禄、读书为单一目的的求学观，主张灵活利用时间，将读书与实践相结合，培养自学能力，形成良好的读书习惯。同时，他也非常重视健康在工作学习中的重要性，认为体格强壮、精神充足是办事敏捷、有奋发敢为气概的基础。

此外，杨贤江还对青年面临的问题进行了深入的分析，包括人生观、政治见解、求学、生活态度、职业、社交、家庭、经济、婚姻和生理等方面的问题。针对这些问题，他强调青年应注重全面素质的发展，包括知识的学习、体格的强健、道德的修养和人际交往的能力等多方面。

总的来说，杨贤江的"全人生指导"思想是一种全面的人生观教育，它旨在帮助青年树立正确的人生观和价值观，以适应现代社会的需要，促进个人的全面发展和社会进步。

3. 习近平总书记关于学生发展的重要论述

习近平总书记突出强调思政课建设的重要性，提出了循序渐进、螺旋上升的原则来推动思政课一体化建设。2016年12月，习近平总书记以小麦生长的"灌浆期"来指代大学阶段。2019年学校思政课教师座谈会上的讲话，习近平总书记延续了小麦生长进路的说法，指出青少年阶段处于"拔节孕穗期"。"人的成长、成熟、成才不是一蹴而就的，而是一个渐进的过程。"① 正如小麦要发育成熟必须依次经由出苗、拔节、孕穗、灌浆等各阶段渐进生长，青少年要走向成熟、成才，也必须依据身心发展的阶段性循序成长。"循序渐进"重在"序"，强调序列性，要求适应学生认知发展规律与学科知识逻辑进行由具体到抽象的教材设计和编排。"螺旋上升"则在此基础上更注重"质"，强调依序展开不是简单的线性前进，而是循环往复的盘旋上升。

2019年3月，习近平总书记就如何加强学校思政课建设做出全面部署，提出了"推动思政课内涵式发展"的要求。不同于注重规模、数量的外延式发展，内涵式发展更强调结构布局与质量效益。思政课内涵式发展要求思政课扩大内容有效供给，不断提升教育质量，实现思政课高质量发展。

通过对习近平总书记关于思政教育的相关论述的解读，可以发现大中小学思政课一体化建设的提出不仅为不同学段的教学衔接指明了方向，还对促进不同学段教学目标、教学内容、教学评价等的一体化提供了理论指导，更对统筹思政课建设，促进思政课高质量发展具有重要的理论价值和现实意义。

---

① 习近平. 思政课是落实立德树人根本任务的关键课程. [J]. 求是，2020（17）：2-16.

### （三）学生不同时期的思政课课程设置

教育是社会发展的基石，而思想政治课则是培养学生正确的世界观、人生观、价值观的重要途径。然而，在不同学段中，年龄、认知水平、心理发展等方面的差异导致了思政课设置的迥异。为了更好地引导学生在思想政治教育中实现个体价值与社会发展的有机统一，我们需要将不同学段之间的思政课设置与螺旋上升的理念相契合。

1. 儿童期思政课设置

在儿童期，孩子们正处于对事物认知能力的初步建立阶段。因此，儿童期思政课应注重培养孩子们正确的道德观念和基本社会价值观。这一阶段，我们可以通过讲述寓言故事或者民间传说等形式，引导孩子们认识到什么是公平、友爱和互助等价值观念，并通过小组活动和游戏等方式进行互动与实践。① 例如，可以引用"白雪公主"这个经典故事来讲述公平与美德的重要性。通过这样的故事，儿童们能够更好地理解公平是什么，以及为什么我们需要保持友善和互助的态度。此外，我们还可以组织一些游戏活动，让孩子们在游戏中学会合作、分享和尊重他人。

2. 青少年期思政课设置

进入青少年期，孩子们的认知能力不断提高，开始对社会问题和个体发展产生更多的思考。因此，在青少年期思政课设置中，我们应该注重培养学生的独立思考能力、创新精神和社会责任感。在这个阶段，我们可以通过引导学生进行辩论、写作和社会调查等方式，激发他们对社会问题的兴趣。例如，在讨论环境保护问题时，可以引用马克思主义关于人与自然和谐统一的观点，鼓励学生提出自己的见解和解决方案。同时，我们还可以组织一些实践活动，如社会实践、志愿者服务等，让学生亲身体验社会责任感的重要性。通过这些实践活动，学生不仅可以了解社会问题的具体情况，还能够培养他们的团队合作意识和解决问题的能力。

3. 大学阶段思政课设置

进入大学阶段，学生已经具备了一定的学术素养和社会认知能力。因

---

① 张子麟，周秀菊. 从游戏到学习：打开思政学习体验新视界［J］. 中学政治教学参考，2021（15）：50-52.

此，在大学阶段思政课设置中，我们应该注重培养学生的批判思维能力、创新精神和领导力。在这个阶段，我们可以通过引导学生进行独立研究、写作论文等方式，培养他们的批判思维和创新精神。① 例如，在讲述中国特色社会主义道路的过程中，我们可以引用马克思主义关于历史规律和社会发展的观点，并鼓励学生对其进行批判性思考和独立见解。此外，在大学阶段，我们还可以组织一些社团活动和领导训练营等，培养学生的领导力和组织能力。通过这些活动，学生不仅可以锻炼自己的领导技能，还能够在实践中体验到马克思主义关于人类社会发展规律的普遍性。

综上所述，不同学段之间的思政课设置需要契合螺旋上升的理念。儿童期思政课应注重培养孩子们正确的道德观念和基本社会价值观，青少年期思政课应注重培养学生的独立思考能力、创新精神和社会责任感，大学阶段思政课应注重培养学生的批判思维能力、创新精神和领导力。通过这样的螺旋上升设置，我们可以更好地引导学生在思想政治教育中实现个体价值与社会发展的有机统一。

## 二、义务教育学段学生的思想品德形成

人的思想品德的形成是一个多因素共同作用的结果，这些影响因素主要包括遗传因素、社会环境因素和个体的主观能动性，三者是相互作用、辩证统一的有机整体，共同促进人的思想品德的形成和发展。人的思想品德形成和发展是有规律可循的，主要包括思想品德形成因素的丰富性、思想品德形成的矛盾协调律、思想品德形成的渐进反复律和思想品德形成的社会适应律。只有掌握规律，才能提升义务教育阶段思政课的实效，实现立德树人的根本任务。

### （一）思想品德形成因素的丰富性

首先，家庭教育对学生的思想品德的形成起着至关重要的作用。家庭是孩子最早接触到的社会环境，也是孩子性格、价值观形成的最初场所。因此，家庭教育应该注重培养孩子正确的价值观和道德观念，引导他们树立正

---

① 杨志成. 论大中小幼一体化德育体系建设的大学担当 [J]. 中国高等教育，2022 (1)：7-8，32.

确的世界观、人生观和价值观。其次，学校教育在学生思想品德形成中起着重要作用。学校是学生接受知识和培养道德情操的重要场所。在学校里，学生不仅能够学到各个学科的知识，还能够接触到各种社会实践和道德教育活动。再次，社会环境对学生的思想品德形成也有着重要影响。社会是一个复杂多变的环境，其中包含着各种各样的价值观和行为规范。学生在社会中接触到更多不同的人和事物，这些都对他们的思想品德产生了影响。社会环境中正能量的引导和榜样对学生发展积极品质非常重要。最后，个体差异是影响学生思想品德形成的重要因素之一。每个学生在成长过程中都有自己独特的个性特点和思维方式，因此在思想品德形成上也会存在差异。所以，教育者要具体问题具体分析，根据学生的个体差异采取不同的教育方法和手段，帮助他们形成积极向上、健康向善的思想品德。

（二）思想品德形成的矛盾协调律

思想品德形成的矛盾协调律是指人的思想品德形成并不是一帆风顺的，而是在思想品德内部各要素之间及与外部环境的矛盾冲突中，通过自我教育和社会环境影响，达到逐步协调的过程，最终形成稳定的思想品德。因此，思想品德的形成是个体内部因素和外部环境影响共同作用的结果。对义务教育阶段学生来说，他们正处于儿童和青少年时期，随着网络信息技术的发展，他们的社交圈逐步延伸，个体的身心得到进一步发展，他们的自我意识更强，主体性更加突出，叛逆性更加明显。儿童和青少年时期是世界观、人生观、价值观形成的关键时期，因此要通过思政课建设增强义务教育阶段学生的自我教育意识和能力，使新的思想观念与原有思想价值体系产生冲突和矛盾运动，推动义务教育阶段学生产生思想品德的内部矛盾运动，通过个体内部协调、外部的思想政治教育和环境熏陶，帮助义务教育阶段学生产生正确的价值观念，从而形成稳定的思想品德体系。

（三）思想品德形成的渐进反复律

思想品德形成的渐进反复律是指个体思想品德的形成不是一蹴而就的，是渐进性和反复性的统一体。个体思想品德的形成是一个漫长的认知、情感、意志、信念、行为的逐步发展的过程，是一个从低级到高级，从简单到复杂的系统工程。因其形成过程极其缓慢，且容易受到自身认知和外界环境的影响，会不时出现反复倒退的情况，因此要全面理解思想品德形成的渐进反复规律，并将其应用到对义务教育阶段学生的思想政治教育当中。义务教育阶段学生正处于"拔节孕穗期"，理应加强对义务教育阶段学生的思想政治教育工作。加之义务教育阶段学生的身心发展特点较为特殊，"一方面其身心发展具有可塑性强但缺乏稳定性、开拓性强但易有叛逆性、独立性强但受环境影响、认知性强但知行不一致等矛盾特点；另一方面，青少年正处于与社会接触机会增加，对社会充满好奇的阶段，道德观念影响因素呈现社会化和多元化的变化趋势"，因此，要充分认识义务教育阶段学生思想品德形成的渐进性和反复性，运用一切可以运用的思想政治教育方式途径，通过家庭、学校、社会的共同教育，帮助义务教育阶段学生提升思想品德素养，形成正确的世界观、人生观、价值观。

（四）思想品德形成的社会适应律

思想品德形成的社会适应律是指个体的思想品德要与社会要求和社会规范相适应，要根据社会所崇尚的道德品质和思想观念进行调整，以适应社会发展的需要。思想品德的形成是内部主观因素和外部客观因素共同作用的结果，是通过内部的思想矛盾运动推动个体调整思想品德观念，进而形成与社会要求相适应的思想品德的过程。对义务教育阶段的学生来说，其受社会的影响越来越大，接触的社会正负面信息越来越多，所关注的社会问题也越来越多，因此义务教育阶段学生思政课要注重课程的政治性、思想性和理论性，帮助义务教育阶段学生澄清社会问题，明确社会规范，使其更好地与社会相适应，依据社会规范的调整确立更加完善和正确的思想价值体系。

### 三、义务教育阶段学生认知发展的影响因素分析

（一）家庭因素

家庭是孩子一生中最早接触的社会环境，也是他们品德发展的最重要场所。家庭教育在学生形成良好品德发展过程中起着至关重要的作用。下面将从道德教育、情感教育、行为规范与人际交往三个方面进行分析，探讨家庭教育对学生品德发展的影响。

一是道德教育。道德教育是培养学生良好品德的基础，而在家庭中进行

道德教育更具有针对性和实效性。首先，父母作为孩子的榜样和引导者，他们的言行举止会直接影响到孩子。因此，父母应该自身具备高尚的道德标准，以身作则地引导孩子正确认识并践行道德规范。其次，家庭是孩子了解社会价值观念最初的场所，通过在家庭中进行道德规范的传递和讨论，可以让孩子了解何为善、何为恶，并树立正确的道德观念。最后，家庭中的亲情和温暖也是培养孩子对他人关心、友爱和共享的重要途径，将这种情感转化为行为，使孩子具有同情心和责任感。

二是情感教育。在学生形成良好品德发展过程中，家庭教育中情感教育的作用不可忽视。首先，家庭是孩子获取爱与关怀的源泉。父母给予孩子无私的爱和关怀，满足他们的需求，培养出孩子对他人的关心和热爱之情。其次，通过家庭教育可以让孩子学会表达自己的情感，并培养良好的自我管理能力。同时，家庭也是孩子释放情感压力的场所，父母在这个过程中起到倾听和理解孩子内心世界的重要角色。此外，家庭有助于培养学生兴趣与提升学习能力。孩子在家庭教育环境中，可以接触到丰富多样的知识和文化，这些都是激发他们学习兴趣的源泉。父母可以通过给孩子讲故事，带他们参观博物馆、图书馆等活动，引导他们对知识产生浓厚的兴趣。家庭还可以创造一个良好的学习氛围，如定期组织家庭读书会、讨论会等，让孩子在轻松愉快的氛围中感受到学习的乐趣。家庭教育在提升学生学习能力方面起到了重要作用。首先，父母可以给予学生鼓励和支持，让他们建立自信心，相信自己可以克服困难。其次，家庭应该为学生提供一个良好的学习环境，如安静的房间、舒适的座椅等，帮助孩子集中精力学习。此外，家长还可以制订合理的学习计划，并监督孩子按计划进行学习，培养孩子良好的学习习惯和时间管理能力。

三是行为规范与人际交往。在家庭中进行行为规范的培养是学生品德发展过程中不可或缺的一部分。家庭是孩子第一次接触社会规范和道德准则的地方。父母通过制定家庭规则和督促孩子遵守，培养孩子的自控能力和自律意识。此外，父母的行为也是孩子学习行为规范的榜样，他们的言行举止会对孩子产生潜移默化的影响。因此，父母应该注重自身行为的规范性，以做出良好示范。在家庭中进行人际交往的培养是学生品德发展过程中至关重要的一环。家庭是孩子建立亲密关系和社会交往能力的基石，通过与父母、兄弟姐妹、亲戚朋友的交往与相处，孩子学会尊重他人、分享和合作。同时，家庭也是孩子认识不同角色与身份的地方，如祖父母、亲戚等。这些亲属关系对于孩子形成正确社会观念和适应社会环境都起到了重要作用。

综上所述，家庭教育在学生认知发展中发挥着重要的作用。通过培养学习兴趣、提升学习能力、塑造积极心态和促进人际交往等方面的努力，家庭教育为学生的认知发展奠定了坚实基础。因此，社会应该重视家庭教育，在日常生活中给予孩子更多的关心和支持，为他们创造一个良好的成长环境。只有这样，才能真正推动学生认知发展的进步，培养出更多有思想、有情感、有责任感的新一代。

（二）学校因素

学校教育作为教育体系的重要组成部分，对于学生的认知发展起着至关重要的作用。认知发展是指个体在经历教育过程中，通过接受和吸收外界信息、经验和知识，逐渐形成自己对事物的理解、认识和思维方式的过程。

第一，知识传授与认知发展。学校教育最基本的任务之一就是向学生传授知识。通过学习各种科目，学生能够积累大量的信息和知识，并将其内化为自己的认知结构。正如皮亚杰所说："没有外界给予的刺激，没有适应新环境的需要，没有教师引导和激励，就没有儿童智力的发展。"因此，学校教育为学生提供了一个有组织、系统的学习环境，促进了学生的认知发展。[1]

第二，思维能力培养与认知发展。学校教育不仅是知识的传授，更重要的是培养学生的思维能力。通过培养学生的逻辑思维、创造性思维和批判性思维等各种思维方式，学校教育为学生的认知发展提供了良好的条件。例如，心理学家维果茨基提出了"最近发展区"概念，他认为学习应该在学生已有的能力水平和具有挑战性任务之间找到平衡点，这样可以促使学生在认知上取得显著的发展。因此，学校教育通过激发学生的思维能力，推动了他

---

[1] 何克抗. 建构主义的教学模式、教学方法与教学设计 [J]. 北京师范大学学报（社会科学版），1997（5）：74-81.

们的认知发展。①

第三，社会交往与认知发展。学校教育不仅是个体内化知识和思维方式的过程，还包括个体与其他人进行社会交往的过程。社会交往对于个体的认知发展起着重要作用。例如，文化人类学家维果茨基指出，社会文化环境中的工具和符号系统对个体的思维和认知发展具有重要影响。在学校中，学生与同学、老师进行交流和合作，通过互相启发和讨论，促进了自己的认知发展。②

第四，评价、反思与认知发展。学校教育的一个重要方面是对学生学习成果的评价。评价不仅是对学生知识掌握程度的衡量，更重要的是对学生思考能力和问题解决能力的评估。通过评价和反思，学生可以了解自己的不足之处，并提出改进的方法。这种评价与反思过程有助于学生调整和提升自己的认知，从而促进认知的发展。

第五，兴趣培养与认知发展。学校教育应该注重培养学生对于各个领域的兴趣。当学生对某一领域产生浓厚兴趣时，他们会主动去积累相关的信息和知识，并将其内化为自己的认知结构。心理学家弗洛伊德认为，个体在追求自我满足时会选择最适合其需求的行为方式。因此，通过培养学生的兴趣，学校教育可以促进学生的认知发展。③

学校教育对学生的认知发展起着重要作用。通过知识传授、思维能力培养、社会交往、评价与反思以及兴趣培养等多方面影响，学校教育为学生提供了一个有利于认知发展的环境和机会。然而，值得注意的是，每个学生的认知发展都是独特而复杂的过程，学校教育应该根据不同学生的特点和需求进行个性化教育，以更好地促进他们的认知发展。

（三）社会环境因素

马克思、恩格斯在《神圣家族》中指出："既然人天生就是社会的生物，

---

① 麻彦坤，叶浩生. 维果茨基最近发展区思想的当代发展 [J]. 心理发展与教育，2004（2）：89-93.
② 毛齐明. 略论"社会文化—活动"理论视野下的学习过程观 [J]. 外国教育研究，2011，38（6）：1-6.
③ 黄婷. 认识与兴趣通向交往的反思之路：哈贝马斯认识兴趣理论探究 [J]. 名作欣赏，2013（30）：38-40.

那他就只有在社会中才能发展自己的真正的天性，而对于他的天性的力量的判断，也不应当以单个个人的力量为准绳，而应当以整个社会的力量为准绳。"① 可见，社会环境对人的发展具有重要的影响作用。

一个人的发展是一个包括生理、心理和社会在内的总体性概念，加之儿童和青少年时期是一个人价值观、生理心理等成熟的关键时期，其所面对的复杂的社会环境对孩子们的思想政治认知形成、智力才能发展、生理心理发展等都产生着深远的影响。

社会环境对学生思想政治认知的影响。马克思主义认为，"每一事物的运动都和它的周围其他事物互相联系着和互相影响着"②、"外因是变化的条件"。③ 学生思想政治认知的形成，同样受社会环境的影响，因为整个德育过程都是在一定的社会环境中进行和完成的。中国古代许多思想家都十分重视环境对于人思想品德形成的重要作用。孟子认为人性本善，很容易被外界物质引诱，他用"富岁子弟多懒，凶岁子弟多暴"来说明社会物质生活条件影响着人的个性气质；荀子则举自然物为例，"兰槐香芹之根，其质并非不美，泥渍于溺中便成恶物""所渐者然也"，同自然物一样，人的个性形成都要受到周围环境的习染。相传孟母三迁，选择了一个好的环境才使孟子成为博学之才。

一个人随着年龄的增长、智力和体力的发展，逐步进入社会生活，他们的思想品德所受社会环境因素的影响面和程度也就相应加宽加深。伴随着互联网、5G 的快速发展，他们不再依赖于教科书上的观点或老师、家长等成人的道德说教，而是在相当程度上依赖于自己的道德体验和道德说教。这样，不好的社会环境会使他们的道德体验和道德实践经验与教科书上写的或与社会所倡导的道德规范相悖离，产生不良的道德认识和道德行为。

社会环境对学生智力才能发展的影响。人的智力才能是一个人价值的体现，而人的价值实质上是人与社会需要之间的一种特定关系。社会环境犹如

---

① 中共中央马克思恩格斯列宁斯大林著作编译局. 马克思恩格斯全集：第 2 卷 [M]. 北京：人民出版社，1957：167.
② 毛泽东选集：第 1 卷 [M]. 北京：人民出版社，1991：301.
③ 毛泽东选集：第 1 卷 [M]. 北京：人民出版社，1991：302.

一面大镜子,个人在社会生活中的形象如何,是否在特定的社会环境中游刃有余,是否符合环境的态度,都必须得到他人和社会环境的评判与认可。所以说,学生的智力才能发展与社会环境有着重要的联系。举例来说,家庭是青少年发展成才的重要环境,要有一个健全完美的家庭,才可能教育出正常的、良好的青年。家庭不和睦,父母离婚或再婚,使家庭支离破碎,父母对青少年的教育过于严厉或溺爱,家庭经济条件好坏等所有这些,都会对青少年的发展与成才产生很大影响。

社会环境对学生生理心理发展的影响。对于环境影响青少年的生理发展问题,首先必须考察一下青少年在生理心理上的发展变化。身体处于生长发育高峰期,性萌发与性成熟,大脑和神经系统的发育基本成熟可以说是青少年在生理上的显著特征。伴随着生理的变化发展,青少年心理也呈现出自我意识增强,性意识发展和情绪、情感不稳定,易受外界影响等特点。一场感人的英雄事迹报告、一次真挚诚恳的交谈、一个小小的挫折,都可能是青少年情绪发生极端性转变的直接原因。因此,心理学家把青少年期称为情绪、情感的"狂风暴雨期",特别容易受到外界环境的影响。

网络环境对学生身心发展的影响。网络对学生发展的影响是复杂的,这其中有积极影响也有消极影响。积极影响主要有:①网络能够促进学生独立自主意识的健康发展。海量的网络信息和资源使学生的思维处于活跃状态,他们可以很方便地在网上找到他所感兴趣的内容,主动地了解各种信息资源。②网络能够树立学生的表现欲与创新意识。网络冲破了国家、地区以及时空的限制,以先进的信息技术手段,向学生传递着全人类的优秀文化成果,帮助他们在一个宽松的环境中学习和积累实践经验。学生可在网上充分吸收精华、剔除糟粕来培养自己的创新意识,提高自身分析与解决问题的能力,为将来顺利地参与社会生活打好基础。另外在网上给他人提供帮助,还可以满足大多数青少年的表现欲望和自我实现的需要。③网络有助于学生不断提高自身技能。在网络上,我们可以找到涉及人类生活的各类信息,对能够熟练使用计算机的青少年,可以说是取之不尽、用之不竭、学之不完的知识宝库。

负面影响主要有:①网络使学生沉溺于网络世界,荒废学业。义务教育学段学生判断是非的能力还不成熟，抵制诱惑的意志力还不坚强，网上的游戏和聊天往往使他们不能按时休息，影响上课时的精神状态，浪费了最佳学习时光，导致学习进度跟不上，长时间沉溺其中，最终荒废了学业。②网络对学生身体素质的消极影响。长时间连续上网，会使人情绪低落、眼花、双手颤抖、疲乏无力、食欲缺乏、焦躁不安、血压升高、自主神经功能紊乱、睡眠障碍，有的人甚至会消极自杀。另外，不良的上网环境也会损害青少年的身体健康。

综上所述，社会环境对人的认知发展的影响是复杂的，也是多方面的，既有积极影响，也有消极影响。在对学生进行思想政治教育的过程中，一定要重视社会环境的创建，为学生的健康发展提供良好的环境。

（四）学生个体因素

个体因素对人的发展的影响主要表现在以下几方面：

遗传因素。遗传是指从上代继承下来的生理解剖上的特点，如机体的结构、形态、感官和神经系统等的特点。这些遗传下来的特点对人的认知、情感、行为等方面都有一定的影响，也决定了每个人独特的身心特征。遗传不仅影响人的生理发展，也会影响人的心理发展。

智力因素。智力是指人的认知能力，包括注意力、记忆力、思维能力、想象力等方面的能力。智力的高低直接影响到人对环境的适应能力和未来的发展。智力因素对人的发展的影响十分重要，智力发展正常的人更容易适应社会，获得更好的教育和就业机会。

情感因素。情感是指人的情感体验和情感表达，包括喜怒哀乐等方面的体验和表达。情感因素对人的发展也有重要影响，积极的情感体验可以增强人的自信心和幸福感，提高人的心理适应能力；而消极的情感体验则可能导致人的心理健康问题，影响人的正常生活和工作。

个性因素。个性是指人的个性特征，包括性格、兴趣、价值观等方面的特征。个性因素对人的发展的影响也非常显著，不同的个性特征会影响人对环境的适应能力和行为表现。例如，性格开朗、外向的人更容易适应新环境，获得更多的人际关系；而性格内向、敏感的人则可能更难以适应新环境，需要更多的时间和精力来适应。

行为因素。行为是指人的行为表现，包括言语、动作、习惯等方面的表现。行为因素对人的发展的影响也非常重要，良好的行为习惯和言语表达能够提高人的社会适应能力，获得更好的人际关系和社会地位，而不良的行为习惯则可能导致人际关系紧张和社会排斥。

总之，个体因素对人的发展的影响是多方面的，遗传、智力、情感、个性、行为等因素都会影响人的身心发展。因此，在教育和社会生活中，应该充分考虑个体因素对人的发展的影响，提供有针对性的教育和支持，帮助每个人实现最佳的发展。

**四、小学学段学生的认知发展特点**

（一）小学学段学生认知特点分析

小学生时期是孩子们成长中最为关键的阶段之一。在这个阶段，他们的心理发展经历着许多重要的变化和转折点。在认知方面，小学生正逐渐进入逻辑思维的阶段。根据瑞士心理学家皮亚杰的研究，小学生在7岁至11岁期间正处于具体运算阶段。他们开始能够进行逻辑推理，并能够通过操作和观察来解决问题。例如，在数学上，他们能够进行简单的加减乘除，并开始学习解方程和算术运算法则。在语言方面，小学生能够理解并使用更加复杂的语言结构，开始掌握独立思考和表达自己观点的能力。

此外，小学生在这个阶段还表现出强烈的好奇心和求知欲。他们对周围的世界充满了兴趣，喜欢探索和发现新事物。他们会提出各种问题，希望得到解答，并且能够通过自己的思考和观察来寻找答案。家长和教育者应积极鼓励他们的好奇心，提供丰富多样的学习机会，并培养他们主动学习的习惯。在情感方面，小学生逐渐开始意识到自己的情绪，并能够更好地控制和表达情感。他们能够分辨开心、难过、愤怒等不同的情绪，并开始学会用语言和行为来表达自己的感受。同时，小学生在这个阶段也容易受到外界环境的影响而产生情绪波动。例如，他们可能会因为成功而感到自豪和满足，但也可能会因为失败而感到沮丧和失望。因此，家长和教育者应该给予他们适当的关注和支持，帮助他们理解和处理情绪变化。

此外，小学生还开始建立对自己和他人的认同感。根据美国心理学家埃里克森的发展理论，小学生正处于个体身份与群体身份的冲突阶段。他们开始意识到自己与他人的不同之处，并希望被接受和认可。在这个阶段，友谊对小学生来说尤为重要。他们渴望与同龄人建立深厚的友谊，并通过互动和合作来满足归属感和被尊重的需求。家长和教育者应鼓励小学生主动参与集体活动，培养他们的合作意识和团队精神。

在社交方面，小学生正逐渐融入社会，开始建立自己的社交网络。他们能够与他人进行更为复杂的互动，并逐渐学会解决冲突和处理问题。然而，小学生在这个阶段也面临一些社交挑战。例如，他们可能面临友谊关系的变化和挑战，需要学会处理人际关系问题。此外，小学生还容易受到同伴群体的影响，需要学会独立思考和做出正确的选择。因此，家长和教育者应引导小学生树立正确的价值观和行为准则，并提供必要的帮助和指导。

（二）小学学段学生思想品德形成分析

小学学段是孩子们人生的起点，也是他们思想品德形成的重要阶段。在这个阶段，孩子们的思想品德受到环境和家庭的影响，注重情感教育和关系建立，并且重视游戏和体验式教育。这些特点对于小学生的成长和发展具有深远的影响。

首先，环境和家庭是小学生思想品德形成的重要因素。孩子们身处一个充满各种社会文化信息的环境中，他们不可避免地会接触到各种各样的价值观念和行为模式。而家庭则是孩子们最早接触到的社会单位，家庭对于孩子们的影响力无可替代。根据心理学家的研究发现，家庭环境对孩子的思想品德的形成起着决定性作用。良好的家庭环境可以培养孩子们正确的价值观念、道德观念和行为习惯，帮助他们树立正确的人生目标和追求幸福的信念。例如，父母可以通过言传身教来影响孩子的思想品德。他们可以给孩子提供一个温馨、和谐和相互尊重的家庭氛围，教育孩子要宽容、有爱心和正义感。同时，家庭还可以为孩子提供良好的读书和学习环境，培养孩子的好奇心和求知欲。这样的家庭环境能够激发孩子们对于知识的热爱，促进他们全面发展。

其次，小学阶段注重情感教育和关系建立。情感教育是指通过培养孩子们良好的情感态度和情感能力，帮助他们理解自己和他人的情感，建立良好的人际关系。在小学阶段，孩子们正在逐渐从家庭中走出来，开始建立社会关系。在这个过程中，情感教育起着重要的作用。情感教育可以促使孩子们形成积极向上、乐观开朗的情感态度，增强他们的自信心和自尊心。同时，情感教育还可以培养孩子们的同理心和合作精神，使他们更好地与他人相处。例如，教师可以通过开展情感教育活动，让孩子们分享自己的喜怒哀乐，培养他们的情感表达能力和情感认知能力。此外，学校还可以组织一些集体活动，如班级聚餐、户外拓展等，让孩子们互相了解、信任和合作。这样的活动有助于建立良好的班级关系，提升学生的集体荣誉感和凝聚力。

最后，小学阶段注重游戏和体验式教育。游戏是孩子们最喜欢的活动之一，也是他们自由发展个性和培养创造力的重要途径。体验式教育则是通过亲身参与实践活动来促进学生的学习和成长。这两种教育方式能够激发孩子们的主动性和创造性，培养他们的兴趣和能力。游戏可以帮助孩子们建立起积极向上的人生态度和价值观念，培养他们的合作精神和创造力。而体验式教育则可以让孩子们在实践中体验、发现和探索，培养他们的动手能力和解决问题的能力。例如，教师可以通过游戏化的学习活动，让孩子们在轻松愉快的氛围中学习知识和技能。同时，学校也可以开展一些实践活动，如科学实验、社会实践等，让孩子们亲身参与其中，体验到知识的魅力和实际运用的乐趣。

综上所述，小学学段学生思想品德形成的特点主要包括受环境和家庭影响、注重情感教育和关系建立、注重游戏和体验式教育。这些特点对于孩子们的成长和发展具有重要意义。家庭和环境是孩子们形成正确价值观念和行为模式的基础，情感教育和关系建立有助于培养孩子们积极向上的情感态度和良好的人际关系，游戏和体验式教育则能够激发孩子们的主动性和创造性。只有在这些方面得到充分培养和发展，小学生才能全面发展，并成为有道德情操、健康向上的社会主义事业的建设者和接班人。

## 五、初中学段学生的认知发展特点

初中学段学生的思想品德形成除具有思想品德形成发展的共性规律和特征外，还因初中学段学生身心发展的独特性具有个性特点，主要包括内外因素的影响性范围扩大、形成过程的反复性更加突出和思想观念的矛盾性更加明显。

（一）内外因素的影响性范围扩大

随着社会的发展及网络的普及，初中学生与小学生相比，其社会交往范围逐步扩大，开始接触社会生活，外部因素对其影响也逐渐扩大，初中学生受社会的影响越来越大。因此，要更加注重外部因素对初中生的影响，从学校教育、家庭教育、社会教育入手，构建全员、全过程、全方位的育人格局。初中学生多"为13—15岁的青少年，这一时期，他们的思想独立意识不断增强，思维活跃且开放，极具个人主见，但思想缺乏系统性、全面性和深刻性，很容易受外界干扰，对事物认知时有偏颇"①。可见，在初中学段，学生的内部主观因素和外部客观环境因素对初中生的影响都逐渐扩大，呈趋势的扩大化。因此，在引导初中生形成正确的思想品德和形成正确的政治认同时，不仅要重视初中生特殊的身心发展现状，还要重视环境因素的影响，从内部和外部因素入手，帮助初中学生形成正确的价值观念和思想道德系统。

（二）形成过程的反复性更加突出

初中阶段学生心智开始逐渐发展，自主意识不断增强，处于人生价值观形成的关键时期，自我意识明显增强。但由于其受到社会环境的影响，自身的判断能力不足，容易受到社会负面因素的影响。因此在初中阶段，思想品德的形成过程更加曲折和反复，需要学校加强对初中生的价值导向作用，帮助其与社会相适应，形成完善的思想道德系统。学校要充分预计初中学生思想道德形成的反复性，在增强学生个人思想矛盾运动的过程中，帮助学生澄清价值观念，形成高尚的思想品德，并将其贯穿到日常的生活当中。

（三）思想观念的矛盾性更加明显

成长于新时代背景下的初中生，他们面对复杂的网络环境和日益开放的国内外环境，接收到的信息越来越多，对信息的筛选和辨别能力就显得尤为

---

① 陈思. 大中小一体化建设视域初中思政课定位与特征［J］. 中学政治教学参考，2021（23）：8-9.

重要。但初中学生因为心智还不太成熟，辨别错误思潮和看待问题的方式还不足，这就使得初中生的思想观念中的矛盾性更加突出。习近平总书记指出："青少年阶段是人生的'拔节孕穗期'，这一时期心智逐渐健全，思维进入最活跃状态，最需要精心引导和栽培。"① 而对初中学生来说，其主体性明显增强，自我意识更加凸显，能够接触更多的社会信息，但是因为初中生明辨是非好坏的能力较弱，世界观和价值观尚在形成阶段，容易受到不良信息的引导，因此对初中学生开展全方位的思想政治教育，通过思政教育加强其明辨能力，引导初中生形成正确的世界观和价值观，帮助其树立正确的思想观念，形成符合社会规范的思想价值体系就十分必要。因此，要加强初中思政课建设，帮助初中学生澄清思想矛盾，协调思想和行为，形成正确的思想道德品质。

受教育者是思想政治教育的对象，也是思想政治教育工作顺利开展的重要因素，只有对义务教育阶段的学生展开研究，分析他们的思想品德形成发展规律，明确新时代义务教育阶段学生的身心发展特点，才能对学生进行准确的描绘，使思想政治教育工作顺利开展，达成目标，取得实效。

---

① 习近平. 思政课是落实立德树人根本任务的关键课程 [J]. 求是，2020（17）：4.

# 第四章

# 义务教育学段要解决的重点问题

义务教育阶段的思政课是培养学生形成正确的世界观、人生观和价值观的重要途径。在小学和初中阶段,思政课应该解决一些重点问题,以帮助学生树立正确的人生目标、价值追求和社会责任感。本章主要从小学和初中学段需要解决的重点问题入手来明确义务教育学段思政课建设的重点问题。

## 一、道德情感培养:小学思政课要解决的重点问题

(一) 政治认同:以启蒙式教学培育学生的爱国情感

1. 以"我与国家"认知为生长点,启发国家情感

小学学段是培养学生健康成长的关键时期,思政课在这个阶段的教育中起着至关重要的作用。本节将从"以我与国家认知为生长点,启发国家情感"这一主题展开,探讨小学学段思政课所要解决的重点问题。

(1) 国家认知与生长点

① 国家认知的意义

国家是一个民族、一个地区的人民组成的共同体,是人民共同利益的集中体现。而国家认知则是人们对国家的了解、理解和认同。只有深入了解国家,才能真正意识到自己作为一个国民所担负的责任和义务,进而积极参与到国家建设中来。

②小学学段思政课所要解决的问题

在小学学段的思政课教育中,应重点解决以下问题:

第一,如何引导学生正确理解和认识国家?

第二，如何培养学生对国家的归属感和责任感？

第三，如何激发学生对国家建设的热情和动力？

（2）国家认知的引导与启发

①引导学生正确理解和认识国家

中国是一个有着悠久历史和灿烂文化的国家，教师可以通过教学中引用经典的文言文或现代作品，来展示中国的历史、文化和传统美德。例如，我们可以引用《论语》中的经典名句"学而时习之""温故而知新"，告诉学生只有通过不断学习和思考，才能更好地了解国家。同时，还可以通过教学中使用图片、视频等多媒体手段，展示国家的美丽风景、丰富资源和繁荣景象，让学生从视觉上感受到国家的伟大和美好。

②培养学生对国家的归属感和责任感

为了培养学生对国家的归属感和责任感，我们可以通过讲述英雄事迹和民族精神来激发学生的情感。例如，我们可以讲述雷锋、焦裕禄等先进人物的故事，告诉学生他们是如何为国家和人民做出巨大贡献的。同时，还可以组织学生参观纪念馆、革命旧址等地，亲身感受国家的发展历程和先辈们的奋斗精神。

③激发学生对国家建设的热情和动力

为了激发学生对国家建设的热情和动力，我们可以通过开展各类社会实践活动来引导学生亲身参与到国家建设中来。例如，组织学生参加义务劳动、环保志愿者活动等，让他们亲身体验到为国家做贡献的喜悦和成就感。同时，我们还可以引导学生进行创新实践活动，提升他们的创造力和创新意识。例如，组织学生开展科技创新项目、社区服务项目等，让他们在实践中体验到自己对国家发展的积极贡献。

小学学段思政课教育是培养学生健康成长的关键时期。通过以"我与国家"这部分的课程为认知生长点，启发国家情感，我们可以引导学生正确理解和认识国家，培养他们对国家的归属感和责任感，并激发他们对国家建设的热情和动力。只有这样，才能让学生真正意识到自己作为一个国民所担负的责任和义务，并积极参与到国家建设中来。让我们共同努力，用优美的文字和引经据典的方式，为小学学段思政课教育贡献一份力量。

2. 以价值判断为提升点，推动正确价值共鸣

在当今社会，随着经济的飞速发展和信息的快速传播，人们的生活水平不断提高，物质需求得到了极大满足。与此同时，也出现了一些问题，比如，价值观多元化、道德沦丧等。因此，在小学学段的思政课中，以价值判断为提升点，推动正确价值共鸣成了重要的任务。

（1）价值观多元化背后的问题

随着社会的不断进步和发展，人们对于价值观的认识也越来越多元化。这是一个积极的变化，使得人们能够更加开放地接纳不同的意见和观点。然而，在这种多元化的背后也存在着一些问题。比如，一些人对于金钱、权力等物质追求过度，忽视了人与人之间的关系；一些人追求个人利益最大化，无视他人利益；一些人只追求眼前的利益，缺乏长远发展的眼光等。这些问题都与个体的价值判断密切相关。

（2）正确的价值判断的重要性

正确的价值判断是指在面对选择时，能够辨别是非、善恶，并做出明智的决策。这种能力对于一个人的成长和发展至关重要。首先，正确的价值判断有助于培养良好的道德品质。例如，当一个人面临偷窃的机会时，如果他有正确的价值判断能力，他会明白偷窃是不道德的行为，从而避免犯罪。其次，正确的价值判断有助于形成积极向上的人生态度。只有具备正确的价值观念，才能够追求真善美，并为之努力奋斗。最后，正确的价值判断还有助于人与人之间的和谐相处。当每个人都能够理性地判断事物的好坏，并尊重他人的观点时，社会就能够实现和谐共处。

（3）推动正确价值共鸣的途径

为了解决小学学段思政课中所面临的问题，推动形成正确的价值共鸣，我们可以从以下几方面入手。

首先，教师要树立正确的价值观念，并通过自身言行来给学生做示范。教师是学生的榜样，他们的言行会影响学生的价值判断。因此，教师应该注重自身素质的提升，不断学习和修炼，成为学生正确价值观念的引领者。其次，思政课的教学内容要紧密结合学生的实际生活，关注他们所面临的问题。比如，在讲解"诚实守信"这一价值观时，可以通过讲述一些现实生活

中发生的事例，引导学生从中体会诚实守信对于个人和社会的重要性。再次，思政课要注重培养学生的思辨能力和判断能力。通过让学生参与到一些真实情境中，并让他们进行讨论和辩论，可以培养他们分析问题、判断是非的能力。例如，在讨论环保问题时，可以组织学生进行小组辩论，从而激发他们对环保问题的思考和判断。最后，家长也应该积极参与到孩子的思政教育中。家庭是孩子成长的第一课堂，家长在孩子心中具有重要影响力。因此，家长应该与教师保持密切的联系，共同为孩子的思政教育贡献力量。

正确的价值判断是小学学段思政课要解决的重点问题之一。只有通过推动正确的价值共鸣，我们才能够培养出有道德品质、有责任感、具有创新精神的新时代人才。因此，教师和家长要共同努力，为孩子的思政教育营造良好的环境，引导他们树立正确的价值观念，为社会和个人的发展做出积极贡献。

3. 以爱国情感为落脚点，实现家国情怀内化

近年来，我国教育体制改革不断推进，课程改革也成为各级教育部门关注的焦点。小学学段作为基础教育的重要阶段，思政课的内容和方法也亟须进一步完善。其中一个重点问题就是如何以爱国情感为落脚点，实现家国情怀内化。

首先，教师可以借鉴古人的智慧来解决这个问题。在中国古代文化中，有许多关于爱国情感的经典之作。例如，《论语·颜渊》中有孔子的名言："己所不欲，勿施于人。"虽然表面上看起来是关于为人处世的道理，但其背后包含着深刻的爱国情感。如果每个人都能够根据自己的体验和感受去理解，就会意识到只有保护好自己的国家和民族利益，才能够真正实现自身的价值。通过引用这些经典之作，可以帮助学生理解爱国情感的内涵，从而形成正确的家国情怀。

其次，教师还可以通过优美的用词和形象的描述来营造浓厚的爱国氛围。例如，我们可以用"万里长城"来形容祖国的边疆，用"泱泱大海"来形容祖国的海洋，用"五岳归来不看山，黄河入海流不尽"来形容祖国的山川和河流。这些词语和形象的描述能够让学生感受到祖国的壮丽和伟大，激发起他们对祖国的热爱之情。同时，在教学中可以播放一些优美的音乐和视

频,让学生在欣赏中感受到爱国情怀的力量。通过这种方式,学生可以更加直观地体会到爱国情感,并将其内化为自己心中最纯粹的家国情怀。

除此之外,教师可以通过实际案例和亲身经历来引导学生培养爱国情感。例如,可以邀请一位退伍军人来校园讲述自己的军旅经历,让学生亲身感受到保家卫国的艰辛和伟大;可以组织学生参观纪念馆和爱国主义教育基地,让学生亲眼见证祖国的发展历程和英雄事迹。通过这些实际案例和亲身经历,学生可以更加深刻地认识到爱国情感的重要性,并将其内化为自己行为的指引。

最后,我们还应该注重培养学生的社会责任感。爱国情感不仅是对国家的热爱,更是一种责任和担当。在教学中,我们可以通过讲述一些英雄人物和先进事迹来引导学生思考自己应该如何回报祖国。同时,我们还应该鼓励学生积极参与社区志愿者活动、环保行动等社会实践,让他们在实际行动中体验到爱国情感所带来的成就感和满足感。通过培养学生的社会责任感,可以使他们在实现个人价值的同时也能够为祖国做出贡献。

综上所述,以爱国情感为落脚点,实现家国情怀内化是小学学段思政课要解决的重点问题。通过借鉴古人的智慧、优美的用词和形象的描述、实际案例和亲身经历,培养学生的社会责任感等方法,可以帮助学生更好地理解和内化爱国情感。只有在家国情怀的引领下,小学生才能够真正成为具有家国情怀的新时代公民,为实现中华民族伟大复兴的中国梦做出自己的贡献。

(二)道德修养:以启蒙式教学培育学生的高尚道德

1. 以认识自我为生长点,启发个人品德情感培育

在小学学段的思政课教育中,一个重要的目标是培养学生的品德情感。品德情感的培育不仅关乎个体的成长,也关系到社会的和谐与进步。因此,在解决小学学段思政课教育中的重点问题时,我们应将"以认识自我为生长点,启发个人品德情感培育"作为一项重要任务。

首先,我们需要明确"认识自我"的含义。认识自我包括对自己身心特点、价值观念、兴趣爱好等方面进行深入了解,并能够客观评价自己的优点和不足。正如古代哲学家孟子所言,"知者自知之",只有真正认识自己,才能找到适合自己的成长路径,并且有意识地改进不足之处。

在小学阶段，我们可以通过引导学生进行自我反思和评价来促使他们认识自我。例如，可以组织一些情景活动，让学生在团队合作中感受自己的角色和价值，从而认识自己的优点和不足。同时，也可以通过课堂讨论、写作等方式，引导学生反思自己的行为和思考方式，帮助他们形成良好的自我认知。

其次，我们要明确个人品德情感培育的重要性。个人品德情感是一个人内心世界的体现，它关系到一个人的道德水平和人际关系等方面。正如英国哲学家培根所言："品德是人性最高贵、最美好、最有价值的部分。"培养良好的品德情感对于个人自身的发展以及社会的繁荣都具有重要意义。

在小学阶段，我们应该注重对学生品德情感的培育。这不仅包括传统道德观念的教育，还包括培养学生的责任感、友爱精神、公平正义等素质。例如，在课堂上可以引导学生讨论一些道德困境，通过分析和解决问题的过程，激发学生对于公正与公平的思考。同时，还可以通过组织一些社会实践活动，让学生亲身体验公益事业的意义，培养他们的友爱精神和责任感。

最后，我们要明确思政课在启发个人品德情感培育中的作用。思政课作为一门专门培养学生品德情感的课程，应该在教学中注重培养学生的主体意识和主动性。正如苏联教育家苏霍姆林斯基所言："教育就是鼓励一个人去自己发现和创造。"我们应该通过引导学生自主探索和思考的方式，激发他们对于品德情感的兴趣和热情。

在实施思政课教育时，我们可以运用一些有效的教学方法。例如，可以采用案例分析的方式，让学生从具体的案例中探讨道德问题，并提出自己的解决方案。同时，还可以通过小组讨论、角色扮演等形式，激发学生积极参与和表达自己观点的能力。这样既能够锻炼学生的思维能力，又能够培养他们的品德情感。

综上所述，"以认识自我为生长点，启发个人品德情感培育"是小学学段思政课教育中重点解决的问题之一。通过认识自己，学生能够更好地发展个人品德情感，进而推动社会的和谐与进步。因此，在思政课教育中，我们应该注重培养学生对于自身特点和价值的认知，引导他们形成良好的品德情感，并通过有效的教学方法激发他们的主体意识和主动性。只有这样，我们才能够真正实现小学学段思政课教育的目标，为每个学生的成长提供坚实的道德基础。

2. 以"我与家庭"为发展点，促使家庭美德情感迁移

在小学学段的思想政治课中，培养学生的良好品德与家庭关系是一个重要的问题。家庭是每个孩子最初接触到的社会单位，也是孩子成长过程中最重要的影响力之一。因此，如何通过思政课教育，促使家庭美德情感迁移，成了我们需要解决的重点问题。

首先，我们必须认识到家庭对孩子成长的深远影响。众所周知，孩子从小就受到父母和亲属的熏陶，他们的言传身教会直接影响到孩子的行为习惯和价值观念。正因为如此，培养良好的家庭美德是思政课教育的首要任务。例如，在家庭中注重亲情、友爱和互助精神的培养，可以让孩子从小学会关心他人、帮助他人，并在日常生活中体验到爱与被爱。

其次，教师需要通过引经据典来加深学生对家庭美德的理解和感悟。例如，《论语·子路》中有言："君子和而不同，小人同而不和。"这告诉我们，在家庭中，每个成员都应该保持和谐相处，尊重彼此的差异。这样的家庭氛围可以让孩子学会宽容和包容，培养他们的合作精神和团队意识。同时，孔子还说："父母在，不远游；游必有方。"这告诉我们，在家庭中要注重亲情、孝敬父母。只有在温暖的家庭环境下，孩子才能够健康成长。

此外，我们还可以通过课堂活动来促进家庭美德情感的迁移。例如，组织学生写一篇关于家庭的作文，或是进行家访活动，让学生了解到不同家庭的特点和美德。通过这些实践活动，学生可以更加深入地了解到家庭的重要性，并将这种美德情感带回到自己的家庭中去。同时，在课堂上也可以进行一些小组讨论或角色扮演活动，让学生互相交流思想，体验到良好的家庭关系所带来的快乐与幸福。

除此之外，学校应该积极与家长们进行密切的合作，共同关注学生的成长与发展。学校可以定期举办家长会或亲子活动，让家长们了解到孩子在学校中所学到的知识和品德教育。同时，也可以通过家校互动平台，及时向家长们传递孩子的学习情况和表现，让家长们更好地参与到孩子的教育中来。通过这种方式，家庭美德情感的迁移可以得到更好的实现。

综上所述，以"我与家庭"为发展点，促使家庭美德情感迁移是小学学段思政课要解决的重点问题之一。学校与老师应该通过引经据典、课堂活动以及与家长的合作来实现这一目标。只有通过这样的努力，我们才能够培养出更多有爱心、有责任感、有团队精神的下一代，为社会的进步做出更大的贡献。

3. 以"我与社会"为提升点，推动社会公德情感共鸣

在小学学段的思政课教育中，我们需要关注一些重点问题，其中之一就是如何培养学生的社会公德情感。社会公德是指个人在社会交往中应当遵守的行为规范和道德准则，它是社会秩序和谐发展的基石。而推动社会公德情感共鸣，则是培养学生形成正确的价值观、责任感和使命感，促使他们能够积极地融入社会、贡献社会。要解决这个问题，我们可以从加强家庭教育、培养学生的积极向上情感、开展实践活动几个方面入手。

首先，家庭教育对于孩子的成长起着至关重要的作用。家庭是孩子性格塑造和价值观形成的第一课堂。父母应该以身作则，注重自身修养和道德修养，并通过言传身教来影响孩子。同时，家庭教育也应该注重培养孩子的责任感和公民意识。可以通过亲子活动、家庭讨论等方式，引导孩子正确对待社会问题，关注他人的需要，培养孩子的社会责任感。

其次，学校是培养学生社会公德情感的重要场所。教师应该注重培养学生的积极向上情感，使他们能够具备正义感、友善心和同情心。在教学过程中，可以通过引用经典名言、故事、诗歌等方式，激发学生的情感共鸣。例如，在讲解道德故事时，可以引用《管子》中的"损人利己者众"这一论述来引导学生认识到个人行为对社会的影响，并引发他们对于公德行为的思考。

此外，实践活动也是培养学生社会公德情感的有效途径之一。通过参与志愿者活动、社区服务等实践活动，学生可以亲身体验到帮助他人的快乐和成就感，并逐渐培养出奉献精神和团队意识。这些实践活动不仅可以丰富学生的社会经验，还可以培养他们积极向上的品格。同时，在实践活动中，学生还可以结合所学知识，运用到实际生活中，提高实践能力和解决问题的能力。

总之，以"我与社会"为提升点，推动社会公德情感共鸣是小学学段思政课要解决的重点问题之一。在解决这个问题的过程中，我们可以通过加强家庭教育、培养学生的积极向上情感、开展实践活动等多种途径。只有通过多方面的努力，才能够培养出具有社会责任感和公民意识的新一代人，推动社会的和谐发展。正如孟子所说："君子之于天下也，无他焉，则天下无他焉。"只有每个人都从自身做起，以"我与社会"为提升点，才能够共同推动社会公德情感共鸣的形成。

4. 以个人发展为落脚点，实现职业道德情感内化

在小学学段思政课的教育过程中，我们需要着重解决一个重要问题：如何以个人发展为落脚点，实现职业道德情感的内化。这是一个关乎学生全面发展的问题，也是培养学生良好职业道德的重要途径。

首先，我们可以从《论语》中找到启示。孔子曾说："君子务本，本立而道生。"这就强调了个人发展的重要性。在小学学段思政课中，我们应该注重学生的基础建设，培养他们良好的品质和道德观念。只有通过全面发展自己，才能够更好地实现职业道德情感的内化。其次，我们可以借鉴《弟子规》中的教导。《弟子规》中指出："父母呼，应勿缓；父母命，行勿懒。"告诉我们应该尊重父母和师长，并按照他们的要求去行动。在小学阶段，我们需要教育学生尊重老师和同学，遵守学校的纪律和规定。只有这样，学生才能够培养出良好的职业道德情感。

其次，在解决这一问题的过程中，我们还可以借鉴《大学》中的思想。《大学》中提到："修身齐家治国平天下。"这就告诉我们个人发展与社会责任是密不可分的。在小学思政课中，我们必须教育学生要有责任感、奉献精神和团队合作意识。只有这样，学生才能够将职业道德情感内化于心，并将其应用到实际工作中。为了更好地解决这一问题，我们还可以从《论语》中找到一些指导。孔子曾说："温故而知新。"告诉我们要善于总结经验教训，并不断学习新的知识和技能。在小学学段思政课中，我们应该鼓励学生积极参加各种活动，提高他们的实践能力和创新精神。只有通过不断地实践和学习，学生才能够做到职业道德情感的内化。

最后，我们可以从《论语》中找到一个重要的思想。孔子曾说："己所

不欲，勿施于人。"告诉我们要善待他人，不损害他人的利益。在小学阶段，我们应该教育学生要尊重他人的权利，维护他人的尊严，遵守社会公德和职业道德。只有通过自己的行为去影响他人，才能够实现职业道德情感的内化。

综上所述，以个人发展为落脚点，实现职业道德情感内化是小学思政课要解决的重点问题之一。首先，要注重个人发展，培养学生良好的品质和道德观念；其次，要尊重父母和师长，并按照他们的要求去行动；再次，要培养学生责任感、奉献精神和团队合作意识；从次，要善于总结经验教训，并不断学习新的知识和技能；最后，要善待他人，不伤害他人的利益。只有通过这些努力，才能够实现职业道德情感的内化，为学生的全面发展打下坚实的基础。

（三）法治观念：以启蒙式教学培育学生的法律意识

1. 以规则至上为生长点，启发法治意识

在当今社会，法治意识不仅是一种精神追求，更是人们生活中不可或缺的一部分。而要培养个体的法治意识，小学阶段无疑是最佳时机。小学学段的思政课有着重要的责任和使命，即以规则至上为生长点，启发学生法治意识。本节探讨小学思政课应该如何解决这个重点问题。

（1）规则至上

"不以规矩，不能成方圆"，规则是一个良好社会秩序的基础。在小学阶段，教育者应该注重培养学生遵守规则的意识和能力。《论语·子罕》中"君子居之，何陋之有"很好地说明了规则对于人们生活的重要性。在日常教育中，可以引用《论语》中的案例，让学生明白只有遵守规则才能得到他人尊重和社会认同。此外，还可以通过讲述历史上的法治典故来加深学生对规则的认识。比如，《史记》中记载的"三纲五常"，这是中国古代的法律制度，将人们的行为规范得非常严谨，为社会秩序提供了强有力的保障。通过讲述这样的故事，可以激发学生对规则的兴趣和理解，进而培养他们遵守规则的意识。

（2）启发学生法治意识

在小学思政课中，教育者应该注重启发学生的法治意识。法治意识是指人们对法律权威和法律约束的认同和自觉遵守。在教学中,可以通过讨论案例、分析问题等方式引导学生思考什么是法治,为什么要遵守法律。此外,还可以引用现实生活中发生的案例,让学生明白不遵守规则和法律带来的后果。比如,让学生分析交通事故发生的原因,并引导他们思考如果每个人都遵守交通规则,会带来什么样的好处。通过这样的教育方式,可以激发学生对法治的兴趣,进而培养他们形成正确的法治观念。

(3) 需要关注的重点问题

在小学学段的思政课中,有一些重点问题需要解决。首先是如何使学生理解和尊重规则。在教学中,可以通过讲述经典故事、引用名言警句等方式,让学生感受到规则对于社会秩序的重要性,并培养他们自觉遵守规则的意识。其次是如何启发学生形成正确的法治观念。在教学中,可以通过案例分析、讨论问题等方式,让学生明白法治对于社会发展和个人利益的重要性,并培养他们自觉遵守法律的意识。最后是如何培养学生的法治意识。在教学中,可以通过引用经典著作、讲述历史典故等方式,让学生了解法治的含义和作用,并培养他们主动参与法治建设的意识。以规则至上为生长点,启发学生法治意识,是小学思政课要解决的重点问题。本研究探讨了小学思政课应该如何解决这个问题。相信在教育者的精心培育下,小学生们将能够树立正确的法治观念,自觉遵守规则和法律,并为社会的进步和发展做出积极贡献。

2. 以权责统一为提升点,推动形成权利义务相统一的情感共鸣

随着社会的不断发展,小学学段思政课面临着许多重要问题,如何引导学生正确理解和运用权利与义务的关系,是其中一个重点问题。在当今社会中,人们往往更加关注自己的权利,而忽略了自己所应承担的义务。然而,权利与义务是密不可分的,只有将二者统一起来,才能实现社会的和谐与进步。因此,在小学学段思政课中,以权责统一为提升点,推动形成权利义务相统一的情感共鸣,具有重要意义。

首先,我们需要引导学生正确理解和运用权利与义务的关系。在教育教学过程中,我们应该强调权利与义务相辅相成的原则。例如,在教授学生民族团结方面的知识时,我们可以告诉他们:"作为一个公民,你有言论自由

的权利,但同时也要尊重他人的言论自由。"通过这样的方式,我们可以帮助学生认识到权利和义务之间的关系,并培养他们正确行使权利、履行义务的意识。

其次,我们可以借助生活实例来引导学生理解和运用权利与义务的关系。比如,在教育学生如何保护环境方面,我们可以通过讲述一些环境保护的成功案例,如杭州的"西湖保卫战",激发学生对环境保护的责任感和积极性。同时,我们也要告诉他们,环境保护不仅是政府的责任,更是每个人应尽的义务。只有每个人都积极参与环境保护,才能共同创造一个美丽的家园。

再次,我们还可以通过教育学生正确对待权利与义务的关系,来培养他们正确的价值观。在现实生活中,很多人只关注自己的权利,而忽视了自己所应承担的义务。这种价值观会导致社会的不公平和不稳定。因此,在小学学段思政课中,我们可以通过教育学生尊重他人权利、履行自己义务等方式来培养他们正确的价值观。例如,在教授学生公民道德方面的知识时,教师可以通过一些例子告诫学生:"作为一个公民,你有享受社会福利的权利,但同时也要遵守社会规则、履行自己的义务。"通过这样的教育,我们可以帮助学生树立起正确的权利义务观念,从而塑造他们积极向上的人生态度。

最后,在小学学段思政课中,我们还可以通过情感教育来推动形成权利义务相统一的情感共鸣。情感教育是培养学生正确价值观和积极心态的重要手段。在情感教育中,我们可以通过让学生体验权利与义务之间的关系,来引发他们对权利义务相统一的情感共鸣。比如,在开展志愿者活动时,我们可以让学生亲身参与到其中,让他们体会到帮助他人所带来的快乐和成就感。通过这样的活动,我们可以引导学生认识到权利与义务之间的联系,并培养他们对权利义务相统一的情感共鸣。

总之,在小学学段思政课中,以权责统一为提升点,推动形成权利义务相统一的情感共鸣,具有重要意义。只有通过正确引导学生理解和运用权利与义务的关系,借助生活实例培养他们正确的价值观,以及通过情感教育引起他们对权利义务相统一的情感共鸣,我们才能培养出具有独立思考能力、责任感和积极心态的新时代优秀公民。

3. 以守法用法意识为落脚点，实现生命安全意识和自我保护意识启蒙

在小学学段的思政课教育中，我们面临着许多重要的问题。其中，如何引导学生树立守法用法意识、实现生命安全意识和自我保护意识的启蒙，无疑是一项至关重要的任务。只有通过对相关知识的深入探讨和引经据典的阐述，我们才能更好地帮助学生树立正确的价值观和行为准则。

首先，守法用法意识是培养学生正确行为规范的基础。一方面，守法用法是社会秩序的重要保障。作为小学生，他们正处于人格形成和价值观塑造的关键时期，因此，有必要通过思政课教育来培养学生形成遵守法律、尊重他人权益的意识。如《论语·学而》中所说："君子务本，本立而道生。"只有从小树立守法用法的意识，才能够逐渐形成正确的人生观、价值观和道德观。另一方面，守法用法意识也是保护个人权益的必要条件。在现代社会，我们每个人都享有自己的权利和自由。然而，这些权利和自由并非绝对，需要在一定的法律和规范框架下行使。正如《中庸》所言："中者，天下之大本也；和者，天下之达道也。"只有遵守法律和规范，才能够保护自己的权益，实现个人的自由与平等。为了实现生命安全意识和自我保护意识的启蒙，我们需要引经据典，让学生明白生命的可贵和保护自己的重要性。《论语》中有一则故事，孔子问曰："舜何以至于斯？"子曰："舜亲爱，亲仁。"舜在受到家庭暴力和威胁时，选择了宽容和忍让，最终成为伟大的圣人。这个故事告诉我们，在面对危险和威胁时，我们应当保持冷静、理智，并采取正确的自我保护措施。

同时，《孟子》中也有关于生命安全和自我保护的启示："人皆有不忍人之心。"人类天生具有同理心和保护他人的意愿。然而，在现实生活中，我们也需要学会保护自己，确保自己的安全。只有明白了这一点，我们才能更好地遵循守法用法的准则，实现生命安全和自我保护的目标。我们还可以通过一些案例分析和实际教学来增强学生的意识。例如，在生命安全方面，我们可以讲述火灾事故的发生原因和应对措施，引导学生掌握逃生技巧和火灾预防知识。在自我保护方面，我们可以通过模拟演习和角色扮演等方式让学生亲身体验危险情境，并培养他们正确应对的能力。

当然，在思政课教育中，我们也要注重培养学生的创新精神和实践能

力。只有通过实践和创新，他们才能真正理解守法用法、生命安全和自我保护意识的重要性，并在实际行动中付诸实践。

综上所述，以守法用法意识为落脚点，实现生命安全意识和自我保护意识的启蒙，是小学学段思政课教育中必须解决的重要问题。通过引经据典、案例分析和实际教学等多种方式，我们可以帮助学生树立正确的价值观和行为准则，培养他们守法用法、维护生命安全和自我保护的能力，为他们未来的成长和发展奠定坚实的基础。

（四）健全人格：以启蒙式教学塑造学生的健康全面人格

1. 以个人成长为生长点，启发自尊自信体验

在小学学段的思政课教学中，我们需要关注和解决一些重点问题，其中的一个重要问题就是如何培养学生的自尊自信。自尊自信是一个人健康成长的基石，它不仅能够提高学生的学习成绩，还能够增强他们的心理素质和社交能力。因此，在思政课教学中，我们应该以个人成长为生长点，通过丰富多样的教学内容和方法，来启发学生的自尊自信体验。

首先，我们可以引用经典的故事和名言警句，来激发学生对自尊自信的关注和认识。例如，在讲述孔子的故事时，我们可以引用《论语·学而》中的一句名言："君子不重则不威，学则不固。"这告诉我们，一个人只有自尊自信才能够在社会上立足。我们可以通过讲解这个故事，分析其中蕴含的道理，来启发学生对自尊自信的思考，并引导他们在现实生活中树立起对自己的自信心。

其次，我们可以通过让学生参与各种活动和实践，来培养他们的自尊自信。例如，在班级里可以组织一次主题演讲比赛，让每个学生都有机会展示自己的才华和特长。通过这样的活动，学生们可以感受到自己在台上的自信和魅力，从而提高他们的自尊心。此外，我们还可以组织一些团队合作的活动，让学生们发挥各自的优势，共同完成任务。通过这样的活动，学生们可以体验到在团队中的重要性和自己所能做出的贡献，从而增强他们的自信心。

除了活动和实践，我们还可以通过课堂教学来启发学生的自尊自信体验。在教学中，我们应该注重激发学生对知识的兴趣和热爱，并鼓励他们积

极参与讨论和提问。通过这样的方式,我们可以让学生感受到自己对知识的掌握和理解能力,在思考问题和解决问题中培养他们的自尊心。同时,我们还可以设计一些富有挑战性和创新性的教学活动,让学生们能够在实践中发现自己的潜力和能力,并通过不断尝试和努力来提高自己,从而增强他们的自信心。

最后,我们还应该注重培养学生的心理素质和社交能力,从而帮助他们建立起健康的人际关系和自信心。在课堂教学中,我们可以开展一些情感教育和行为规范的讨论,引导学生正确对待自己和他人,培养他们的情商和人际交往能力。同时,我们还可以通过组织一些团队活动和角色扮演等方式,来锻炼学生们与他人合作和沟通的能力,让他们在实践中体验到自己与他人之间的互动和共同成长。

总之,在小学学段的思政课教学中,我们要以个人成长为生长点,通过丰富多样的教学内容和方法,来启发学生的自尊自信体验。只有培养了自尊自信的学生,才能够在今后的学习和生活中取得更好的成绩,并为社会做出更大的贡献。让我们共同努力,引导学生从小树立起自尊心和自信心,让他们健康成长,展翅高飞。

2. 以理性平和为发展点,营造积极向上的集体氛围

在小学学段的思政课中,我们需要解决一些重点问题,其中一个重要问题就是如何营造积极向上的集体氛围。一个积极向上的集体氛围能够培养学生们的良好品质,提高他们的综合素质,帮助他们更好地适应社会发展的需求。为了实现这个目标,我们应以理性平和为发展点。

首先,我们要引导学生们树立正确的价值观念。在现代社会中,各种价值观念层出不穷,学生们往往面临着各种选择。因此,我们要教育学生们明辨是非、善恶。我们要教育学生们讲诚信、守信用,真实地对待自己和他人。只有树立起正确的价值观念,才能保持积极向上的心态。

其次,我们要培养学生们形成理性的思维和平和的心态。在现实生活中,人们常常面临各种各样的困难和挑战。如果我们没有理性思维和平和心态,就很难解决问题。因此,我们要教育学生们用理性的方式思考问题,不要被情绪所左右。亚里士多德曾说过:"理性是人的本质。"这告诉我们,只

有通过理性思考才能找到问题的解决办法。同时，我们也要教育学生们保持平和的心态，不要患得患失，不要过分追求外在的利益。只有保持平和的心态，才能更好地应对挑战。

再次，我们要倡导学生们积极向上的行为习惯。行为习惯是人们日常行为的规范和准则，也是培养积极向上氛围的重要环节。我们要教育学生们养成良好的行为习惯，如尊重他人、乐于助人、遵守纪律等。同时，我们还应该引导学生们培养健康的生活习惯，如合理饮食、坚持锻炼等。只有养成了良好的行为习惯，才能为自己和集体的发展创造良好的环境。

最后，我们要加强学生们的团队意识和合作精神。在现代社会中，个人能力固然重要，但团队合作更是不可忽视的。我们要教育学生们懂得团队合作的重要性，要学会与他人相互协作、相互支持。同时，我们还要鼓励学生们积极参与集体活动，培养他们的集体荣誉感和责任感。只有通过团队合作，才能实现个人和集体的共同进步。

总之，以理性平和为发展点，营造积极向上的集体氛围是小学学段思政课需要解决的重点问题之一。通过培养正确的价值观念、理性思维和平和心态，倡导积极向上的行为习惯，加强团队意识和合作精神，我们可以帮助学生们树立正确的人生观、价值观，在成长过程中更好地适应社会发展的需求。正如苏格拉底所说："认识自己是智慧之基。"只有通过理性平和的思考，才能真正地认识自己、认识世界，从而营造出积极向上的集体氛围。让我们一起努力，为营造积极向上的集体氛围贡献自己的力量！

3. 以"我与他人"为落脚点，实现交往关系的友爱互助

在小学学段思政课中，我们必须解决一个重要问题：如何以"我与他人"为落脚点，实现交往关系的友爱互助。这个问题涉及人际交往、情感管理、道德品质等多个方面。而要解决这个问题，我们可以借鉴古代经典的智慧和现代心理学的理论，以此作为指导，培养学生良好的交往能力和道德品质。

首先，我们可以从《论语》中找到一些对于人际交往的指导原则。"己所不欲，勿施于人。"这告诉我们，在与他人交往中，要通过设身处地的思考来理解他人的感受和需求。我们只有尊重他人的感受，才能建立起良好的

互动关系。

此外,《论语》中还有一则故事给了我们深刻的启示。孔子问子路:"有善者斯而已矣,何必待于斯?"子路回答:"若告诸夫子,然后于斯行。"这个故事告诉我们,要想与他人建立友爱互助的交往关系,首先要修身齐家治国平天下。只有我们自己具备了善良的品德和优秀的能力,才能够为他人提供帮助和支持。

在现代心理学中,也有一些理论可以为我们提供指导。例如,阿德勒心理学认为,人际交往是一个相互支持和合作的过程。为了实现友爱互助的交往关系,我们需要培养学生的合作意识和同理心。合作意识是指学生愿意与他人合作、分享和互助的意愿。通过培养学生合作能力,我们可以让他们明白团结互助是取得成功的重要因素。

同时,同理心也是建立友爱互助交往关系的重要因素之一。同理心是指能够从他人的角度去感受和理解他们的情绪和需求。通过培养学生的同理心,我们可以让他们更好地与他人沟通,理解和支持彼此。

此外,还有一些实践方法可以帮助学生实现友爱互助的交往关系。例如,可以通过小组活动来培养学生的合作能力。在小组活动中,学生需要相互配合、协商解决问题,这样可以促进他们的友爱互助意识和能力。

另外,在课堂上可以进行一些情景模拟训练,让学生扮演不同的角色体验他人的感受。通过这种方式,学生可以更加深入地理解他人的需求和情感,并且培养出同理心。

总之,以"我与他人"为落脚点,实现交往关系的友爱互助是小学学段思政课要解决的重点问题之一。通过借鉴现代心理学理论,我们可以培养学生良好的交往能力和道德品质。通过实践方法的运用,我们也可以帮助学生更好地实现友爱互助的交往关系。让我们从小学阶段开始,为建设和谐社会奠定坚实基础。

(五)责任意识:以启蒙式学习培育学生的担当精神

1. 以自我认知为生长点,启发学生的主人翁意识

近年来,随着教育改革的不断深入,小学学段思政课的地位和作用逐渐被重视起来。然而,在实际教学中,我们也面临着一些重要的问题,如如何

引导学生积极参与、如何激发学生的主人翁意识等。本节将以自我认知为生长点，探讨如何启发学生主人翁意识。

（1）自我认知是培养主人翁意识的基础

自我认知是指个体对自己的了解、评估和理解。只有通过对自己内心世界的感知和思考，才能真正了解自己的优点和不足。而这种自我认知，是培养主人翁意识的基础。"君子修身齐家治国平天下"是儒家思想中的核心理念。这告诉我们，一个人首先要修身养性，才能更好地为天下谋划。同样地，在小学学段思政课中，我们也应该引导学生从自身出发，了解自己的特点和优劣势，并在此基础上激发他们的主人翁意识。

（2）通过学习历史文化激发主人翁意识

历史是人类经验的宝库，是培养主人翁意识的重要途径。通过学习历史，我们可以了解到各个时期的英雄人物和伟大事迹，从而激发学生对国家和社会的责任感。《史记》中记载着中国古代历史上许多令人敬佩的人物和事迹。比如说，司马迁在《报任安书》中写道："愿闻其详。"表达了他对历史真相的追求和对正义的坚守。同样地，在小学学段思政课中，我们可以通过讲述这些故事来启示学生，鼓励他们勇于追求真理、坚持正义。

（3）通过社会实践培养主人翁意识

社会实践是培养主人翁意识不可或缺的一环。只有走出教室，亲身参与社会实践活动，才能真正体验到自己的力量和责任。在《论语·为政》中，孔子曾经说过："温故而知新。"这告诉我们，只有通过实践才能真正掌握知识。同样地，在小学学段思政课中，我们可以组织学生参加社会实践活动，如参观纪念馆、志愿者服务等，让他们亲身体验社会的复杂性和多样性，并从中汲取经验和教训。

（4）通过艺术教育培养主人翁意识

艺术教育是培养主人翁意识的重要途径之一。通过欣赏、创作和表演艺术作品，学生可以培养自信心、责任感和创造力。在《论语·学而》中，孔子曾经说过："吾日三省吾身。"告诉我们，一个人要时常反思自己的言行举止。同样地，在小学学段思政课中，我们可以通过音乐、舞蹈、戏剧等艺术形式来激发学生对自己的认知和审视，并通过表演、展示等方式来增强他们的自信心和责任感。

（5）以身作则引领主人翁意识

最后，作为思政课教师，我们应该以身作则，成为学生的榜样。只有我们自己具备了主人翁意识，才能真正引领学生。我们应该注重自我反思和提升，不断追求进步。在《论语·子路》中，孔子曾经说过："君子泰而不骄。"告诉我们，一个人要有自知之明，不骄傲自满。同样地，在小学学段思政课中，我们应该时刻保持谦虚、真实和严谨的态度，与学生平等相待，让他们从我们身上看到真正的主人翁精神。

总之，以自我认知为生长点，启发学生主人翁意识是小学学段思政课要解决的重点问题之一。通过学习历史文化、参与社会实践、进行艺术教育等多种途径，我们可以激发学生对自己的认知和责任感，培养他们成为有担当有责任的主人翁。同时，作为思政课教师，我们也要以身作则，成为学生的榜样。只有这样，我们才能真正实现小学学段思政课的教育目标。

2. 以责任情景为提升点，推动担当精神的外化

在小学学段的思政课教育中，如何解决学生在思想品德方面存在的问题，培养他们形成正确的价值观和担当精神，一直是教育工作者关注的重点。这些问题涉及学生对责任的认识、理解和实践能力等方面。因此，在课堂教育中，引入责任情景作为提升点，将有助于推动学生担当精神的外化。

责任是社会生活中不可或缺的一部分，它体现了一个人对自己和他人的承担和关爱。在《论语·里仁》中，孔子曾经说过："不患无位，患所以立；不患莫己知，求为可知也。"意味着一个人应该承担自己应有的责任，并且通过自己的努力去获得别人对他的认可。这种责任感是一个人价值观和处世态度的重要体现。

然而，在现实生活中，许多学生对责任缺乏正确的认识和理解。他们常常把责任看作一种负担，而非一种荣誉。这种错误的观念源于他们对责任的误解，以及学习环境中缺乏正确引导。因此，在思政课教育中，我们需要引入责任情景作为提升点，通过情景模拟和案例分析等方式，让学生在实践中认识到责任的重要性和意义。

责任情景可以是一种现实生活中的场景，也可以是一种虚构的情境。例

如，我们可以通过讲述一个成功企业家的故事来引发学生对责任的思考：这位企业家在创业初期曾面临各种困难和挑战，但他始终坚守自己的理想和信念，不仅为自己创造了财富，也为社会做出了巨大贡献。这个情景可以激发学生对责任的认同和追求，使他们明白只有承担起责任，才能实现自己的价值和成就。

另外，我们还可以通过案例分析来让学生了解到责任与他人之间的关系。例如，我们可以选取一些典型案例，讲述那些为他人着想、勇于担当、不计个人得失的人物故事。通过分析这些案例，学生可以深刻体会到责任对于个人和社会的重要性，并且从中汲取自己在日常生活中应该如何去担当的经验和智慧。

除了责任情景的引入，推动学生养成担当精神还需要教育者的正确引导。在思政课教育中，教师应该以身作则，做一个负责任、有担当精神的榜样。只有教师自身具备了担当精神，才能够有效地引导学生去理解和实践责任。同时，教师还可以通过开展一些具体的活动来培养学生的责任感。例如，组织学生参与社区服务、义务劳动等活动，让他们亲身体验到为社会做贡献的快乐和意义。

在小学学段的思政课教育中，以责任情景为提升点，推动学生担当精神的外化是一个重要的课题。通过引入责任情景并结合教师的正确引导，可以激发学生对责任的认同和追求，使他们明白只有承担起责任，才能实现自己的价值和成就。因此，教育工作者应该在日常教学中注重培养学生的责任感，引导他们正确对待和理解责任，并通过具体的实践活动来帮助他们外化担当精神。只有这样，我们才能培养出一代又一代具有担当精神的人才，为社会的发展做出积极贡献。

3. 以规则意识为落脚点，实现有序参与的内化

随着中国社会的发展和进步，培养良好的公民素质成了教育的重要任务。在小学学段，思政课作为培养学生综合素质、塑造正确价值观的重要环节，必须解决好学生参与活动的有序性问题。而以规则意识为落脚点，实现学生有序参与活动的内化，成了思政课需要解决的重点问题。

(1) 规则意识的重要性

①规则意识是社会生活中不可或缺的一部分

规则意识是人们在社会生活中遵守规则、守法纪、尊重他人权益的意识和能力。无论是在家庭、学校还是在社会中，遵守规则都是维护秩序和稳定的基础。小学时期正是孩子形成规范行为习惯和价值观念的关键时期，因此，培养学生正确的规则意识至关重要。

②规则意识对个人成长具有深远影响

规则意识不仅能够帮助学生养成良好的行为习惯和价值观念，还能培养他们的自律能力和责任感。只有在遵守规则的环境中，学生才能够集中注意力、自觉学习，从而提高学习效果。同时，规则意识也有助于塑造学生正确的人生观、价值观，使他们更加懂得尊重他人、关心社会、积极向上。

(2) 小学思政课如何引导学生形成规则意识

①通过情感教育引发学生对规则的认同感

情感教育是培养学生规则意识的有效途径之一。通过讲述现实生活中的案例，让学生体验到违反规则带来的后果，从而引发他们对规则的认同感。例如，在班级中组织一次模拟法庭活动，让学生扮演不同角色，亲身体验法律对违法行为的制裁，从而深刻理解规则对社会秩序的重要性。

②运用游戏化教学培养学生遵守规则的习惯

小学生天性喜欢游戏，因此，可以将游戏化教学与规则教育相结合，帮助学生形成遵守规则的习惯。例如，在班级中组织一次班级集体活动，设立相应的规则，并对遵守规则的学生给予奖励，从而激发学生参与活动的积极性。

③通过亲身实践让学生理解规则的重要性

理论知识只能在一定程度上引导学生形成规则意识，而亲身实践更能够让学生深刻理解规则的重要性。例如，在学校中组织一次模拟选举活动，让学生亲自参与竞选、投票等环节，从而认识到遵守选举规则对于公平公正的重要性。

（3）实现学生有序参与活动的内化

①培养学生自觉遵守规则的意识

教师需要通过言传身教，树立榜样，引导学生自觉遵守规则。同时，也要及时表扬和奖励那些能够自觉遵守规则的学生，让他们成为其他同学的榜样。通过这种方式，可以逐渐形成学生内化的规则意识。

②构建积极正向的班级文化

班级是学生走向社会化的重要场所，建立积极正向的班级文化对于培养学生有序参与活动的行为至关重要。教师可以引导学生制订班级行为规范，并通过集体活动、班级会议等形式，让学生共同参与制定和落实规则，增强他们对规则的认同感。

③鼓励学生主动参与公益活动

公益活动是培养学生责任感和规则意识的有效途径。通过组织学生参与社区服务、环保活动等公益项目，让他们亲身感受到遵守规则对社会和他人的意义，从而激发他们对规则的内在需求。

以规则意识为落脚点，实现学生有序参与活动的内化，是小学思政课需要解决的重点问题。通过情感教育、游戏化教学、亲身实践等方式，引导学生形成规则意识；通过培养自觉遵守规则的意识、构建积极正向的班级文化、鼓励学生参与公益活动等方式，实现学生有序参与活动的内化。只有通过这样的努力，才能让学生在学习和成长中形成良好的规范行为习惯和正确的价值观念，为社会的和谐发展做出积极贡献。

## 二、打牢思想基础：初中思政课要解决的重点问题

作为大中小学思政课一体化建设体系中的不同学段，小学、初中、高中、大学各个学段思政课均有其需要解决的重点问题。2020年，中共中央宣传部、教育部印发关于《新时代学校思想政治理论课改革创新实施方案》中指出，"小学阶段重在培养学生的道德情感；初中阶段重在打牢学生的思想基础；高中阶段重在提升学生的政治素养；大学阶段重在增强学生的使命担当"[1]。

---

[1] 中央宣传部 教育部关于印发《新时代学校思想政治理论课改革创新实施方案》的通知[J]. 中华人民共和国国务院公报，2021（9）：75-80.

初中思政课在大中小学思政课一体化建设的系统工程中，需要遵循循序渐进、螺旋上升的原则，从小学学段启蒙的道德情感中，进一步解决学生的思想基础问题，从而为高中学段政治素养的提升和大学阶段的使命担当打下坚实的基础。因此，初中思政课必须以如何打牢学生的思想基础为重点，从增强学生的政治认同、提升学生的道德修养，培育法治观念、形成健全人格、养成责任意识等核心素养的培育入手，着力提升学生思想政治素质、道德修养、法治素养和人格修养，增强学生做中国人的志气、骨气、底气，为培养以实现中华民族伟大复兴为己任的有理想、有本领、有担当的时代新人打下牢固的思想根基。

### （一）增强政治认同

初中思政课要打牢学生的思想基础，首要的问题是要明确"为谁培养人"这一根本问题，这关系着思政课为党育人、为国育才的目标能否实现，也关系着中华民族伟大复兴是否后继有人。"思想政治教育就其终极目标而言是为了获取思想政治教育客体的认同，继而在客体认同的基础上，实现对政治及国家利益的拥护与推崇。认同与否是思想政治教育效果达成的评判标准。"[①] 我国是中国共产党领导的社会主义国家，初中思政课要打牢学生的思想基础，就必须通过开展思想政治理论课，使学生认同中国共产党的领导，认同中国特色社会主义道路，增强学生的政治认同，这是社会主义建设者和接班人必须具备的思想前提，也是初中思政课的首要任务。

《义务教育道德与法治课程标准（2022年版）》对政治认同做了明确的界定，即"政治认同是指具备热爱伟大祖国、中华民族、中华文化、中国共产党、中国特色社会主义的情感，以及为中华民族伟大复兴而奋斗的志向，能够自觉践行和弘扬社会主义核心价值观。"增强学生的政治认同，主要表现在坚定政治方向、把握价值取向、厚植家国情怀三个方面。

#### 1. 坚定政治方向

政治方向，是指阶级、政党、政治集团及其成员前进的政治道路及其发展指向，它指向了政治使命、政治目标、政治道路等方面。初中生作为国家

---

① 奚彦辉. 文化与认同：思想政治教育实践机制的深层理论探究［M］. 北京：光明日报出版社，2021：39.

的希望，民族的未来，肩负着实现中华民族伟大复兴的光荣使命，必须坚定正确的政治方向，在认知和行动方面拥护中国共产党的领导，坚持走中国特色社会主义道路，用习近平新时代中国特色社会主义思想铸魂育人。作为政治性与思想性相统一的初中思政课，必须发挥思政课的课程育人价值，引导学生树立正确的政治方向，明确中国共产党领导是中国特色社会主义最本质的特征，是中国特色社会主义制度的最大优势，也是实现社会主义现代化的根本保障；明确习近平新时代中国特色社会主义思想是当代中国马克思主义、二十一世纪马克思主义，是中华文化和中国精神的时代精华，从而坚定"四个自信"，做到"两个维护"。只有以坚定正确的政治方向为前提和基础，才能使学生坚定理想信念，打牢思想理论根基。

2. 把握价值取向

价值取向是一个人在一定价值观的指导下，在分析问题和处理问题的过程中所表现出来的态度、立场、观点和看法的总和，价值取向对人的行为具有调节定向的作用。初中生正处于世界观、人生观和价值观形成的关键时期，初中思政课要立足于初中学生关键的发展阶段和身心发展特点引导学生培育和践行社会主义核心价值观，坚定共产主义远大理想和中国特色社会主义共同理想，增进中华民族价值认同和文化自信，形成正确的价值取向。学生时代形成价值观对学生的一生都产生着重要的影响，它使个体明确如何分辨是非，如何进行价值取舍，并在社会的反馈中调节自己的行为。价值观教育是初中思政课的重要内容，其背后蕴含的对事物的态度、观点、看法不仅对学生个体行为产生重要影响，也会对社会的发展产生巨大的影响，作为打牢学生思想基础的主要课程——思政课，也必须重视学生的价值观教育，将培养学生正确的价值取向摆在突出的位置。

3. 厚植家国情怀

家国情怀是一个人对自己的家庭、家乡、民族和国家的热爱和认同。一直以来，家国情怀以其特有的信仰魅力感召着世世代代的中华儿女，成为中华民族百折不挠，生生不息的不竭源泉和动力。初中生要厚植的家国情怀主要是培养对家庭深厚的情感，热爱家乡，热爱伟大祖国，热爱中华民族，自觉铸牢中华民族共同体意识，并以实现中华民族伟大复兴为己任。有国才有家，作为生于斯、长于斯的家乡、国家和民族，只有怀着崇高的敬仰和热爱，才能真真正正融入国家的发展当中，并在其中贡献自己的力量。因此，家国情怀也是初中思政课教学的重要内容，是初中生必备的道德素养。初中思政课应该在教学过程中培育学生的家国情怀，怀揣对家乡、国家和民族的热爱，坚定理想信念，奋发有为，培养民族自尊心、自信心和自豪感，树立为中华民族伟大复兴而奋斗的理想，打牢思想根基，为步入更高阶段的学习和生活打下坚实的基础。

### （二）提升道德修养

培养学生养成良好的道德品质，提升学生的道德修养是思政课的重要任务，事关学生人生发展。2021年4月，习近平总书记在清华大学考察时的讲话中指出，广大青年"要锤炼品德，自觉树立和践行社会主义核心价值观，自觉用中华优秀传统文化、革命文化、社会主义先进文化培根铸魂、启智润心，加强道德修养，明辨是非曲直，增强自我定力，矢志追求更有高度、更有境界、更有品位的人生。"[1]

国无德不兴，人无德不立。道德修养作为初中《道德与法治》课程培养的学生核心素养，是学生立身成人之本，道德修养的培育对学生的身心发展具有巨大的作用。《义务教育道德与法治课程标准（2022年版）》中对道德修养进行了明确的界定：道德修养是指养成良好的道德品质和行为习惯，把道德规范内化于心、外化于行。作为初中思政课来说，要想打牢学生的思想基础，使学生坚定共产主义的远大理想，必须将培育学生良好的道德品质和行为习惯放在重要的位置，提升学生的道德修养，为学生成长成才和社会发展打下坚实基础。道德修养主要体现在四方面，即个人品德、家庭美德、社会公德和职业道德。

#### 1. 涵养个人品德

个人品德是指通过社会道德教育和个人自觉的道德修养所形成的稳定的心理状态和行为习惯，在社会道德建设中具有基础性的作用。初中思政课要引导学生践行以爱国奉献、明礼遵规、勤劳善良、宽厚正直、自强自律为主

---

[1] 习近平在清华大学考察时强调 坚持中国特色世界一流大学建设目标方向 为服务国家富强民族复兴人民幸福贡献力量［EB/OL］. 新华网，2021-04-19.

要内容的道德要求，在日常生活中养成诚实守信、团结友爱、热爱劳动等个人美德和优良品行。中国自古以来就非常重视个人的道德修养，有德之人是社会普遍推崇的道德楷模，是人们争相学习的对象，在新时代更是如此，个人的思想品德修养已经成为立身成人之本，也是评价一个人最重要的因素。作为新时代的青少年，必须涵养高尚的个人品德，在行动中践行道德修养，做一个高尚的人，真正担负起国家和时代赋予的光荣使命。因此，要打牢学生的思想基础，必须注重学生个人品德的涵养，从立德树人的根本任务出发，为社会培养具有优良品行的社会主义的建设者和接班人。

2. 弘扬家庭美德

家庭是社会的基本细胞，是人生的第一所学校。从呱呱坠地时，我们就处在家庭环境当中，家庭对个人成长和发展的影响会伴随我们的一生。家庭美德是指人们在家庭生活中调整家庭成员间关系、处理家庭问题时所遵循的高尚的道德规范。弘扬家庭美德，树立良好家风是社会倡导的非常重要的道德品质，不仅可以促进个人成长，而且对社会的发展有巨大的推动作用。初中思政课要引导学生践行以尊老爱幼、男女平等、勤劳节俭、邻里互助为主要内容的道德要求，做家庭的好成员。对学生开展思想政治教育工作，不能脱离社会现实，而要从学生学习、生活的现实环境当中寻找素材和切入点，用道德模范的榜样力量促使学生审视自己和家庭环境，重视学生对家庭的态度和看法，引导学生积极弘扬家庭美德，为社会繁荣稳定贡献自己的力量。

3. 践行社会公德

社会公德与公共生活密切相关，是在社会公共生活中应当遵守的道德规范和行为准则，其在本质上是一个国家、一个民族或者一个群体在历史长河中、在社会实践活动中积淀下来的道德准则、文化观念和思想传统。随着学生从小学步入初中学段，其与社会接触的机会也越来越多，明确社会公共生活对个人的要求也迫在眉睫。初中思政课要教会学生践行以文明礼貌、相互尊重、助人为乐、爱护公物、保护环境、遵纪守法为主要内容的道德要求，遵守社会规范，维护公共秩序，做社会的好公民。初中思政课作为大中小学思政课一体化建设中重要的一环，只有以培育时代新人和社会主义建设者和接班人为总体的培养目标，从学生培养的整体目标出发，发挥初中思政课在打牢学生思想基础的重要作用,才能使学生遵守道德规范,提升道德修养,真正参与公共生活。

4. 遵守职业道德

"职业生活是人们参与社会分工,用专业的技能和知识创造物质财富或精神财富,获取合理报酬,丰富社会物质生活或精神生活的生活方式。"① 职业道德是在职业环境中需要遵守的道德规范和行为准则。初中生作为未来从事职业活动的一员,必须弘扬劳动精神、工匠精神、劳模精神,树立劳动不分贵贱的观念,理解以爱岗敬业、诚实守信、办事公道、热情服务、奉献社会为主要内容的职业道德,做好未来的建设者。初中学段思政课重在打牢学生的思想基础,其最终目的在于培养时代新人,在于为中华民族伟大复兴的实现提供人才支撑。因此,初中思政课要使学生明确职业道德的要求,树立正确的择业观,帮助学生今后更快地融入社会生活,融入创造社会财富的职业领域,为学生实现个人价值和社会价值打好基础,真正实现教育为社会主义现代化建设服务的根本目的。

(三)培育法治观念

党的十八届四中全会提出,要把法治教育纳入国民教育体系,从青少年抓起,在中小学设立法治知识课程。在 2020 年 11 月举行的中央全面依法治国工作会议上,习近平总书记更是明确提出:"普法工作要在针对性和实效性上下功夫,特别是要加强青少年法治教育,不断提升全体公民法治意识和法治素养。"② 因此,培育学生的法治观念,使学生养成懂法用法的思维和习惯是思政课的重要教学内容,在推进大中小学思政课一体化的建设中,也必须将培育学生的法治观念贯穿其中,按照层层递进,由浅入深的原则开展法治教育工作。

法治观念属于意识的范畴,是人们关于法治的认知、情感和信念,主要指树立宪法法律至上、法律面前人人平等、权利与义务相统一的理念,使遵法学法守法用法成为人们的共同追求和自觉行为。法治观念是行为的指引,

---

① 《思想道德与法治》编写组. 思想道德与法治 [M]. 北京:高等教育出版社,2023:171.

② 习近平. 论坚持全面依法治国 [M]. 北京:中央文献出版社,2020:4.

因此法治观念的养成也是打牢学生思想基础的必然要求。促使学生养成正确的法治观念，不仅可以规范学生的思想和行为，也可以促进学生身心健康发展。从法治观念的表现来看，主要包括：宪法法律至上观念，法律面前人人平等观念，权利与义务相统一的观念，守法用法观念和行为，生命安全意识和自我保护能力。

1. 树立宪法法律至上的法治观念

宪法是我国的根本大法，在国家法律体系中居于核心地位，其他一切法律都要以宪法为基础。宪法法律至上即宪法和法律具有至高无上的权威性，对人们的行为具有至高的约束力，在整体的社会规范体系中具有主导地位。初中思政课要使学生理解宪法在法律体系中具有最高的权威，任何个人和组织都必须遵守宪法和法律，尊崇宪法和法律。因此，立足于新时代，立足于社会主义法治国家的体系当中，思政课要为学生将来步入社会打下坚实的基础，要在思政课中为学生树立起宪法法律至上的法治观念，用宪法法律约束自己的行为，维护自身合法权益，解决好初中学生思想基础中的法治观念问题，帮助学生更好地步入社会公共生活。

2. 明确法律面前人人平等的原则

我国宪法规定"中华人民共和国公民在法律面前一律平等"，即在法律面前，人人都是平等的，不存在高低贵贱之分，也没有任何人可以凌驾于法律之上。在法律面前人人平等的原则指导下，初中思政课要使学生"了解公民的合法权益一律平等地受到法律保护，对任何人的违法犯罪行为都依法予以追究，不允许任何人有超越法律的特权。"培养学生的法治观念，能使学生在面对日常生活中的不公平对待时拿起法律的武器维护自己的合法权益，用法律途径保障自身权益，维护法律的权威，为依法治国贡献自己的力量。初中思政课在引导和教育学生的过程当中，要从学生的实际生活出发，注重培育学生的法治观念，明确法律面前人人平等的原则，在学生的思想观念中注入懂法学法用法的意识，为更好地打牢学生的思想基础添砖加瓦。

3. 明晰权利与义务相统一的原则

权利与义务相统一观念是法治观念的核心内容。我国宪法第33条明确规定："任何公民享有宪法和法律规定的权利，同时必须履行宪法和法律规定的义务"。初中思政课要使学生理解每个公民都享有宪法和法律赋予的权利，同时也必须履行宪法和法律规定的义务，要使学生辩证地看待权利和义务相统一的原则。没有无权利的义务，也没有无义务的权利，义务如果没有权利保障将无法长久，只享受权利不履行义务，权利最终也无法实现。作为初中生要树立权利与义务相统一的法治观念，明确权利与义务的内容与范围，做一名积极参与法治国家和法治社会建设的初中生。

4. 培育学生守法用法意识和行为

思想是行动的先导，思想观念也必须落实到行动中，在实践中检验才能促使内部的思想矛盾运动，进而形成新的思想观念。守法用法观念是法治观念的基础内容。作为初中学生，要了解以民法典为代表的、与日常生活以及未成年人保护密切相关的法律法规，树立法治意识，养成守法用法的思维方式和行为习惯。学生步入初中学段，他们开始慢慢地接触社会环境，接触家庭和学校以外的世界，加之网络信息技术的普及，学生们接触的环境越来越复杂，面对的法律问题也越来越多。因此，初中思政课要将培育学生守法用法的意识和行为作为课程的重要内容。知法才能守法，增强程序意识与规则意识，坚持依法办事，用合法方式表达自身诉求，通过法律途径来维护自身的合法权益，树立正确的程序意识并且掌握依法维权的法律程序，将外在的法律知识内化为自身的守法行为，不仅对学生自身，对整个社会的发展都将起到巨大的推动作用。初中思政课主要指初中的《道德与法治》课程，从课程名称来看，法治观念的内容是初中思政课的应有之义，也是初中思政课所要培育的学生核心素养之一，在学生的思想观念和思想基础中具有重要的作用。

5. 培养学生的生命安全意识

马斯洛需求层次理论告诉我们：人类的需求由低到高主要分为 5 个层次，即生理需要、安全需要、归属与爱的需要、尊重需要和自我实现需要，马斯洛认为需要层次越低，力量越大，潜力越大。随着需要层次的上升，需要的力量相应减弱。高级需要出现之前，必须先满足低级需要。而维护生命安全是人类低层次的需要，处于安全需要之中。因此，初中思政课要注重对学生的生命安全教育和自我保护教育，使学生了解和识别可能危害自身安全的行为，具备自我保护意识，掌握基本的自我保护方法，预防和远离伤害。身体是革命的本钱，只有使学生形成正确的生命安全意识，珍爱生命，提升自我保护的能力，这是初中学生生存和发展的基础和前提，没有生命的安全与健康，没有身心的健康发展，思政课的育人价值无法体现，中华民族伟大复兴的光荣前景就没法变成现实。因此，在解决学生思想基础的重点问题时，必须注重对学生生命安全意识的培育和自我保护能力的提升。

（四）形成健全人格

初中阶段是青少年各种能力发展的奠基阶段，是青少年人格形成的关键期。这一时期的学生离开小学，步入初中，逐渐接触社会，身边的环境发生改变，个体也从儿童慢慢转变成青少年，无论生理还是心理都发生了质的变化，也就进入了我们所谓的"青春期危机"阶段。处在这一阶段的青少年，如果没有很好地适应此时的身心变化，很容易出现叛逆、自卑、人际交往等危机，这不仅影响青少年的身心健康，而且不利于和谐社会的构建和国家的繁荣发展。

初中思政课作为义务教育阶段的思政课，在以生为本的素质教育的理念下，必须关注学生的身心健康，帮助学生提升处理问题的能力，促使学生形成健全的人格。健全人格是指具备正确的自我认知、积极的思想品质和健康的生活态度，健全人格是身心健康的体现。因此，初中思政课在打牢学生思想基础的过程中，必须关注学生的身心健康，从培养自尊自信的品格、养成理性平和的性格、确立积极向上的态度和形成友爱互助的氛围入手，帮助学生形成健全的人格。

1. 培养自尊自信的品格

自尊自信是指一种积极的心态，表现为对自己有正确的认知，对自我感到尊重和自信。对于初中学段的学生来说，自尊自信的表现是正确认识自己，珍爱生命，能够自我调节和管理情绪，具备乐观开朗、坚韧弘毅、自立自强的健康心理素质。每一个人都是独特的个体，在思想日益开放的今天，人们对新鲜事物的看法也越来越开放包容，因此，初中思政课在关注学生整体状况的同时，也要充分关注学生的个性特征，采用思想政治教育的方式使学生养成对自我的尊重和自信心，使他们能够以更加饱满的精神状态迎接未来和希望。除养成对自我的自尊自信的品格之外,初中思政课还要将中华优秀传统文化与思想政治教育相结合,培养学生的民族自信心和自豪感,展现坚定的"文化自信"。

2. 养成理性平和的性格

理性平和是指遇到问题时,能够以理性的思维方式和平和的心态来分析问题和解决问题。初中思政课要使学生养成开放包容的心态,理性表达意见,树立正确的合作与竞争观念,能够换位思考,学会处理与家庭、他人、集体和社会的关系。我们总是生活在一定的环境中,总要与人沟通和交流,出现意见分歧也非常正常,关键是如何解决问题,如何处理与他人的关系,这个时候理性的思维方式和平和的问题处理方式就显得尤为重要。初中思政课重点解决的问题是打牢学生的思想基础,也就是为学生今后步入更高的学段和走入社会打下坚实的基础,因此在对学生的人格培养时,必须注重对学生性格的养成和思维方式的训练,帮助他们养成理性平和的性格,为步入更大的社会圈子做好准备。

3. 确立积极向上的态度

积极向上是一种正向的人生态度,是指在面对挫折和困难时,能够以积极的心态看待问题,遇事百折不挠,以顽强的毅力促使问题得到更好的解决。对于初中生来说,需要进行有效学习,能够主动适应社会环境,确立符合国家需要和自身实际的健康生活目标,热爱生活,积极进取,具有适应变化、不怕挫折、坚韧不拔的意志品质。当今社会竞争越来越激烈,对人才的要求也越来越高,很多时候决定成败的并不是个人的能力,而是个人的态度。用积极向上的态度面对生活和工作时,往往能发现挫折和困难中所蕴含的哲理,从多种角度分析问题,提出问题的解决方案,用消极的态度对待挫折和失败时,往往产生对自我的否定,使人一蹶不振。因此,初中思政课要注重对学生人生态度的培养,帮助学生树立积极向上的人生态度,在面对挫折和困难时能够迎难而上,帮助学生更好地适应社会生活。

4. 形成友爱互助的氛围

马克思在《关于费尔巴哈的提纲》中批判费尔巴哈对人的本质的错误理解,提出:"人的本质不是单个人所固有的抽象物,在其现实性上,它是一切社会关系的总和。"① 我们总是处在一定的群体之中,学生时代有家庭、班级、学校等,步入工作岗位后有工作单位,随着社会分工的日益加深,团队之间的合作越来越重要,因此如何帮助学生在团队中进行有效的沟通协调,完成个人和团队的目标是思政课需要思考的问题。对于学生来说,要真诚、友善,拥有同理心,相互支持,相互帮助,具有互助精神,构建有爱互助的学习和生活氛围,在全社会形成互帮互助、全体成员积极向上共同发展的良好氛围。

(五) 养成责任意识

责任意识教育是大中小学思政课一体化建设中课程内容建设的重要内容,也是义务教育阶段需要培养的学生五大核心素养之一,责任意识不仅关乎个人价值的实现,社会的和谐稳定,更与国家的长远发展息息相关。正如习近平总书记在庆祝中国共产党成立100周年大会的讲话中指出的那样:"新时代广大的青少年们要知责于心、担责于身,知难负重、愈挫愈勇。"

责任意识是指具备承担责任的认知、态度和情感,并能转化为实际行动。责任意识是担当民族复兴大任时代新人的内在要求。青少年肩负着实现中华民族伟大复兴的责任,小学、初中、高中、大学每个学段都要将责任意识教育放在重要的位置,按照循序渐进、螺旋上升的原则对学生开展责任意识教育,使学生养成勇于担责、敢于担当的思想意识。初中思政课要将学生责任意识的养成作为教育的主要内容,实现初中思政课的育人目标,体现初中思政课的育人价值。

1. 培养主人翁意识

主人翁意识是指对自己负责,关心集体,关心社会,关心国家,维护祖国统一和国家安全,具备国家利益高于一切的观念。对于初中学生来说,不仅要做自己学习的主人,在学习中发挥积极性和能动性,主动学习,主动开展自我教育,还要积极参与社会生活,把自己当作国家的主人,积极为地区和国家发展建言献策,将自己融入国家发展之中。初中思政课作为对学生进行价值引领的学科,必须将课程的育人目标与国家的政策和发展战略相结

---

① 中共中央马克思恩格斯列宁斯大林著作编译局. 马克思恩格斯选集: 第1卷 [M]. 北京: 人民出版社, 2012: 151.

合，引导学生了解中国特色社会主义建设开展的火热实践和党和国家的最新理论创新成果，培养学生的主人翁意识。这既是着眼于学生的未来和发展，也是立足于中国特色社会主义的伟大实践，是初中生思想基础的重要组成部分，对学生担当民族复兴的使命具有巨大的推动作用。

2. 培育担当精神

担当是一种态度，更是一种责任，它是指要具有为人民服务的奉献精神，积极参与志愿者活动、社区服务活动，热爱自然，践行绿色生活方式。每一代人有每一代人的担当，在社会主义革命、建设和改革时期，青年一代勇于担当时代赋予的责任，为新中国的成立、社会主义制度的确立和改革开放的深入推进做出了突出的贡献；他们敢于负责，敢于担责，在各行各业中拼搏奋斗，将时代和国家赋予的责任扛上肩，为国家的发展发挥了巨大的推动作用。进入新时代，青年要肩负起实现中华民族伟大复兴的光荣使命，如果没有担当精神，没有为国家奋斗甚至奉献的精神，中华民族伟大复兴的光荣使命根本无法实现。作为大中小学思政课一体化建设中关键的初中思政课，要着重培育学生的担当精神，使学生将自身的发展融入国家的发展战略之中，与国家发展同向同行，国家的各项方针政策和发展目标才能真正实现。

3. 践行有序参与

随着年龄的增长，人们总是逐步地参与到不同的公共生活当中。学生时代，要参与班级的建设和学校的发展；步入工作岗位，要参与社会分工，要参与国家的发展。因此，使学生有序参与到公共生活中是思政课的重要内容。有序参与是指要具有民主与法治意识，守规矩，重程序，能够依规依法参与公共事务，根据规则参与校园生活的民主实践。无规矩不成方圆。每个团体都有自己的管理规范和运营的原则，这就要求我们在参与社会生活时遵守规则和秩序，按照规则和流程反映和处理问题。有序参与是学生思想观念的具体体现，也是学生态度想法的反映，学生的思想观念最终都要落实到行动中来。因此，初中思政课在立足于打牢学生思想基础的重点问题时，要注重对学生行动的养成，以体验性学习为主，使学生了解社会生活，积极参与社会生活。

第五章

# 义务教育思政课与相邻学段的衔接分析

要推动大中小学思政课一体化建设，除了各个学段发挥学段作用外，还需要考虑不同学段思政课之间的纵向衔接，只有不同学段间形成完整有效的教育链条，思政课的作用才能有效发挥。因此分析义务教育阶段思政课与相邻学段的衔接非常必要。本章节要从教学目标、教学内容、教学方法、教学评价四方面进行分析。

**一、教学目标衔接分析**

思政课是落实立德树人根本任务的关键课程，旨在培养学生的思想道德修养、社会责任感和创新能力。在思政课教学过程中，如何合理衔接教学目标，是一个需要深入研究和探讨的问题。本节将从义务教育阶段的《道德与法治》课程标准、义务教育学段与其相邻学段的教学目标衔接两方面进行分析。

（一）义务教育思政课课程标准中对教学目标的相关论述

道德与法治课程围绕核心素养，体现课程性质，反映课程理念，确立课程目标。其中核心素养是课程育人价值的集中体现，是学生通过课程学习逐步形成的正确价值观、必备品格和关键能力。道德与法治课程要培养的核心素养主要包括政治认同、道德修养、法治观念、健全人格、责任意识。政治认同是社会主义建设者和接班人必须具备的思想前提，道德修养是立身成人之本，法治观念是行为的指引，健全人格是身心健康的体现，责任意识是对担当民族复兴大任的时代新人的内在要求。

课程标准首先从核心素养的五大方面论述了义务教育阶段《道德与法治》课程的总目标是培养学生的政治认同、道德修养、法治观念、健全人格和责任意识。通过对这五大方面的核心素养的培养，义务教育阶段思政课能够引导学生树立正确的世界观、人生观和价值观，促进他们健康成长。在开展思政课的过程中，教师应该注重方式方法的选择，用易懂、具体的语言和生动的案例激发学生的兴趣，并且注重培养学生的实践能力和创新精神。只有这样，才能真正实现思政课的整体育人目标。

1. 培养学生正确的道德观

道德作为一种价值观念和行为准则，是人们共同遵守的规范。落实公民道德建设，培养学生正确的道德观念是义务教育《道德与法治》课程标准的首要任务之一。孔子曾说："君子喻于义，小人喻于利。"（《论语·卫灵公》）这句经典语录深刻地指出了道德观念对人们行为选择的重要影响。因此，教材中明确提出了培养学生自觉遵守社会公德、职业道德、家庭美德等方面的目标。这有助于学生树立正确的道德观，形成积极向上的人生态度。

2. 提升学生法治意识

法治是人类社会发展的重要标志，也是维护社会稳定和公平正义的基石。教育部门深知培养学生的法治意识对于社会建设的重要性，因此，《道德与法治》课程标准中明确规定了提升学生法治意识的教学目标。《中庸》有云："道之以政，齐之以刑，民免而无耻。"（《中庸》）这句经典名言表达了法治对于社会秩序的重要性。通过教育引导，学生能够了解国家法律、法规和社会规范，并自觉遵守，形成良好的行为习惯。同时，还能够学会如何维护自己的权益，增强法律意识和法治素养。

3. 培养学生责任感和奉献精神

责任感和奉献精神是当代青少年必备的品质之一。《道德与法治》课程标准中特别强调了培养学生责任感和奉献精神的重要性。曾国藩在《曾氏家训·劝学篇》中写道："有志者，事竟成；破釜沉舟，百二秦关终属楚。"这句名言告诉我们，只有具备强烈的责任感和奉献精神，才能够取得成功。通过教育引导，学生能够明确自己的责任，学会为集体、为社会做出贡献，并在实践中不断提升自己的能力。

**4. 弘扬中华优秀传统文化和民族精神**

作为一个拥有悠久历史和丰富文化底蕴的国家，中华优秀传统文化和民族精神是中华民族凝聚力和创造力的源泉。义务教育《道德与法治》课程标准也对弘扬传统文化和民族精神提出了具体要求。唐朝文学家韩愈曾说："经国家，无小事。"这句名言告诉我们，每个人都应该为国家的繁荣和社会的进步贡献自己的力量。通过教育引导，学生能够了解和传承优秀的传统文化和民族精神，增强文化自信，为中华民族伟大复兴贡献力量。

综上所述，义务教育《道德与法治》课程标准中规定，其课程教学目标旨在培养学生形成正确的价值观和道德观，引导他们树立正确的世界观、人生观和价值追求，培养他们遵纪守法、具备合法权益意识，以及具备正确的心理素质和健康的人际交往能力。通过在教学中达成课标目标，可以帮助青少年树立正确的人生观和价值观，增强社会责任感，培养良好的行为习惯和社会交往能力，为他们未来成为社会有用之才奠定坚实基础。因此，在教育实践中应该以《道德与法治》课程教学目标为统领，切实提高学生综合素质和社会责任感。

**（二）小学与初中学段思政课的教学目标衔接分析**

近年来，我国基础教育改革取得了巨大的成绩，培养学生健康成长的全面素质教育逐渐成为学界的研究热点。在这一背景下，《道德与法治》课程作为学校德育教育的重要组成部分，旨在培养学生正确的价值观和法治意识，为其未来的发展奠定坚实基础。然而，小学和初中阶段是学生人生发展的关键时期，两个阶段的教学目标衔接紧密，对于学生的道德和法治素养的培养至关重要。

首先，在小学阶段，《道德与法治》课程主要侧重于培养学生正确的行为习惯和价值观念。小学生正处于身心发展的初期阶段，他们对周围事物有着强烈的好奇心和模仿力，因此，在道德与法治课程中，需要注重培养学生正确的行为习惯和社会交往技巧。例如，在小学一年级的"尊重他人"这一教学内容中，可以通过讲述小动物之间的友好相处和互助合作的故事，引导学生养成互相尊重、帮助他人的良好品质。在小学三年级的《珍惜公共设施》中，可以通过实地参观公园、图书馆等公共场所，培养学生爱护公物、遵守秩序的意识。

随着学生逐渐进入初中阶段，他们开始逐渐形成自己独立的意识和思维方式。《道德与法治》课程在初中阶段应该以培养学生正确的价值观和法治意识为主要目标。例如，在初一阶段，《道德与法治》课程可以通过讲述违法犯罪案例来引导学生认识到违法犯罪对个人和社会的危害，并培养他们遵纪守法的意识。在初二阶段，《道德与法治》课程可以通过分析社会现象和新闻事件，引导学生关注社会问题，了解国家法律法规，并通过讨论和辩论的方式培养学生的批判思维和法治意识。

小学与初中阶段《道德与法治》课程教学目标的衔接，需要注意两个阶段的教学目标的连贯性。小学阶段主要以培养学生良好的行为习惯为主，而初中阶段则更加注重培养学生正确的价值观和法治意识。因此，在两个阶段的教学中，可以逐步引导学生从关注自身到关注社会、从个人行为规范到法律法规的认识上。

此外，在教学设计上也应该注意两个阶段之间的衔接。小学和初中阶段的教材编写者应该密切合作，确保小学阶段所教授的基本道德知识和行为规范能够顺利地过渡到初中阶段，为后续教学打下基础。

总之，《道德与法治》课程是培养学生正确价值观和法治意识的重要途径之一。小学和初中阶段作为学生人生发展的关键时期，道德与法治课程教学目标的衔接紧密与否，直接影响到学生的道德和法治素养的培养。因此，教育部门和学校应该加强对小学和初中阶段《道德与法治》课程教学目标的研究，制订科学合理的教学计划和教材体系，以确保小学和初中阶段《道德与法治》课程的有效衔接，为学生健康成长提供坚实支持。

### （三）初中与高中学段思政课的教学目标衔接分析

道德与法治课程是一门富有深刻内涵的课程，它旨在培养学生形成正确的价值观和法治观念，形成良好的道德修养和法律意识。而高中的思想政治课程则进一步拓展了学生的思维，培养他们的政治意识和思辨能力。本节将探讨初中《道德与法治》课程与高中《思想政治》课程之间的教学目标衔接，并分析其重要性及实施方法。

初中《道德与法治》课程与高中《思想政治》课程教学目标的衔接对于

学生的成长和发展具有重要意义。具体来说，它的重要性主要表现在以下几方面：一是培养学生形成正确的价值观和政治观念。通过初中和高中阶段的教育，学生不仅能够形成正确的道德观念，还能够进一步培养正确的政治观念，这对于他们健康成长、塑造正确人生观具有重要意义。二是培养学生批判思维能力和独立思考能力。通过初中和高中阶段的教育，学生不仅能够培养批判思维能力，还能够形成独立思考的能力，这对于他们在面对各种问题时能够客观理性地分析、独立思考具有重要意义。三是培养学生积极参与社会事务的意识和能力。通过初中和高中阶段的教育，学生不仅能够培养良好的品德修养，还能够形成积极参与社会事务的意识和能力，这对于他们成为有责任感、有担当精神的公民具有重要意义。

1. 初中《道德与法治》课程的教学目标

初中《道德与法治》课程旨在培养学生形成正确的价值观和法治观念。具体来说，它包括以下几方面的教学目标：

第一，培养正确的道德观念。通过学习道德理论和案例，引导学生形成正确的道德观念，培养他们尊重他人、遵守公共秩序、勇于担当等优良品质。第二，培养正确的法治观念。通过学习法律知识和相关案例，使学生认识到法律的重要性和作用，培养他们依法行事、维护法律权益的意识。第三，培养良好的品德修养。通过学习道德典范和道德故事，引导学生形成良好的品德修养，培养他们勇于正义、诚实守信等美德。

2. 高中《思想政治》课程的教学目标

高中《思想政治》课程旨在培养学生的政治意识和思辨能力。具体来说，它包括以下几方面的教学目标：

第一，培养正确的政治观念。通过学习政治理论和历史事件，引导学生形成正确的政治观念，培养他们热爱国家、关心社会、尊重人权等政治素养。第二，培养批判思维能力。通过分析政治问题和相关文献，培养学生批判思维能力，使他们能够客观理性地分析问题，形成独立思考的能力。第三，培养参与公共事务的意识。通过学习公民权利和义务，引导学生认识到自己的公民身份，培养他们积极参与公共事务的意识和能力。

3. 初中与高中教学目标的衔接分析

初中《道德与法治》课程的教学目标与高中《思想政治》课程的教学目标之间存在紧密的衔接关系。具体来说，它们之间的衔接主要体现在以下几方面：

价值观与政治观念的衔接。初中《道德与法治》课程培养了学生正确的价值观，而高中《思想政治》课程进一步拓展了学生的政治观念。初中阶段，学生通过学习道德理论和案例，形成了尊重他人、遵守公共秩序等良好品质；而在高中阶段，则通过学习政治理论和历史事件，进一步培养了他们关心社会、尊重人权等政治素养。这种衔接使得学生能够将道德观念与政治观念有机结合起来，形成统一的世界观。

法治观念与思辨能力的衔接。初中《道德与法治》课程培养了学生正确的法治观念，而高中《思想政治》课程进一步培养了学生的思辨能力。例如，在初中阶段，学生通过学习法律知识和案例，认识到法律的重要性和作用；而在高中阶段，则通过分析政治问题和相关文献，培养了他们批判思维能力。这种衔接使得学生既懂得依法行事、维护法律权益，又能够客观理性地分析政治问题，形成独立思考的能力。

品德修养与参与公共事务的衔接。初中《道德与法治》课程培养了学生良好的品德修养，而高中《思想政治》课程进一步培养了学生参与公共事务的意识。例如，在初中阶段，学生通过学习道德典范和道德故事，形成了勇于正义、诚实守信等美德；而在高中阶段，则通过学习公民权利和义务，认识到自己的公民身份，并培养了积极参与公共事务的意识和能力。这种衔接使得学生既具备了良好的品德修养，又能够积极参与社会事务，为社会发展做出贡献。

初中《道德与法治》课程与高中《思想政治》课程之间的教学目标衔接对于学生的成长和发展具有重要意义。通过培养正确的价值观和政治观念，培养批判思维能力和独立思考能力，培养积极参与社会事务的意识和能力，学生能够成为具有良好品德修养、积极参与社会事务的公民。为了实现这一目标，需要做好教材内容的衔接、教学方法的衔接以及实践活动的衔接等方面的工作。

## 二、教学内容衔接分析

教学内容是思政课教学的重要组成部分，是实现教学目标的有力支撑。因此，对义务教育学段思政课及其相邻学段的教学内容进行衔接分析有其必要性。在本节主要从义务教育学段中的小学思政课和初中思政课的视角出发，分别分析它们与相邻学段的教学内容的衔接，着力从道德修养、生命安全与健康教育、法治教育、中华优秀传统文化教育与革命传统教育、国情教育等主题对思政课的教学内容进行衔接分析。

### （一）小学思政课与相邻学段的衔接分析

相邻学段的思政课教学内容递进式构建能够助力大中小学思政课一体化建设的落地。思维的养成是不断获取知识的过程，也是学习者认知发展变化的过程。皮亚杰提出的认知发展理论很好地解释了学生认知的形成与发展过程，成为此后认知发展相关研究的理论支撑及发展基础。小学思政课中蕴含的五大主题学习目标作为一种高阶思维能力，其发展与培养也需要循序渐进的过程与丰富多样的形式。中小幼三个紧密相邻的思政课设置在学生成长规

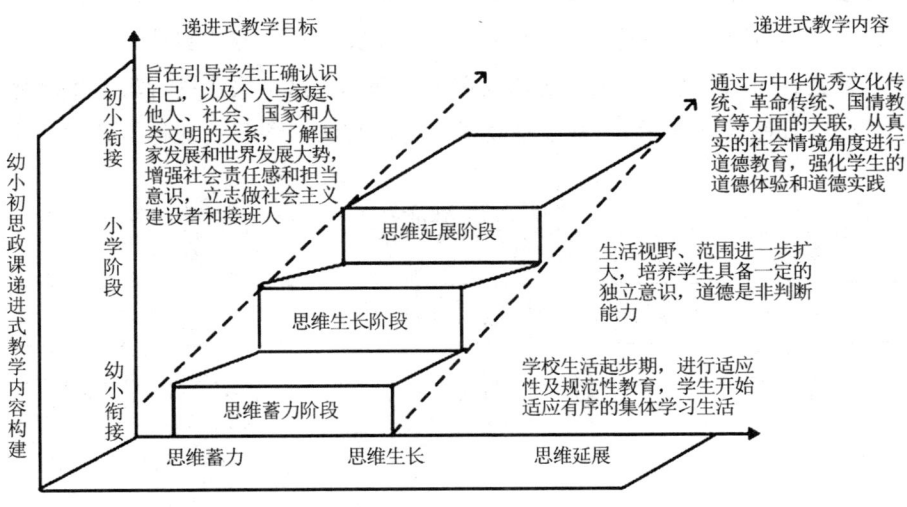

图 5-1　幼小初思政课递进式教学体系构建

律、教材内容编排、教学方法运用等方面，都有着的明显差异。在此，需遵循认知发展阶段理论构建小学思政课的教学内容递进式蓝图，但并非要精确认知发展阶段论中对学生的年龄及划分，而是以小学思政课为锚点，结合小学前后学段所表现出的思维发展特点和发展连贯性进行思政课五大核心素养的培养过程。通过借助认知发展阶段的思维逻辑来发挥小学思政课重要作用，小学思政课内容递进式构建为大中小学思政课一体化建设提供发展依据与理论支持。

小学思政课课程以发展学生的核心素养为导向，以道德与法治教育为框架，有机融入国家安全教育、生命安全与健康教育、劳动教育，以及信息素养教育、金融素养教育等相关主题，强化中华民族传统美德、革命传统和法治教育。

梳理归纳义务教育道德与法治课程标准可以得出课程培养的五大核心素养具体结构，并通过分析得出小学思政课课程标准主线及教学建议。因此，本研究从认知发展及教学主题两个层面来理解并提炼小学思政课思维的内核本质及递进式内容构建，站在认知发展视角理解与描述小学思政课五大核心素养思维的培养过程，并将其细化到认知发展规律的具体过程之中（如图5-2所示）；同时基于"我"这一主体原点，生成"我"与"自然、他人、家庭、社会、国家和人类文明"五大类关系，并基于这个关系进行教学主题分类划归（如图5-3所示）；基于思政课（道德与法治课程）课标，整理出核

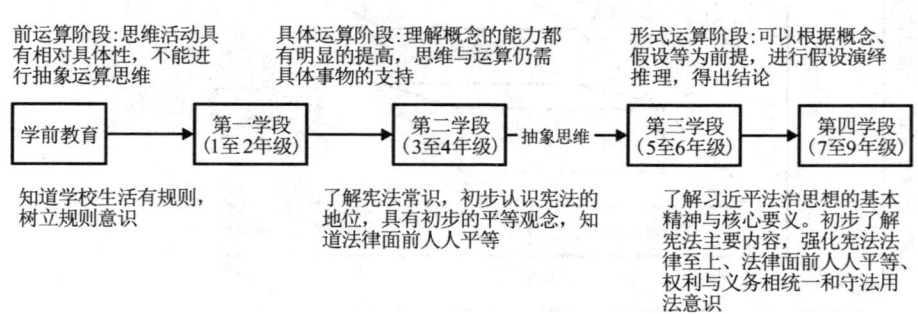

图 5-2　以法治思维为例：认知发展阶段

心素养与技能培养两层结构框架中具体内容组成（如表 5-1 所示），以期深刻理解思政课教学目标的核心素养本质，进而开展分学段按主题对内容进行科学设计，建构学段衔接、循序渐进、螺旋上升的课程体系。

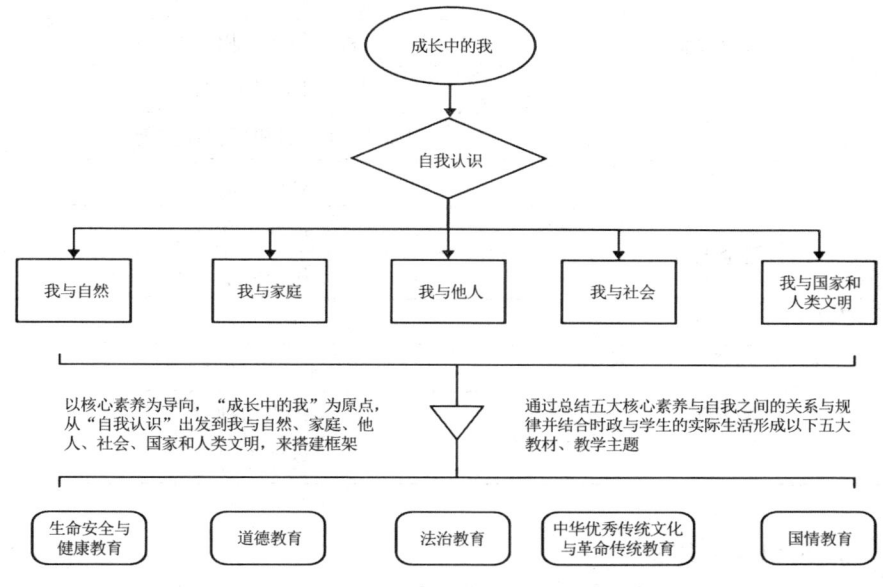

图 5-3 小学思政课教学主题分类

表 5-1 小学思政课核心素养的结构框架

| 核心素养 | 组成 |
| --- | --- |
| 政治认同 | 政治方向 |
| | 价值取向 |
| | 家国情怀 |
| 道德修养 | 个人品德 |
| | 家庭美德 |
| | 社会公德 |
| | 职业道德 |

续表

| 核心素养 | 组成 |
| --- | --- |
| 法治观念 | 宪法法律至上 |
| | 法律面前人人平等 |
| | 权利与义务相统一 |
| | 守法用法意识和行为 |
| | 生命安全意识和自我保护能力 |
| 健全人格 | 自尊自信 |
| | 理性平和 |
| | 积极向上 |
| | 友爱互助 |
| 责任意识 | 主人翁意识 |
| | 担当精神 |
| | 有序参与 |

1. 道德修养主题

（1）幼小衔接重点——道德修养观念蓄力

入学教育使学生对自我、生活的自然环境、家庭、学校有初步的感知，开始有积极向上的意识以及对责任有初步的情感启蒙，符合幼小衔接时学生思维处于具象思维阶段的特点。教育是培养人的全面发展的重要途径，而入学教育则是孩子们进入学校的第一课。在这个过程中，通过具象化的教育方法可以帮助学生更好地感知自我和他人，同时也能初步启蒙他们对责任的情感。

第一，具象化的入学教育有助于学生感知自我。在幼小衔接时，孩子们刚刚踏入学校，对于自己的定位和认知还不够清晰。因此，通过具象化的教育可以帮助他们更好地认识自己。首先，通过开展一系列的游戏和活动，可以让孩子们发现自己的与众不同之处。比如，在班级中进行小组合作时，每个小组都有一个特殊的任务，并且每个小组成员都扮演着不同的角色。通过这种方式，孩子们可以发现自己在团队中所扮演的角色，并且了解每个角色在整个团队中的重要性。这样一来，他们就能更好地认识到自己的特长和优势，从而有助于形成一个积极向上的自我形象。其次，通过具象化的教育，可以让孩子们了解到自己的兴趣爱好，并且鼓励他们发展这些爱好。例如，在音乐课上，老师可以让孩子们自由选择自己喜欢的乐器，并且给予他们一定的时间进行练习和表演。这样一来，孩子们就能够更加深入地了解自己的兴趣所在，并且在此基础上培养出更多的自信心和积极性。

第二，具象化的入学教育有助于学生感知他人。除了感知自我之外，具象化的入学教育也能帮助学生感知他人。在小学幼小衔接时，培养学生对他人的关注和理解是非常重要的。首先，在班级中设立一些互助小组，让孩子们在小组中相互协作、相互帮助。每个小组都有一个负责人，负责协调小组内部的事务。通过这种方式，孩子们能够学会关心和帮助他人，培养出一种团队合作的精神，同时也能感受到他人的关心和帮助。其次，通过具象化的入学教育，可以让孩子们更加关注他人的情感和需求。比如，在班级中组织一些集体活动，让孩子们互相交流和分享自己的感受。这样一来，孩子们就能够更好地理解他人的情感和需求，从而培养出一种同理心和善于沟通的能力。

第三，幼小衔接时期学生开始对责任有初步的情感启蒙。通过具象化的入学教育，可以在小学幼小衔接时启蒙学生对责任的情感。首先，通过让孩子们承担一些班级内部的责任，如班级值日生、班长等职务，可以让他们初步体验到责任的重要性。在这个过程中，老师可以给予他们一定的指导和支持，并且及时给予表扬和鼓励。这样一来，孩子们就能够逐渐意识到自己所承担的责任，并且乐于承担起这些责任。其次，在课堂上进行一些有针对性的讨论，让孩子们意识到自己的行为会对他人产生影响。比如，通过讨论一些日常生活中的场景，让孩子们思考自己的行为合不合适，并且了解到自己的行为会对他人的情感和需求产生影响。这样一来，孩子们就能够初步认识到责任的重要性，并且开始培养出一种关注他人和尊重他人的态度。

通过具象化的入学教育对学生自我与他人进行具体感知，小学学段在开展幼小衔接时可使学生对责任有初步的情感启蒙。在这个过程中，学生能够更好地认识自己，感知他人，并且初步体验责任的重要性。因此，在小学幼小衔接时的教育中,我们应该注重具象化教育方法的运用,从而帮助学生全面发展。

(2)小学阶段——道德修养行为习惯生长

当今社会,随着科技的进步和经济的发展,年青一代承担着更多的责任和期望。因此,如何培养他们具备正确的价值观、积极的人生态度以及对社会发展规律的初步认知就成了一项重要而艰巨的任务。而在小学阶段,教师通过让学生结合自我经验开展思政课教学活动,可以激发学生对社会发展规律的兴趣,启蒙他们作为主人翁的意识。

第一,激发对社会问题的探索。在小学阶段,教师可以引导学生通过观察身边的事物和现象,从个人经验出发,对社会问题进行探索。例如,在开展有关环保主题的思政课教学活动时,可以组织学生参观周边环境、收集废弃物等,并通过小组讨论和班级汇报等方式,让学生们分享自己的感受和观点。这样一来,学生们不仅能够加深对环境问题的认识,还能通过互动交流不断拓展自己的思维和视野。

第二,启发学生对社会发展规律的思考。在小学阶段,教师可以借助一些简单易懂的例子,引导学生思考社会发展背后的规律。例如,在进行有关经济发展的思政课教学活动时,可以通过讲述一些成功企业家的创业故事,让学生们了解到勤奋、创新和合作等因素对于经济发展的重要性。同时,教师还可以组织学生开展小组研究,探索当前社会中出现的一些新兴产业并分析其原因和影响。通过这样的活动,不仅可以增强学生们对社会规律的认知,还能培养他们对未来发展趋势的洞察力。

第三,培养主人翁意识。在小学阶段,教师应该通过种种方式引导学生从自身出发,思考如何为社会做出贡献,并培养他们作为主人翁的意识。例如,在探讨公平与正义话题时,可以引导学生思考如何在日常生活中传递正能量、关心他人,并通过开展一些公益活动,让学生们亲身体验到帮助他人的快乐和成就感。此外,在讲解国家发展与安全问题时,教师可以通过对国旗、国歌的深入解析,培养学生的爱国情怀。通过这样的方式,不仅可以激发学生们为社会做贡献的热情,还能启迪他们作为主人翁的意识。

小学阶段是学生世界观、人生观、价值观形成的关键时期。通过让小学生结合自我经验开展思政课教学活动，可以激发他们对社会发展规律的兴趣，并启蒙他们作为主人翁的意识。因此，我们应该重视思政课教育，在教学中注重培养学生的思考能力和创新精神，让他们在成长过程中逐渐认识到自己的责任和使命，为实现个人价值与社会进步共同奋斗。只有这样，我们才能培养出具备正确价值观和积极人生态度的年青一代，助力社会的持续发展。

2. 生命安全与健康教育主题

（1）幼小衔接重点——为健康安全意识树立的蓄力

孔子曰："敏而好学，不耻下问。"这反映了教育应该顺应学生的认知特点，引导他们主动探索、积极学习的原则。在幼小衔接时的学生中，具象思维特点十分明显。他们对抽象概念的理解能力较弱，更善于通过感官直观地感知事物。① 因此，如果能够利用具象化的教育方法，将抽象概念转化为他们能够直接感知和理解的形象，就能够更好地促进他们对生命与自然的认知和情感启蒙。

首先，通过引导学生观察和探索自然界中丰富多样的生命形式，可以让他们亲身体验到生命的奇妙和宝贵。例如，在课堂上组织观察昆虫活动，让孩子们近距离观察和了解昆虫的特点、生活习性，甚至可以让他们亲自触摸和抚摸。通过这种方式，孩子们可以深入感受到昆虫的神奇之处，从而对生命产生敬畏和珍惜之情。同时，老师还可以通过引导学生观察和比较植物的不同部分、动物的不同特征等，让他们逐渐认识到生命的多样性和宝贵性。其次，通过具象化的教育方法，可以帮助学生理解和关注生命中的一些重要概念。例如，在教授有关环保知识的时候，可以通过引导学生参与实际操作，亲自体验环境污染对生命的危害。可以组织学生进行垃圾分类、植树造林等实际行动，② 让他们亲身感受到环保行为的意义和价值。在教授有关人类身体健康的知识时，可以通过制作模型或展示实物等方式将抽象概念具象化，让学生直观地理解人体器官的功能和保健方法等。此外，在教育过程

---

① 田苗. 发展与培养小学生的观察力[J]. 科技信息，2012（5）：421.
② 赵丹妮，尹永彩. 具身认知视域下小学生生命教育体验式学习探析[J]. 教学与管理，2023（12）：16-20.

中，还应该注重培养学生对自然界的情感和态度。例如，在课堂上可以讲述一些关于动物的感人故事，让学生通过这些故事了解到动物也有情感、也能够表达爱和关怀。同时，可以组织学生参观动物园、植物园等场所，让他们亲眼见证生命的奇妙和多样性。通过这些活动，可以激发学生的同理心和责任感，培养他们对自然界的热爱和保护意识。

总之，通过符合幼小衔接时学生的具象思维特点的生命安全与健康教育，可以使学生对生命与自然有具象化认知，启蒙出生命宝贵的情感。这种教育方法不仅能够帮助学生更好地理解抽象概念，还能够激发他们对生命和自然的兴趣和热爱。孔子所说的"敏而好学，不耻下问"正是引导我们在教育中注重符合学生认知特点的原则，将抽象概念具象化的重要指导思想。只有通过这样的教育方法，我们才能够培养出对生命和自然充满敬畏和珍惜之情的新一代。

（2）小学阶段——良好的生命安全健康观念的生长

生命是人类最宝贵的财富，它承载着无尽的可能和价值。然而，在现实生活中，我们常常看到许多人对生命的轻视和忽视，导致了无数悲剧的发生。因此，我们有必要从小培养孩子们珍惜和爱护生命的情感。思政课作为培养学生道德修养和社会责任感的重要课程，应该引导小学生结合自身经验，在交通安全和玩耍安全等方面具象地感知相关知识，从而深化他们对珍惜生命、爱护生命的认识。

第一，交通安全的重要性。交通安全是与每个人息息相关的重要问题。据统计，每年因交通事故造成的伤亡人数惊人。然而，在日常生活中，我们常常看到不少人在马路上闯红灯、违规超速等危险行为，这些行为严重威胁到自己和他人的生命安全。因此，我们有必要引导小学生从自身经验出发，具象地感知交通安全知识，进一步认识到珍惜生命的重要性。

第二，小学生的交通安全体验。在校园内开展交通安全教育活动，可以让小学生通过亲身体验的方式更好地认识到交通安全问题。比如，组织他们在校园内进行模拟过马路的活动，并观察交通信号灯的变化情况。通过这样的活动，孩子们能够感受到在遵守交通规则的情况下，行人和车辆之间能够和谐共处，减少事故发生的可能性。同时，在活动中也可以加入一些案例分析，让孩子们思考并讨论在不同情境下如何正确应对交通安全问题。

第三，玩耍安全与珍惜生命。玩耍是孩子们成长过程中非常重要的一部分，但是玩耍时的安全问题也是需要引起重视的。小学生在玩耍过程中常常会遇到各种危险情况，如攀爬高空、水上游泳等。因此，在思政课中让孩子们结合自身经验具象地感知玩耍安全知识，增强他们对生命的珍视和对自我安全的保护意识是非常必要的。

第四，玩耍安全体验活动的开展。为了让小学生更加深入地了解玩耍安全知识，可以组织开展一系列具体的体验活动。比如，在户外进行攀爬绳网、游泳等活动时，引导学生正确使用安全设施，并告诉他们发生危险时应该如何及时求助。此外，在校园内还可以设置"安全小岛"，让孩子们在这个区域内学习和模拟如何正确地过马路、玩耍等。通过这些活动，不仅能够提高孩子们的自我保护意识和技能，还能够增强他们对生命的敬畏之情。①

通过在思政课中引导小学生结合自身经验在交通安全和玩耍安全等方面具象地感知相关知识，我们能够更好地培养孩子们珍惜和爱护生命的情感。只有从小就树立起珍惜生命、爱护生命的意识，才能有效预防事故的发生，保障每个人的安全。因此，我们要认识到思政课在培养学生社会责任感和道德修养方面的重要作用，并加强对小学生的思政教育，让他们成为具有责任感和爱心的未来公民。

3. 法治教育

（1）幼小衔接重点——规则意识为生成法治观念蓄力

法律是社会管理的基石，它保障了人民权益，维护了社会秩序。在幼小衔接时，通过思政课的入学教育，学生开始接触到具象化的集体规则和班级班规，从而初步认识到法律的重要性。本节将探讨幼小衔接时学生通过思政课的入学教育如何帮助他们产生对法律的初步认识。

第一，思政课的入学教育：培养良好行为习惯。在幼小衔接时，思政课的入学教育起到了培养良好行为习惯的作用。《论语·为政》有云："君子不器。"这告诉我们，在做人方面，不仅要有知识才能，还需要具备高尚的道

---

① 于冬梅，马婕，黄劲．素养导向下小学生课堂参与度的影响因素及提升策略［J］．教育导刊，2023（9）：47-59．

德品质。通过入学教育，幼小衔接时学生开始明白什么是"礼"，什么是"义"，并且在实际生活中逐渐形成自己的行为规范。在班级中，学生们学会了尊重他人、关心他人，形成了良好的集体规则。比如，在《论语》中，孔子说："君子和而不同，小人同而不和。"这告诉我们，作为一个团队的一员，要学会与他人和谐相处，保持自身独立思考的能力。当学生们逐渐形成了这种良好的行为习惯后，他们开始意识到不能违背集体规则，因为这会影响到整个团队的正常运作。

第二，班级班规：引导学生正确行为。班级班规是幼小衔接时学生初步认识法律的重要环节。通过制定班级班规，学生们开始了解什么是"纪律"，什么是"法律"。《论语·子罕》中有句名言："三军可夺帅也，匹夫不可夺志也。"每个人都应该有自己的志向和目标，并且要努力去实现它们。在班级中，学生们要遵守班级纪律和规定，如按时上课、听从老师指挥等。这些班级班规对于培养学生的自律能力和遵纪守法的意识起到了重要作用。当学生们违反班级规定时，老师会进行必要的批评教育，让学生们认识到自己的错误，并且知道这种行为是不被社会所接受的。通过这样的教育方式，学生们逐渐形成了对法律的初步认识。

第三，具象化的集体规则：赋予学生参与感。在幼小衔接时，通过具象化的集体规则，学生们开始明白什么是"公正"，什么是"平等"。《论语·里仁》中有句名言："君子喻于义，小人喻于利。"在面对选择时，应该从正义和公平的角度出发，而不是只考虑个人利益。在班级中，学生们参与制定集体规则，并且共同遵守。比如，在班级中设立了"班长"的角色，班长负责管理班级秩序和组织活动。通过这样的方式，学生们不仅是被动地遵守规则，还可以参与其中，并且感受到自己的重要性。[①] 这种参与感让学生们更加认真地对待集体规则，也进一步加深了他们对法律的认识。

通过思政课的入学教育，幼小衔接时学生逐渐形成了良好的行为习惯，并且通过班级班规和具象化的集体规则，初步认识到了法律的重要性。在今后的学习和成长过程中，他们将进一步加深对法律的认识，并且在实际生活

---

[①] 王诗琪. 小学生规则行为的培养研究［D］. 呼和浩特：内蒙古师范大学，2023.

中积极遵守法律，为社会的和谐发展做出自己的贡献。

(2) 小学阶段——立足生活实际实现法治观念生长

在人类社会的发展进程中，规则是不可或缺的一部分。从古至今，无论是古代的法律制度还是现代社会的规章制度，都是为了维护社会秩序、保障公平正义而存在的。作为小学阶段的学生，通过思政课的学习，我们初步理解了遵守规则、公平竞争以及规则公平的意义与要求。

首先，遵守规则对于我们来说非常重要。在生活中，我们需要遵守各种各样的规则。比如，上学时要按时到校、听从老师的指导；在课堂上要安静听讲、不打闹；在校园内要保持整洁、爱护环境；等等。这些规则既是学校制定出来的，也是为了帮助我们更好地成长和发展。如果我们违反了这些规则，不仅会给自己带来麻烦，还会影响到他人。因此，遵守规则就像一面镜子，可以反映出一个人是否有良好的品质和行为习惯。

其次，公平竞争是我们要始终坚持的原则。在学校里，我们经常会参加各种竞赛和比赛，如体育比赛、课堂竞赛等。这些活动既可以锻炼我们的身体，又可以培养我们的竞争意识和团队合作精神。① 然而，在竞争过程中，我们必须要遵守公平竞争的原则。公平竞争意味着每个人有平等的机会去展示自己的才能，没有任何不公正的对待。如果有人通过作弊或其他不正当手段来获取胜利，那么这样的胜利就是没有意义的。因此，我们要坚持公平竞争，努力提高自己的能力，相信真正的实力才是取得成功的关键。

最后，规则公平是社会发展的基石。社会上的各种规则和制度都是为了保障社会秩序和公平正义而存在的。如果一个社会没有规则或规则不公平，那么这个社会就会陷入混乱和无序之中。正如孟子所说："天下莫大于德，德者，道也，道者，法也。"只有在公平公正的法律制度下，人们才能够充分发挥自己的潜力，实现自己的价值。因此，作为小学阶段的学生，要从小树立起遵守规则、追求公平竞争和维护规则公平的意识，并将其内化为我们的行为准则。

在思政课的学习中，我们通过阅读经典文献和故事，更加深入地理解了

---

① 刘文，李永强，张中敏，等. 提议者的班级角色对中高年级小学生公平偏好的影响：来自 ERP 的证据 [J]. 中国临床心理学杂志，2023，31 (2)：261-266，273.

遵守规则、公平竞争和规则公平的意义与要求。孔子有云："君子疾没世而名不称焉"，这告诉我们一个人如果不遵守规则、不尊重道德，就无法得到他人的认可和尊重。《孟子》中也提到："人皆可使有所为也，莫非仁义而已矣。"这是告诉我们一个人必须具备仁爱之心和正义感，才能够做出正确的选择和判断。

综上所述，小学阶段的学生通过思政课的学习，初步理解了遵守规则、公平竞争以及规则公平的意义与要求。我们要从小树立起遵守规则、追求公平竞争和维护规则公平的意识，并将其内化为我们的行为准则。只有这样，我们才能够成为有道德、有素养、有责任感的公民，为社会的发展做出自己的贡献。因为，只有遵守规则、追求公平竞争和维护规则公平，我们才能够建立一个更加美好、和谐的社会。

4. 中华优秀传统文化教育与革命传统教育

（1）幼小衔接重点——了解具体习俗为感知中华文化蓄力

中国是一个拥有悠久历史文化的国家，这里有着丰富多彩的传统节日和习俗。幼小衔接时的学生，正处于知识和认知能力的发展阶段，他们在家庭和学校中，通过学习和参与传统节日习俗和游戏，逐渐对中华民族的文化有了初步的了解，并与之产生了情感联结。

首先，幼小衔接时的学生通过家庭教育开始接触传统节日习俗。在我国的农村地区或者传统家庭中，大人们会将一些重要节日作为教育孩子的契机。[1] 比如，在春节前夕，父母会带领孩子一起贴春联、挂灯笼、包饺子等。这些活动不仅让孩子们了解到春节这个重要节日，还可以通过亲身参与感受到传统文化的魅力。在端午节时，孩子们会跟随父母一起包粽子、赛龙舟，这不仅是一种娱乐活动，更是对历史传统的了解和传承。通过家庭教育，孩子们开始对传统节日习俗有了基本的了解，并对之产生了兴趣和情感联结。

其次，幼小衔接时的学生通过学校教育进一步认识传统节日习俗。学校作为孩子们的第二个家庭，承担着培养综合素质和传授知识的重要任务。在学校里，老师会组织一些活动来让孩子们更深入地了解传统节日习俗。比

---

[1] 李振松. 新时代传承中华优秀传统家训文化的价值意蕴及路径 [J]. 齐齐哈尔师范高等专科学校学报, 2023 (3): 48-50.

如，在中秋节时，老师会给孩子们讲述关于中秋节的故事，并组织他们一起制作月饼、赏月等。这些活动不仅培养了孩子们的动手能力和团队合作精神，更让他们对中秋节这个传统节日有了更深入的了解和情感联结。在清明节时，老师会带领孩子们到附近的公园扫墓，并讲解清明节的由来和意义。通过学校教育，孩子们对传统节日习俗有了更全面的认识，并对之产生了更深的情感联结。

此外，幼小衔接时的学生通过传统游戏对中华民族产生了初步的情感联结。传统游戏是中华民族文化的重要组成部分，也是孩子们快乐成长的重要方式。在放学后的空闲时间里，孩子们会聚在一起玩一些传统游戏，如踢毽子、跳绳、抓风筝等。这些游戏不仅锻炼了孩子们的身体素质，更让他们体验到了传统文化的乐趣和魅力。同时，通过与其他孩子们互动和竞技，他们也有了合作意识和团队精神。这些传统游戏让孩子们对中华民族文化有了亲身体验，并产生了初步的情感联结。

综上所述，幼小衔接时的学生通过家庭教育和学校教育，结合传统节日习俗和游戏的参与与体验，逐渐对中华民族的文化有了基本的认知和了解，并与之产生了初步的情感联结。这种联结不仅是对传统文化的尊重和传承，更是对中华民族优秀传统的热爱。在这个过程中，孩子们不仅获得了知识和技能，更培养了他们的品德和价值观。相信随着他们的成长，他们将继续深入地了解和热爱传统文化，为中华民族的发展和繁荣贡献自己的力量。

（2）小学阶段——通过场景关联实现中华文化认知生长

在小学阶段的教育中，我们应该给予学生更多关于节假日和家乡民间艺术创作的机会，让他们通过这些活动来感知家乡的文化情况，并建立起对家乡的深厚情感。正如美国著名教育家杜威所说："最好的教育是让孩子去触摸真实世界。"① 只有通过亲身经历，孩子们才能真正了解并热爱自己的家乡。

首先，我们可以利用节假日给予学生丰富多样的创作机会。例如，在春节期间，我们可以组织学生进行剪纸、写春联等活动，让他们亲自动手制作

---

① 胡萨. 从知识灌输到意义激活：重构儿童与课程的本源联系：基于发生现象学的视角[J]. 首都师范大学学报（社会科学版），2024（6）：158-166.

一些与春节相关的艺术品。这不仅可以培养他们的动手能力和创造力,还可以让他们了解春节的传统文化,并从中感受到浓厚的家乡氛围。

此外,我们还可以组织学生参与一些与家乡民间艺术有关的活动。民间艺术是家乡文化的重要组成部分,通过参与民间艺术创作,学生们可以更加深入地了解自己的家乡文化。比如,在端午节期间,我们可以邀请一些擅长制作粽子的民间艺人来学校,教导学生们如何包粽子,并讲解粽子的由来和传统意义。这样一来,学生们既能亲身体验制作粽子的过程,又能了解到粽子在家乡文化中的重要地位。

另外,我们还可以鼓励学生通过绘画、写作等方式表达对家乡的情感。绘画和写作是表达情感的有效工具,通过这些方式,学生们可以把自己对家乡的思念和热爱表达出来。例如,在寒假期间,我们可以组织一次主题为"我眼中的家乡"的绘画比赛,让学生们用画笔记录下自己对家乡的印象和感受。同时,我们还可以鼓励学生写一篇关于家乡的故事或者诗歌,并进行分享和朗读。这样一来,不仅可以激发学生们的创作热情,还可以让他们更加深入地了解和感知家乡文化。

除了课堂上的教育活动,学校还可以组织学生进行实地考察,带领他们走进家乡的博物馆、文化遗址等地点。通过亲身参观和触摸这些文化遗产,学生们可以更加直观地了解家乡的历史和文化,并对家乡产生更深厚的情感。[1] 例如,在秋天的时候,我们可以组织一次户外考察活动,带领学生们去参观家乡的古建筑和传统村落。在这个过程中,学生们可以亲身感受到这些古老建筑的魅力,并从中体会到家乡文化的博大精深。

最后,我们还可以通过一些比赛和展览来鼓励学生参与到家乡的民间艺术创作中。例如,在每年的文化节上,我们可以举办一个以家乡文化为主题的艺术展览,让学生们展示自己创作的作品。这样一来,不仅可以激发学生们对创作的热情,还能够让更多人了解和认识家乡的文化。

总之,通过让小学生结合节假日、家乡的民间艺术创作,我们可以帮助他们开始感知家乡文化情况,并建立起对家乡的深厚情感。只有通过亲身经

---

[1] 王世光. 家乡观念的建构:以小学德育教科书为中心的考察 [J]. 课程·教材·教法, 2019, 39 (4): 25-33.

历和创作，孩子们才能真正理解并热爱自己的家乡。正如杜威所说："教育不是灌输知识，而是点燃火焰。"让我们一起点燃孩子们心中对家乡的热爱之火，让他们成为传承家乡文化的使者。

5. 国情教育

（1）幼小衔接重点——实体感知与行为互动为认知国家蓄力

近年来，随着我国教育水平的提高和国民素质的不断增强，对于入学教育内容的要求也越来越高。作为幼小衔接过程中的学生，他们正处于人生的起步阶段，他们对周围世界充满好奇，对事物的认知也更多地停留在具象思维层面上。① 因此，在入学教育中通过对国家象征的具体了解，如国旗和国徽等，可以起到初步启蒙爱国情感的作用。

首先，了解国旗是培养爱国情感的重要途径之一。在我国传统文化中，红色一直被视为吉祥、热情和奋斗的象征。而我们伟大的五星红旗就以鲜艳的红色为底色，上面镶嵌着五颗金黄色的五角星。这五颗星代表着中国共产党领导下的五个革命阶段：工人阶级、农民阶级、城市小资产阶级、民族资产阶级和知识分子。② 这种明确的寓意和象征，可以帮助幼小衔接过程中的孩子更好地理解国旗的重要性和国家的发展历程，激发他们对祖国的热爱之情。

其次，了解国徽也是培养爱国情感的重要途径之一。我国的国徽由天安门、五星、麦穗和红色缎带组成。其中，天安门是中国人民政治权力的象征，五星代表着中国共产党领导下的五个革命阶段，麦穗象征着农业和农民工作，红色缎带则代表着中国共产党领导下的革命斗争。③ 通过对国徽的了解，幼小衔接过程中的学生可以初步了解到国家政权、农业和农民工作等与自己息息相关的内容。这将有助于他们形成对自己祖国的归属感，并启发他们从小学习尊重和珍惜自己周围的一切。

---

① 牛秋霞，裴士瑞. 小学低年级图画书阅读指导策略［J］. 文山学院学报，2016，29（5）：113-116.
② 庞萌. 小学语文课中革命文化教学策略［C］//广东省教师继续教育学会. 广东省教师继续教育学会第六届教学研讨会论文集（一）.［出版者不详］，2023：4.
③ 陈红，张源嫒. 新时代小学教育中的爱国主义教育［J］. 文学教育（下），2020（3）：186.

在入学教育中，让学生通过亲身参与，体验国旗下讲话仪式等活动，也是培养爱国情感的重要方式之一。通过这些活动，学生们可以更直观地感受到国旗和国徽的庄严与神圣，体会到自己作为一个中国人的自豪感和责任感。此外，还可以通过观看相关视频、阅读相关故事等方式，让学生对国旗、国徽等国家象征有更加深入的了解，从而形成深厚的爱国情感。

除了以上的途径外，教师在课堂上也可以引导学生进行一些相关的手工制作或绘画活动。例如，让学生用纸张制作小国旗、小国徽，或者用彩笔画出五星红旗等。这样的活动不仅可以培养学生的创造力和动手能力，还可以增强他们对国旗、国徽等国家象征的认知和理解。同时，这些作品也可以在教室中展示出来，让学生们感受到自己对于祖国的贡献和参与。

综上所述，通过入学教育对国家象征的具体了解，如国旗和国徽等，可以初步启蒙幼小衔接过程中学生的爱国情感。通过了解五星红旗和天安门等国家象征的寓意和象征意义，学生们可以更好地理解国家的发展历程和自己作为一个中国人的责任感。通过亲身参与和手工制作等活动，学生们可以更直观地感受到国旗和国徽的庄严与神圣。这些活动不仅可以培养学生的创造力和动手能力，还可以增强他们对国家象征的认知和理解。因此，在幼小衔接过程中的入学教育中，应该注重对国家象征的教育，以培养学生的爱国情感和民族自豪感。① 只有让孩子们从小就树立正确的爱国观念，并对自己的祖国有深厚的情感，我们才能够培养出一代又一代热爱祖国、为祖国奉献力量的新时代人才。

（2）小学阶段——将我与家乡逐渐拓展为我与国家的情感生长

教育是社会发展的重要支撑，而思政课作为一门特殊的课程，承载着培养学生综合素质和正确价值观的使命。对于小学生而言，思政课不仅是他们认识世界、认识自我、认识社会的窗口，更是培养他们爱家乡情感并逐渐迁移到爱国情感的桥梁。本节将探讨如何通过六年的小学思政课将爱家乡情感逐渐迁移为爱国情感。

第一，培养学生对家乡的热爱。首先，在小学思政课中，教师要注重培

---

① 刘丽丽. 幼儿园教师在教学活动中融入爱国主义教育的研究［J］. 邢台学院学报，2023，38（1）：137-141.

养学生对家乡的热爱之情。教师可以通过讲述家乡的历史文化、地理特点以及名人事迹等方式，让学生对家乡产生浓厚的兴趣和热爱之情。例如，在讲解历史文化时可以用"古代家乡的辉煌"这样的篇目，通过介绍家乡古代的辉煌历史，让学生了解到家乡的独特魅力；也可以安排一次户外实践活动，带领学生亲身感受家乡的山川河流、农田村落等美景，增强他们对家乡的归属感。

第二，培养学生对祖国的认同。在小学思政课中，要着重培养学生对祖国的认同感。首先，可以通过讲授祖国的历史和发展成就，让学生了解祖国的伟大和辉煌。例如，在教授六年级"伟大的中国"这一内容时，我们可以通过图片、视频等多媒体手段展示中国改革开放以来取得的巨大成就，让学生感受到祖国的强大实力和发展潜力。同时，在教学过程中，我们还可以引导学生参与到社会实践中，如组织参观国庆阅兵仪式、博物馆等，让他们亲身感受祖国的繁荣和进步。

第三，引导学生关注社会问题。为了将学生对家乡情感逐渐迁移到爱国情感，我们还需要引导学生关注社会问题。在小学阶段，学生的认知能力和社会意识逐渐增强，通过思政课的引导，他们可以逐渐了解到社会中存在的问题，并积极思考解决问题的办法。教师可以选择一些与学生生活紧密相关的社会问题进行讲授，如环境污染、贫困山区教育等。通过讲述这些问题的背景和原因，引导学生思考如何改善现状，并鼓励他们积极参与公益活动。

第四，开展爱国主题活动。除了课堂教学外，还可以通过开展丰富多彩的爱国主题活动来培养学生的爱国情感。例如，在重大节日（如国庆节、五四青年节等）之际，组织学生参与升旗仪式、诗歌朗诵比赛等活动，增强学生对祖国的热爱之情。同时，还可以邀请退伍军人、先进人物等来校进行报告演讲，向学生传授爱国主义精神和家国情怀。

通过六年的小学思政课将爱家乡情感逐渐迁移为爱国情感是一项复杂又长期的任务。教师要善于利用各种教学手段和资源，引导学生从热爱家乡出发，逐渐认同祖国，关注社会问题，并通过开展爱国主题活动培养他们的爱国情感。只有如此，我们才能真正培养出一代又一代热爱家乡、热爱祖国的优秀人才，为实现中华民族伟大复兴的中国梦贡献力量。

## （二）初中思政课与相邻学段的衔接分析

教学内容是思政课落实立德树人根本任务，实现育人目标的重要载体，也是思政课教师开展课程教学的重要抓手。要实现各个学段层层递进和螺旋上升，真正实现人才的一体化培养，就必须将课程内容摆在重要的位置。作为大中小学思政课一体化建设中关键环节的初中学段，在规划初中思政课建设中也必须研究目前初中思政课的教学内容，分析其与相邻学段的衔接，从而为初中思政课建设打下坚实的基础，真正发挥初中思政课的地位与作用。

本章节主要参考《义务教育道德与法治课程标准（2022年版）》和《普通高中思想政治课程标准（2017年版2020年修订）》，并以《义务教育道德与法治课程标准（2022年版）》中设置的生命安全与健康教育、法治教育、中华优秀传统文化教育、革命传统教育、国情教育五个主题搭建研究框架。

表 5-2　小学、初中、高中 3 个学段的课程内容汇总表①

| 学段<br>教学内容 | 小学学段 | | | 初中学段 | 高中学段 |
| --- | --- | --- | --- | --- | --- |
| | 1~2年级 | 3~4年级 | 5~6年级 | 7~9年级 | 1~3年级 |
| "入学教育"主题 | √ | | | | |
| "道德教育"主题 | √ | √ | √ | | |
| "生命安全与健康教育"主题 | √ | √ | √ | | |
| "法治教育"主题 | √ | √ | √ | | |
| "中华优秀传统文化教育"主题 | | | √ | √ | |
| "革命传统教育"主题 | | | | √ | |

---

① 《普通高中思想政治课程标准（2017年版2020年修订）》将高中思想政治课程分为必修、选择性必修、选修。其中必修课程包括《中国特色社会主义》《经济与社会》《政治与法治》和《哲学与文化》；选择性必修课程包括《当代国际政治与经济》《法律与生活》《逻辑与思维》；选修课程包括《财经与生活》《法官与律师》《历史上的哲学家》。因选择性必修和选修课程为非强制性学习科目，故本章节仅分析必修课程体系的四个模块的内容。

续表

| 学段<br>教学内容 | 小学学段 | | | 初中学段 | 高中学段 |
| --- | --- | --- | --- | --- | --- |
| | 1~2年级 | 3~4年级 | 5~6年级 | 7~9年级 | 1~3年级 |
| "国情教育"主题 | | √ | √ | √ | |
| 必修1——中国特色社会主义 | | | | | √ |
| 必修1——经济与社会 | | | | | √ |
| 必修1——政治与法治 | | | | | √ |
| 必修1——哲学与文化 | | | | | √ |

1. "生命安全与健康教育"主题

初中学段的学生年龄在13~15岁，正处于青春期，身体开始慢慢发育，随着社交圈子的扩大，接收信息的来源越来越广泛，遇到的心理问题越来越多，如果不加以引导，会对学生的身体和心灵产生严重的危害，因此对初中学生开展生命安全与健康教育非常必要。

（1）初中学段"生命安全与健康教育"的主要内容

2016年习近平总书记在北京市八一学校考察时强调："中小学生是青少年的主体，是国家的未来和希望。中小学生要立志成才，必须勤奋学习、提高综合素质，努力做到修身立德、志存高远、勤学上进、追求卓越，强健体魄、健康身心、锤炼意志、砥砺坚韧。"[①] 生命安全与健康事关学生的生命安全，是学生健康发展的重要物质基础，也是核心素养培育的重要前提，更关涉党和国家的伟大事业是不是后继有人。因此将"生命安全与健康教育"贯穿大中小学思政课的不同学段有其必要性。

---

① 习近平. 习近平在北京市八一学校考察时强调 全面贯彻落实党的教育方针 努力把我国基础教育越办越好 [EB/OL]. 新华社，2016-09-09.

聚焦到初中学段，初中思政课"生命安全与健康教育"的教学目标为让学生悦纳身心的发展变化，养成健康的体魄和健康的心理，最终形成正确的人生观和价值观，为其他素养的培育奠定良好的基础。

在《义务教育道德与法治课程标准（2022年版）》中，初中"生命安全与健康教育"的内容主要有五点。一是认识和了解青春期学生的生理和心理变化，包括认识青春期、正确处理两性关系、预防性骚扰等。二是形成自我认同，适应社会角色，增强合作精神。三是学会调控情绪，正确看待挫折和失败，敢于迎接挑战。四是尊重生命，敬畏生命，形成正确的人生观和价值观。五是遵守社交礼仪，遵守社会秩序，注重社会参与。

在义务教育《道德与法治》初中的6本教材[①]中，初中"生命安全与健康教育"的内容主要分布情况如下：

一是内容覆盖到了七年级上册的所有单元中，包含第一单元成长的节拍、第二单元友谊的天空、第三单元师长情谊、第四单元生命的思考。七年级上册共计四个单元十课，生命安全与健康教育占到了总课数的100%。二是在七年级下册第一单元青春时光、第二单元做情绪情感的主人、第三单元在集体中成长中做了详细介绍。七年级下册共计四个单元十课，生命安全与健康教育占到了总课数的80%。三是在八年级上册中有体现，主要在第一单元走近社会生活、第二单元遵守社会生活和第四单元承担社会责任中。七年级下册共计四个单元十课，生命安全与健康教育占到了总课数的50%。

---

① 初中《道德与法治》6本教材均为人民教育出版社出版，总主编为朱小蔓，版次和印次如下。《道德与法治》七年级上册，版次：2016年7月第1版，印次：2020年8月山东第5次印刷；《道德与法治》七年级下册，版次：2016年11月第1版，印次：2022年1月山东第6次印刷；《道德与法治》八年级上册，版次：2017年7月第1版，印次：2020年8月山东第4次印刷；《道德与法治》八年级下册，版次：2018年12月第2版，印次：2022年1月山东第4次印刷；《道德与法治》九年级上册，版次：2021年6月第2版，印次：2021年8月山东第1次印刷；《道德与法治》九年级下册，版次：2018年12月第1版，印次：2022年1月山东第4次印刷。

表 5-3　初中《道德与法治》教材"生命安全与健康教育"的内容分布汇总表

| 教材名称 | 单元/课 | 章节标题 |
| --- | --- | --- |
| 《道德与法治》七年级上册 | 第一单元　成长的节拍 | |
| | 第一课 | 中学时代 |
| | 第二课 | 学习新天地 |
| | 第三课 | 发现自己 |
| | 第二单元　友谊的天空 | |
| | 第四课 | 友谊与成长同行 |
| | 第五课 | 交友的智慧 |
| | 第三单元　师长情谊 | |
| | 第六课 | 师生之间 |
| | 第七课 | 亲情之爱 |
| | 第四单元　生命的思考 | |
| | 第八课 | 探问生命 |
| | 第九课 | 珍视生命 |
| | 第十课 | 绽放生命之花 |
| | 主题内容小计 | 共四个单元，十课 |
| 《道德与法治》七年级下册 | 第一单元　青春时光 | |
| | 第一课 | 青春的邀约 |
| | 第二课 | 青春的心弦 |
| | 第三课 | 青春的证明 |
| | 第二单元　做情绪情感的主人 | |
| | 第四课 | 揭开情绪的面纱 |
| | 第五课 | 品出情感的韵味 |
| | 第三单元　在集体中成长 | |
| | 第六课 | "我"和"我们" |
| | 第七课 | 共奏和谐乐章 |
| | 第八课 | 美好集体有我在 |
| | 主题内容小计 | 共三个单元，八课 |

续表

| 教材名称 | 单元/课 | 章节标题 |
|---|---|---|
| 《道德与法治》八年级上册 | 第一单元 | 走近社会生活 |
| | 第一课 | 丰富的社会生活 |
| | 第二课 | 网络生活新空间 |
| | 第二单元 | 遵守社会规则 |
| | 第三课 | 社会生活离不开规则 |
| | 第四单元 | 勇担社会责任 |
| | 第六课 | 责任与角色同在 |
| | 第七课 | 积极奉献社会 |
| | 主题内容小计 | 共三个单元，五课 |

通过表5-3不难看出，"生命安全与健康教育"在初中《道德与法治》的总体课程分布中占据了相当大的比重和篇幅，其主要分布在初一的整个学期及初二的上学期中。主要内容依据学生日益扩大的生活范围，将自我认知、自我与集体、自我与社会的相关内容融合到思政课的教育教学中，对学生的生命安全和身心健康做了详细的介绍。

（2）相邻学段教学内容的衔接

"生命安全与健康教育"事关学生的身心健康，是学生能力和素质发展的前提和基础。身体是革命的本钱，没有强健的体魄，没有健康的身心发展，学生的个人发展目标和社会的发展目标都无法实现。因此在大中小学思政课一体化建设的过程中，要将对学生的生命安全与健康教育摆在突出的位置，将尊重生命，敬畏生命，形成正确的人生观和价值观贯穿到小学、初中、高中、大学的各个学段。初中学段是小学学段和高中学段的中间衔接阶段，在对学生开展生命安全与健康教育时，必须在小学思政课教学内容的基础上，按照循序渐进、螺旋上升的原则开展初中的相关教育内容，为后续学生更高学段的学习奠定扎实的基础，因此分析相邻学段关于学生生命安全与健康教育的相关内容，找出其存在的问题就显得非常重要。

《义务教育道德与法治课程标准（2022年版）》结合学生的身心发展特

点，将小学《道德与法治》课程分为三个学段，分别为：第一学段（1~2年级）、第二学段（3~4年级）、第三学段（5~6年级）。聚焦到生命安全与健康教育的内容，每个小的学段都涉及相关的教育内容。第一学段（1~2年级）主要分布在一年级上册和二年级下册的相关单元中，内容聚焦于学生上学路上的安全问题、家庭中的安全问题（如玩耍、吃饭、睡觉习惯等）及游戏玩耍时的安全等，这一阶段主要是基于学生接触的环境的延伸，将可能存在的安全问题给学生做讲解，保证学生的人身安全。第二学段（3~4年级）的生命安全与健康教育分布在三年级上册和四年级上册的课程教学中，主要的教学内容为珍惜保护生命、电视网络相关的安全健康等。第二学段的教学内容比第一学段的内容更加深入，所讲授的内容也更加广泛，符合学生逐步扩展的认知和所接触的世界。第三学段（5~6年级）的教育内容主要分布在五年级上册和六年级下册，主要的教学内容涉及拒绝烟酒与毒品及养成健全的人格（如尊重、宽容和反思）。从小学学段《道德与法治》课程的教学内容来看，"生命安全与健康教育"是小学学段非常重要的教学内容，所占的篇幅也很大，在所有的年级都有涉及，且教学内容遵循了从易到难、从身体到心理、从简单到相对复杂的教材编写原则，符合学生的身心发展特点和规律。

高中思想政治课程必修课程由中国特色社会主义、经济与社会、政治与法治、哲学与文化四个模块组成。"生命安全与健康教育"主题的内容在高中思政课的必修课程体系中所占的篇幅很少，只在《经济与社会》中"经济发展与社会进步"中涉及新发展理念的相关内容，在《哲学与文化》中"认识社会与价值选择"中涉及实现人生价值和社会主义核心价值观的相关内容。

综上所述，"生命安全与健康教育"内容在小学学段和初中学段教授的内容多，在高中学段的内容很少，该主题的教学内容衔接在初中与高中阶段出现了中断，没有做到螺旋上升和循序渐进。作为高中学段的学生，其仍处于世界观、人生观和价值观形成的关键时期，学生的生命安全与健康，尤其是心理健康问题依然是思政课需要关注的重点内容。

2. "法治教育"主题

党的十八大以来,以习近平同志为核心的党中央全面推进依法治国建设。2014年10月,中国共产党第十八届中央委员会第四次全体会议首次专题讨论依法治国问题。2014年10月28日,党的十八届四中全会通过了《中共中央关于全面推进依法治国若干重大问题的决定》,这是一部更全面、具体、更有针对性的依法治国路径图。2017年10月18日,习近平总书记强调要成立中央全面依法治国领导小组,加强对法治中国建设的统一领导。2018年3月,中共中央印发《深化党和国家机构改革方案》,组建中央全面依法治国委员会。2022年10月16日,习近平在党的二十大报告中强调,坚持全面依法治国,推进法治中国建设。

党和国家对依法治国方略的推进也逐渐深入了教育领域。2016年教育部、司法部、全国普法办印发关于《青少年法治教育大纲》的通知,指出:"加强青少年法治教育,使广大青少年学生从小树立法治观念,养成自觉守法、遇事找法、解决问题靠法的思维习惯和行为方式非常重要,也很迫切。"并对义务教育阶段、高中教育阶段和高等教育阶段的阶段目标做了明确的界定。自此,法治教育也成了各个学段思政课的重点教学内容。

(1)初中学段"法治教育"的主要内容

2016年《青少年法治教育大纲》中指出,加强青少年的法治教育"是全面依法治国、加快建设社会主义法治国家的基础工程;是在青少年群体中深入开展社会主义核心价值观教育的重要途径;是全面贯彻党的教育方针,促进青少年健康成长、全面发展,培养社会主义合格公民的客观要求。"对青少年开展法治教育是思政课的主要教学内容,有其必要性和紧迫性。

初中思政课法治教育旨在向学生传播法律相关知识,提高学生的法律认知和规则意识,使学生养成法治思维,自觉懂法用法守法。

《义务教育道德与法治课程标准(2022年版)》对初中"法治教育"的内容表述得非常详细,共有16条表述,涉及习近平法治思想、宪法、公民的权利和义务、国家政治制度、国家机关、总体国家安全观、民法典、预防犯罪、国际组织等内容。初中思政课中的法治教育内容是初中思政课的重点内容,采用零散+专册的形式进行教材的编写和课堂内容的组织,在七年级、八年级和九年级的《道德与法治》教材中均有涉及。

表 5-4 初中《道德与法治》教材"法治教育"的内容分布汇总表

| 教材名称 | 单元/课 | 章节标题 |
|---|---|---|
| 《道德与法治》七年级下册 | 第九课 | 法律在我们身边 |
| | 第十课 | 法律伴我们成长 |
| | 主题内容小计　共计两课 | |
| 《道德与法治》八年级上册 | 第三课 | 社会生活离不开规则 |
| | 第五课 | 做守法的公民 |
| | 第九课 | 树立总体国家安全观 |
| | 主题内容小计　共计三课 | |
| 《道德与法治》八年级下册 | 第一课 | 维护宪法权威 |
| | 第二课 | 保障宪法实施 |
| | 第三课 | 公民权利 |
| | 第四课 | 公民义务 |
| | 第五课 | 我国的政治和经济制度 |
| | 第六课 | 我国国家机构 |
| | 第七课 | 尊重自由平等 |
| | 第八课 | 维护公平正义 |
| | 主题内容小计　共计八课 | |
| 《道德与法治》九年级上册 | 第三课 | 追求民主价值 |
| | 第四课 | 建设法治中国 |
| | 主题内容小计　共计两课 | |

《道德与法治》七年级下册中有两课涉及法治教育，主要讲授法律与个人息息相关；《道德与法治》八年级上册中有三课涉及法治教育，主要讲授社会生活中的规则和树立总体国家安全观；《道德与法治》八年级下册为法治教育专册，专门讲述对初中学生的法治教育，内容涉及宪法、公民权利和义务、政治经济制度、国家机构、法律原则等内容；《道德与法治》九年级上册有两课涉及法治教育的内容，主要讲授法治观念和法治中国建设的

内容。

随着全面推进依法治国总体方略的逐步深入,初中思政课在法治教育的内容安排上也越来越成熟,初中思政课将法治教育贯穿到了每个年级,采用零散讲述和专册讲述的形式,将法律常识和法治观念融入思政教育,使学生逐步形成法治观念,在学法、懂法中用法治观念解决生活中遇到的法律问题。

(2) 相邻学段教学内容的衔接

"四个全面"战略布局是实现中华民族伟大复兴的重要战略支撑,全面建设社会主义现代化国家是发展目标,全面依法治国是实现社会主义现代化和中华民族伟大复兴的重要保障,不全面依法治国,国家生活和社会生活就不能有序运行,就难以实现社会和谐稳定。思想政治理论课的政治性和意识形态性是其本质属性,作为党和国家重大战略决策重要的宣传渠道,思想政治理论课必须将党的最新理论成果和重大的战略方针政策作为教学的重要内容。在推行全面依法治国的今天,学校思想政治理论课必须加强学生的法治教育,在小学、初中、高中、大学的各个学段,依据学生的身心发展特点和规律,将法治教育有机融入思政课的教学过程,使学生掌握法律常识,培养法治思维。

在大中小学思政课一体化建设的小学学段,法治教育在三个小的学段都有相关内容的呈现。第一学段(1~2年级)主要分布在二年级上册的相关单元中,内容聚焦于遵守班级及公共场所的规则等内容。第二学段(3~4年级)的法治教育分布在三年级下册和四年级上册的课程教学中,主要的教学内容为公共生活中的规则和班规的制定与执行等,从这个学段开始,对学生的法治教育就从认识了解到了动手制定规则的过程转变,强调从学生的切身体会入手,帮助学生启蒙法治思维。第三学段(5~6年级)的教育内容主要分布在五年级上、下册和六年级上册中,主要的教学内容为做班级的主人(包括选举产生班委和协商决定班级事务)、建立良好的公共秩序、宪法、公民的权利和义务、国家机构、学会用法律维护自身的权利等。从课时数来看,第一学段(1~2年级)有五课法治教育的内容,第二学段(3~4年级)有三课法治教育的内容,第三学段(5~6年级)有十三课法治教育内容。小学学段对学生的法治教育重点放在第三学段，以专册的形式进行呈现，讲授内容从学生所处的班级及接触到的公共生活入手，最后将法治国家的常识性内容讲授给学生。该主题的教学内容遵循了从易到难、从简单到复杂的教材编写原则，符合学生的身心发展特点和规律。

在高中思想政治课程必修课程的四个模块中，《政治与法治》是专门对高中生进行法治教育的课程，主要的内容为中国共产党的领导、人民当家作主、依法治国三个部分的内容。中国共产党的领导主要讲授中国共产党成为执政党的必然性、党的性质宗旨和指导思想、党对一切工作的领导和依宪执政和依法执政等内容。人民当家作主主要讲授我国的政治制度。依法治国主要讲授我国法治建设的成就和目标，科学立法、严格执法、公正司法、全民守法的基本要求，建设法治国家、法治政府、法治社会的意义等内容，最终形成中国共产党的领导、人民当家作主、依法治国的有机统一。

从小学、初中和高中不同学段思政课对法治教育内容的分析来看，法治教育在每个学段都是思政课的重点教学内容，所占据的篇幅和课时数都比较大，体现了学校思政课对学生法治教育的重视。但是也不难看出，在法治教育方面，各个学段还没有做好衔接，相关的内容还存在重复的现象。比如，小学学段、初中学段和高中学段都有国家机构、公民权利和义务相关内容，这些都是常识性和基础性的知识点，只需在某一学段对学生阐述，下一阶段适当回顾即可，重点是要学生养成法治思维和用法习惯，真正将法治教育融入学生的日常生活。

3. "中华优秀传统文化教育"主题

中华优秀传统文化是中华民族的立身之本，也是宝贵的精神财富，只有明确中华民族的根和魂在哪里，才能知道我们未来的路。正如习近平总书记在《复兴文库》序言中写道："要坚定文化自信、增强文化自觉，传承革命文化、发展社会主义先进文化，推动中华优秀传统文化创造性转化、创新性发展，构筑中华民族共有精神家园。"[①] 思政课肩负着落实立德树人的根本任务，只有从中华优秀传统文化中挖掘素材和养分，学生的爱国情、强国志和

---

① 金冲及. 复兴文库 [M]. 北京：中华书局，2022：序言.

报国行才能真正实现。

（1）初中学段"中华优秀传统文化教育"的主要内容

在大中小学思政课一体化建设的系统工程中，初中思政课要重点解决的问题是打牢学生的思想基础，坚定学生对马克思主义的信仰，坚定共产主义的理想信念。中华上下五千年的文明是一笔宝贵的精神财富，蕴含了巨大的能量，涌现出了许多优秀的人才和德行高尚的人，这都是对学生开展思想政治教育最宝贵的素材。加强初中学生的中华优秀传统文化教育，是提升学生文化素养，坚定文化自信的必然要求，也是培养社会主义建设者和接班人的必然要求。

初中《道德与法治》课程中的中华优秀传统文化教育旨在引导学生从中华优秀的传统文化中汲取养分，厚植爱国主义情怀，自觉肩负时代新人的光荣使命，为实现中华民族伟大复兴奠定坚实的基础。

《义务教育道德与法治课程标准（2022年版）》对中华优秀传统文化教育的教学内容的要求主要有五点。一是弘扬中华优秀传统文化讲仁爱、重民本、守诚信、崇正义、尚和合、求大同的核心理念；二是理解中华民族孝悌忠信、礼义廉耻的荣辱观念，崇德向善、见贤思齐的社会风尚；三是践行中华民族自强不息、敬业乐群、脚踏实地、实事求是的思想；四是了解中华优秀传统文化修齐治平的理想追求，锤炼高尚人格；五是感悟天下兴亡、匹夫有责的担当意识，厚植爱国主义情怀。

初中《道德与法治》教材中中华优秀传统文化教育内容较少，主要分布在八年级上册的第四课和九年级上册的第五课中。八年级上册第四课的章节标题为"社会生活讲道德"，主要的内容为尊重、文明礼貌、诚实守信等中华优秀传统文化教育。九年级上册第五课章节标题为"守望精神家园"，主要的教学内容为延续文化血脉和凝聚价值追求。

表5-5　初中《道德与法治》教材"中华优秀传统文化教育"的内容分布汇总表

| 教材名称 | 单元/课 | 章节标题 |
| --- | --- | --- |
| 《道德与法治》八年级上册 | 第四课 | 社会生活讲道德 |
| 《道德与法治》九年级上册 | 第五课 | 守望精神家园 |

从《义务教育道德与法治课程标准（2022年版）》中的课程内容要求及初中《道德与法治》教材中关于中华优秀传统文化的教学内容分布来看，初中学段对这个主题的内容分布存在不合理之处，主要体现在教学内容偏少，不能完全覆盖义务教育新课标对思政课的教学要求，也不利于学生对中华优秀传统文化精髓的掌握。

（2）相邻学段教学内容的衔接

中国特色社会主义根植于中华优秀传统文化之中，是马克思主义的基本原理同中国的具体实际相结合、同中华优秀传统文化相结合的产物。在大中小学思政课一体化建设的体系中，将中华优秀传统文化教育融入不同学段的教学是非常有必要的，也是学生厚植爱国主义情怀，增强文化自信的重要的内容。要推进一体化建设内涵式发展，必须分析每个学段的内容，找出可借鉴的经验和所存在的问题，推动一体化建设走深走实。

在小学思政课中，中华优秀传统文化教育是与革命传统教育结合到一起，作为一个主题内容来编排相关内容的。在小学思政课中，中华优秀传统文化与革命传统教育的教学内容占的比较大，在三个小的学段都有涉及相关的内容。第一学段（1~2年级）在一、二年级的上下册中都有相关的内容，主要的教学内容有升旗礼仪、节日习俗、爱家庭、传统游戏等。第二学段（3~4年级）在四年级上册和下册的教材中进行教学，主要的内容由家庭的责任、风俗习惯、民间艺术等。第三学段（5~6年级）在五年级上册、五年级下册、六年级下册都有体现，主要的教学内容为国家和民族、灿烂的文化、家庭责任和家风、近现代史、古代文明和多元文化等内容。从每个小学段的分布来看，第一学段和第三学段的中华优秀传统文化与革命传统教育的内容较多，内部体现了从简单到复杂的教学内容的编排规律，符合小学生的身心发展特点，为初中学段打牢学生的思想基础做了铺垫。

在高中思想政治课程必修课程的四个模块中，模块四是《哲学与文化》，是高中学段对学生开展中华优秀传统文化与革命传统教育的重点课程。内容主要为文化传承与文化创新，要求学生辩证地看待传统文化、感悟世界文化的多样性、辨识各种文化现象展示中国特色社会主义文化自信。高中阶段是学生的认识从感性认知上升到理性认知的阶段，学生的逻辑思维能力开始逐步发展，因此，高中学段注重在该主题上让学生辩证地看待中华文化，将中华优秀传统文化和革命道德文化与时代相结合，推动优秀传统文化和革命文化创造性转化和创新性发展，符合学生的认知发展规律。

从小学、初中和高中的《道德与法治》教材对中华优秀传统文化与革命传统教育的主要内容及内容分布来看，小学对该主题内容介绍得较多，初中和高中的篇幅和比重呈现明显的下降趋势，初中和高中学段的思政课并没有将小学学段启蒙出的对中华民族和中国共产党的道德情感进行再一次升华，教学内容在初中和高中出现了断层的情况，需要在这两个学段的思政课中通过补充资料或者地方、校本课程进行补充讲解，帮助学生厚植爱国主义情怀，自觉承担起实现中华民族伟大复兴的中国梦的责任。

4."革命传统教育"主题

中国共产党自1921年成立以来，团结带领全国人民进行革命斗争、开展社会主义建设、实行改革开放，中华民族实现了从站起来、富起来到强起来的伟大飞跃，干成了许多想干而没有干成的大事。在党的百年奋斗历程中积累了宝贵的财富，留下了很多具有教育意义的革命遗址和英雄模范形象，形成了中国共产党的精神谱系，对当代的学生具有很强的教育意义。2022年习近平总书记在《更好把握和运用党的百年奋斗历史经验》中指出："要用好红色资源，加强革命传统教育、爱国主义教育、青少年思想道德教育，引导全社会更好知史爱党、知史爱国。"① 对学生开展革命传统教育，不仅可以让学生了解革命历史和革命文化，更重要的是可以激发学生的爱国热情和革命精神，培养学生的革命意识和革命素质，为实现中华民族伟大复兴的中国梦奠定坚实的基础。

（1）初中学段"革命传统教育"的主要内容

大中小学思政课一体化建设是一项复杂的系统工程，只有每个学段"守好一段渠"，才能发挥思政课的整体育人实效，培养出社会所需的人才。初中思政课重在打牢学生的思想基础，即坚定学生的马克思主义信仰，坚定中国共产党的领导。革命传统是在中国共产党领导中国人民进行革命、建设和

---

① 习近平. 更好把握和运用党的百年奋斗历史经验 [EB/OL]. 光明网，2022-07-01.

改革的过程中留下的宝贵财富，蕴含着丰富的教育资源和教育意义。因此，初中思政课必须将对学生的革命传统教育摆放在突出的位置，通过革命传统教育，坚定学生的理想信念。

初中思政课通过对学生开展革命传统教育旨在帮助学生坚定马克思主义的信仰，坚定理想信念，坚持中国共产党的领导，为投入中国特色社会主义的火热实践奠定坚实的思想基础。

《义务教育道德与法治课程标准（2022年版）》对初中思政课革命传统教育的要求有五点。一是了解中国共产党产生的必然性和重要意义，领悟伟大建党精神是中国共产党的精神之源。二是了解中国共产党领导人民创造了新民主主义革命的伟大成就，实现了从几千年封建专制政治向人民民主的伟大飞跃。三是了解中国共产党领导人民创造了社会主义革命和建设的伟大成就，理解只有社会主义才能救中国，只有社会主义才能发展中国。四是了解中国共产党领导人民创造了改革开放和社会主义现代化建设的伟大成就，理解中国特色社会主义道路是指引中国发展繁荣的正确道路。五是了解中国共产党领导人民创造了新时代中国特色社会主义的伟大成就，理解习近平新时代中国特色社会主义思想的指导地位和决定性意义。

在对初中《道德与法治》6本教材的目录进行检索后发现，主题词为"革命"的检索记录为0，主题词为"党"的检索记录为2条，第一条为八年级下册第一课第二目——党的主张和人民意志的统一，第二条为八年级下册第五课第二目——基本政治制度中展示了中国共产党领导的多党合作和政治协商制度，两条检索记录与革命传统教育的关系不大，是属于法治教育的内容。由此可见，初中思政课中的革命传统教育在教材中所占的比重是最少的，作为打牢学生思想基础的重要的内容和素材，加强学生的革命传统教育，是思政课的应有之义，也是使学生深刻理解党的领导和中国特色社会主义的主要渠道，因此，对学生开展革命传统教育只能加强不能削弱。

（2）相邻学段教学内容的衔接

《义务教育道德与法治课程标准（2022年版）》指出，义务教育阶段即小学和初中思政课需要培养的学生核心素养包括政治认同、道德修养、法治观念、健全人格和责任意识。《普通高中思想政治课程标准（2017年版，

2020年修订）》中指出，高中思政课需要培养的学科核心素养为政治认同、科学精神、法治意识和公共参与。两个新课标都将培养学生的政治认同素养放在了学科素养体系的首位，也反映了政治认同素养在学科素养体系中的重要地位。要推动大中小学思政课的一体化建设，必须将培育学生对中国共产党的认同和对中国特色社会主义的认同放在重要位置，也需将政治认同素养的培育按照循序渐进、螺旋上升、整体规划、分段实施的原则逐步落实。

小学《道德与法治》课程将革命传统教育和中华优秀传统文化教育合并为一个主题教学内容，在前面分析小学思政课中华优秀传统文化教育和革命传统教育中已经对该主题进行了汇总，小学思政课的革命传统教育主要在五年级的下册，第三单元"百年追梦 复兴中华"，共计6课，主要论述了党的百年历程中的大事变，让学生了解党的百年历程，已经在此期间发生的重要事件，在这里不再赘述。

在高中思想政治的必修课程的四个模块中，《中国特色社会主义》中在中国特色社会主义的开创和发展的内容中要求学生阐述新民主主义革命的性质和特点，理解新中国确立社会主义制度的历史必然性；阐明中国特色社会主义道路、理论、制度、文化是党和人民长期奋斗、创造、积累的根本成就；论证中国特色社会主义是当代中国发展的根本方向，坚定坚持和发展中国特色社会主义的自信；明确把爱国情、强国志、报国行自觉融入坚持和发展中国特色社会主义事业、建设社会主义现代化强国、实现中华民族伟大复兴的奋斗之中。在《政治与法治》中要求学生理解没有中国共产党就没有新中国，阐明中国共产党成为执政党的必然性；明确党的性质、宗旨和指导思想；理解坚持党对一切工作领导的意义，阐述中国共产党依宪执政、依法执政的道理、方式和表现。

对比分析小学、初中和高中现有教材中关于革命传统教育的内容，不难看出，该主题的内容目前尚未做到大中小学的有效衔接和循序渐进。初中和高中作为学生形成世界观、人生观和价值观形成的关键时期，革命传统教育内容较少，不能很好地支撑提升学生思想政治素质的目标。此外，现有思政课教材较多地从历史的角度来讲革命传统教育，对革命传统中形成的宝贵的精神财富和精神谱系的讲解较少。应立足于学科的属性，将思想性和政治性放在首位,要与历史学科有所区别。

5."国情教育"主题

国情教育是使学生通过本国政治、经济、自然生态等方面基本情况了解世界局势,从而激发起爱国教育的热情。毛泽东就指出,认清中国国情,乃是认清一切革命问题的基本的根据。2023年3月,习近平总书记在二十届中央政治局第四次集体学习时的讲话中指出:"运用新时代中国特色社会主义思想观察时代、把握时代、引领时代,更好统筹中华民族伟大复兴战略全局和世界百年未有之大变局,深刻洞察时与势、危与机,积极识变应变求变。"① 青少年是国家的希望、民族的未来,只有立足于当今的中国国情,关心世界局势变化,加强学生的国情教育,才能使学生真正了解中国和世界,更好地肩负起时代赋予的责任。

(1)初中学段"国情教育"的主要内容

初中学生开始步入青春期,接触的范围也从家庭、学校,慢慢地走向社会,正处于世界观、人生观和价值观形成的关键时期。只有让学生了解中国的国情,了解世界的局势,才能激发学生浓厚的爱国主义情怀,深刻理解为什么要坚持中国共产党的领导,为什么要坚持中国特色社会主义,也能使学生们更快地融入社会主义现代化建设中。

初中思政课开展"国情教育"内容,旨在使学生了解中国的国情,了解中国的政治、经济、文化和社会等方面的情况,了解世界局势,立足于当下,着眼于未来,帮助学生更好地了解中国和世界的发展变化。

《义务教育道德与法治课程标准(2022年版)》对初中思政课国情教育的要求有四点。一是理解中国发展新的历史方位。二是了解世界正处于百年未有之大变局,领悟构建人类命运共同体的意义。三是了解新发展格局,统筹推进"五位一体"总体布局。四是以实现中华民族伟大复兴为己任,坚定理想信念。

初中《道德与法治》教材中的国情教育主要编排在八年级上册、九年级上册和九年级下册当中。《道德与法治》八年级上册和九年级上册主要的内

---

① 习近平. 习近平:在二十届中央政治局第四次集体学习时的讲话[EB/OL]. 新华网,2023-03-30.

容是中国的国情,包括国家利益、建设美好祖国、国家发展战略、中国梦等相关内容。《道德与法治》九年级下册主要讲授的是世界的局势,包括地球村、构建人类命运共同体、世界的联系和发展等,最终落脚到青少年的责任担当和生涯发展规划。

表5-6 初中《道德与法治》教材"国情教育"的内容分布汇总表

| 教材名称 | 单元/课 | 章节标题 |
| --- | --- | --- |
| 《道德与法治》八年级上册 | 第八课 | 国家利益至上 |
| | 第十课 | 建设美好祖国 |
| | 主题内容小计 共计两课 | |
| 《道德与法治》九年级上册 | 第一课 | 踏上强国之路 |
| | 第二课 | 创新驱动发展 |
| | 第六课 | 建设美丽中国 |
| | 第七课 | 中华一家亲 |
| | 第八课 | 中国人 中国梦 |
| | 主题内容小计 共计五课 | |
| 《道德与法治》九年级下册 | 第一课 | 同住地球村 |
| | 第二课 | 构建人类命运共同体 |
| | 第三课 | 与世界紧相连 |
| | 第四课 | 与世界共发展 |
| | 第五课 | 少年的担当 |
| | 第六课 | 我的毕业季 |
| | 第七课 | 从这里出发 |
| | 主题内容小计 共计七课 | |

从初中思政课的内容要求和教材的编排内容来看,初中思政课的国情教育的主题比较合理,遵从先国内后国外,最终落脚于学生的责任和担当,符合学生的身心发展规律,可以帮助学生了解中国,了解世界,深刻理解自己所肩负的时代责任。

(2) 相邻学段教学内容的衔接

国情是学生所处的国家和世界的基本情况,是学生学习将来步入社会后所处的环境,与学生的发展息息相关,因此在大中小学各个学段加强国情教育有其必然性。对学生开展国情教育可以帮助学生了解中国和世界的发展情况,通过对比和分析坚定共产主义的理想信念,也为思想政治教育工作的开展奠定了基础。

小学思政课关于国情教育的内容主要编排在三年级下册、四年级下册和六年级下册中。《道德与法治》三年级下册的第四单元的标题是"多样的交通和通信",下面的三课均为国情教育的内容,主要向学生讲授家乡的交通、交通发展带来的问题、现代通信等内容。《道德与法治》四年级下册有一课为国情教育的内容,主要介绍家乡的发展。《道德与法治》六年级下册从爱护地球和让世界更美好两个方面讲授国情教育的内容,共有两个单元,计五课。教材的内容编写遵循了由易到难的编排原则,符合学生的身心发展特点。内容逐步增多,也更加丰富。

高中思想政治课程必修课程有中国特色社会主义、经济与社会、政治与法治、哲学与文化四个模块,这四个模块都属于国情教育的范畴,帮助学生了解中国的政治、经济、社会、哲学、法治和文化等方面的内容,帮助学生更好地了解中国的国情。

通过分析小学、初中和高中的国情教育内容来看,教材编写和内容分布基本遵循了学生的身心发展规律,按照从简单到复杂,从国内到国际的编写原则,向学生展示了中国的国情和世界的局势,帮助学生更好地理解中华民族伟大复兴的光明前景。在教学过程中,思政课教师应该结合社会热点,通过教学方法的创新和丰富的课堂组织形式,帮助学生更加理性地看待社会问题,用马克思主义的世界观和方法论解决现实中的问题。

6. 《习近平新时代中国特色社会主义思想学生读本》内容

习近平新时代中国特色社会主义思想是党的最新理论创新成果,是马克思主义与中国具体实际相结合、与中华优秀传统文化相结合的产物,是当代中国的马克思主义,是二十一世纪的马克思主义。学习习近平新时代中国特色社会主义思想是各级各类学校的首要政治任务,也是推动学生发展学科核心能力的重要抓手。2021年秋季，教育部组织编写了《习近平新时代中国特色社会主义思想学生读本》，并在中小学全面使用。在备课过程中思政课教师不仅要关注本学段的教学目标和教学内容，也要分析相邻学段的教学内容，做到不同学段的有效衔接，发挥思政课育人实效。

（1）初中《习近平新时代中国特色社会主义思想学生读本》的主要内容

初中《习近平新时代中国特色社会主义思想学生读本》（以下简称读本）共有8讲的内容，采用图文结合的方式编排得非常精美，可读性很强，非常适合初中学生阅读和学习。在每讲中，初中读本均采用主体内容、习近平讲话、资料卡片、探究与思考4个活动栏目组成。初中读本的目录及各栏目数量统计如下：

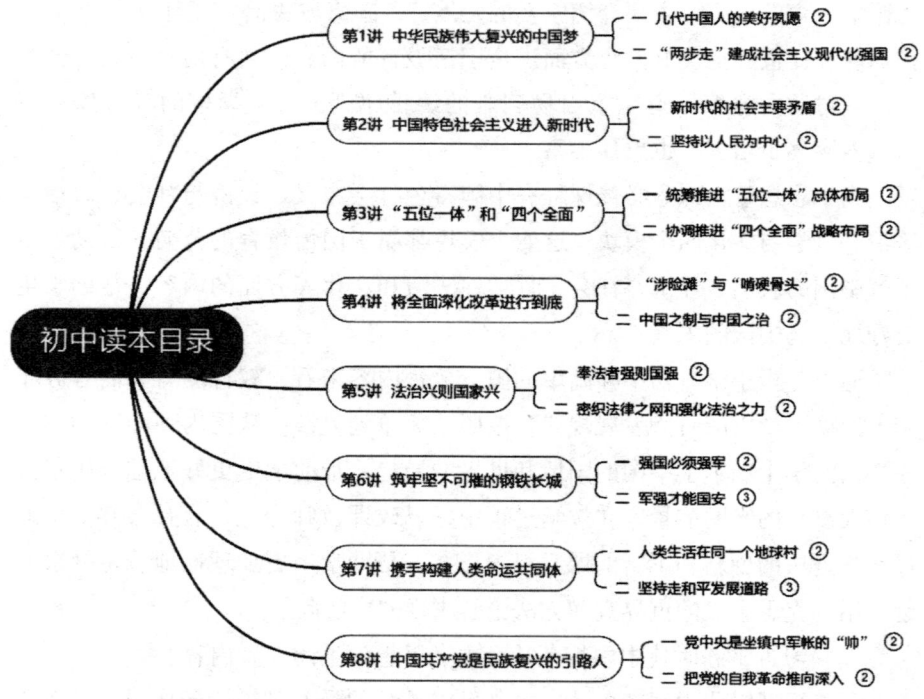

图 5-4　初中《习近平新时代中国特色社会主义思想学生读本》目录

表 5-7  初中《习近平新时代中国特色社会主义思想学生读本》栏目数量统计

| 序号 | 章节标题 | 习近平讲话 | 资料卡片 | 探究与思考 |
|---|---|---|---|---|
| 第1讲 | 中华民族伟大复兴的中国梦 | 2 | 4 | 1 |
| 第2讲 | 中国特色社会主义进入新时代 | 4 | 2 | 1 |
| 第3讲 | "五位一体"和"四个全面" | 3 | 2 | 1 |
| 第4讲 | 将全面深化改革进行到底 | 3 | 6 | 1 |
| 第5讲 | 法治兴则国家兴 | 2 | 2 | 1 |
| 第6讲 | 筑牢坚不可摧的钢铁长城 | 2 | 4 | 1 |
| 第7讲 | 携手构建人类命运共同体 | 3 | 3 | 1 |
| 第8讲 | 中国共产党是民族复兴的引路人 | 3 | 1 | 1 |
| 合计 |  | 22 | 24 | 8 |

从初中读本的目录和各栏目的统计数量来看,初中读本的内容编排比较合理,符合初中生的身心发展特点,是对初中生进行思想政治教育的重要资源,能够完成学生对党的最新理论成果的学习任务,兼具思想性、政治性与可读性于一体,每个章节也都重视知识的延伸和学生的探索与思考,发挥学生学习的积极性和主动性。但是,思政课教师在开展教学中,也要注重教材之间的横向对比,避免《道德与法治》和《习近平新时代中国特色社会主义思想学生读本》两本教材内容的重复问题,做好学段内教材的衔接。

(2)相邻学段教学内容的衔接

学习习近平新时代中国特色社会主义思想是当前党和国家的首要政治任务,也是学校思想政治教育的重要内容之一。从学生成长成才的阶段性和整体性出发,都必须加强读本教材在不同学段的衔接。

小学高年级读本教材(小学读本教材共有 2 册,分为小学低年级和小学高年级。考虑到初中读本与小学教材内容的衔接程度,对小学学段的读本教材分析仅对小学高年级教材展开分析)的章节共有 14 讲,每讲下设 2~3 个小标题,教材正文也多采用卡通图案和贴合小学生的语言进行教材的编写,主要有主体内容和习近平讲话组成。较多的章节及小标题的设置,符合学生注意力容易分散的特点,加之充满童趣的语言描述和学生身边的素材内容,可以提升学生学习思政课的兴趣。

高中读本教材共有 8 讲，每讲下设 3~5 个小标题，教材中的文字比例明显增多，教材内容更加深入，主要有主体内容、习近平讲话、延伸阅读、学习思考等栏目组成。高中生的思维方式逐渐由感性思维向理性思维过渡，高中读本也依据高中生的身心发展特点，以常识性内容和学习方式帮助学生增强政治素养。

表 5-8　小学高年级、高中读本目录

| 序号 | 小学高年级读本目录 | 高中读本目录 |
| --- | --- | --- |
| 第 1 讲 | 伟大事业都始于梦想 | 指导思想：习近平新时代中国特色社会主义思想 |
| 第 2 讲 | 办好中国的事情关键在党 | 目标任务：实现社会主义现代化和中华民族伟大复兴 |
| 第 3 讲 | 把人民放在心中最高位置 | 领导力量：坚持和加强党的全面领导 |
| 第 4 讲 | 唯改革才有出路 | 根本立场：坚持以人民为中心 |
| 第 5 讲 | 块头大不等于强 | 总体布局：统筹推进"五位一体" |
| 第 6 讲 | 国家一切权力属于人民 | 战略布局：协调推进"四个全面" |
| 第 7 讲 | 法律是治国之重器 | 安邦定国：民族复兴的坚强保障 |
| 第 8 讲 | 人无精神不立　国无精神不强 | 和平发展：新时代中国特色大国外交 |
| 第 9 讲 | "蛋糕"做大了同时要分好 | — |
| 第 10 讲 | 绿水青山就是金山银山 | — |
| 第 11 讲 | 国家安全是头等大事 | — |
| 第 12 讲 | 强国必须强军 | — |
| 第 13 讲 | 统一是历史大势 | — |
| 第 14 讲 | 人类是一个休戚与共的命运共同体 | — |
| 合计 | 14 | 8 |

通过对比初中与小学、高中学段的读本教材,不难看出,读本教材的编写都符合对应学段学生的身心发展规律,采用图文并茂、表格总结等形式提升读本的可阅读性,可以提升学生的学习兴趣。但是,教师在使用教材时,一方面,要对前一学段的学习内容和学习程度进行了解,有重点有延伸地开展课程教学,既不能简单重复,又不能流于表面没有递进性,同时要为后一阶段的学习打下坚实的基础;另一方面,学段内部还要整合教材之间的教学内容,避免学段内部的内容重复问题,将教材内容优化整合,转化为逻辑性更强的教学内容,切实提升思政课的育人实效。

## 三、教学方法衔接分析

### (一) 课程标准中对教学方法的相关论述

《道德与法治》课程作为义务教育阶段的重要课程,不仅是培养学生道德情操和法治观念的重要途径,也是塑造学生完善人格的重要环节。在有效开展《道德与法治》课程的过程中,教学方法起着至关重要的作用。

1. 启发式教学法

启发式教学法是一种通过引导学生思考和发现来促进他们主动参与学习的方法。该方法强调培养学生的独立思考能力和问题解决能力,使他们在探索中获得知识和体验。《道德与法治》课程标准指出:"教师应当采用启发式教学方法,引导学生自主思考,从而激发其道德意识和法治观念。"这表明了启发式教学法在培养学生道德情操和法治观念方面的重要性。

例如,在教授"公平正义"这一道德概念时,教师可以通过提出具体案例和问题来引发学生的思考。学生可以自主探讨案例中涉及的公平正义原则,并根据自己的观点进行讨论和辩论。通过这种启发式教学方法,学生不仅能够了解公平正义的内涵和重要性,还能培养他们对公平正义的敏感性和判断力。

2. 案例教学法

案例教学法是一种通过具体案例来引导学生思考和分析的方法。该方法强调将抽象的道德和法治概念与实际情境相结合,使学生能够在真实情景中理解和应用这些概念。《道德与法治》课程标准指出:"教师应当运用案例教学法，让学生在具体案例中感受道德和法治的力量。"这说明了案例教学法在培养学生道德情操和法治观念方面的重要性。

例如，在教授"诚信守约"这一道德概念时，教师可以选择一个真实的案例，让学生了解一个人因为缺乏诚信而带来的后果。通过分析该案例，学生可以深刻理解诚信的重要性，并意识到自己在日常生活中应该如何守约、遵守承诺。通过案例教学法，学生能够更加直观地感受到道德和法治的力量，从而深化他们对这些概念的理解和认同。

3. 情景模拟法

情景模拟法是一种通过模拟真实情景来引导学生思考和行动的方法。该方法强调将学生置身于特定环境中，通过角色扮演等方式让他们亲身经历道德和法治决策的过程。《道德与法治》课程标准指出："教师应当采用情景模拟法，让学生在具体情景中体验道德与法治的挑战。"这表明了情景模拟法在培养学生道德情操和法治观念方面的重要性。

例如，在教授"责任与义务"这一道德概念时，教师可以设计一个情景模拟活动，让学生扮演不同角色，并根据具体情景做出决策。通过这样的活动，学生可以亲身感受到责任与义务的压力和挑战，从而培养他们的责任感和奉献精神。情景模拟法不仅能够让学生更加深入地理解道德和法治的要求，还能够培养他们的决策能力和应对挑战的能力。

《道德与法治》课程标准中对教学方法的相关论述指出了启发式教学法、案例教学法和情景模拟法在培养学生道德情操和法治观念方面的重要性。这些教学方法不仅可以提高学生的学习效果，还能够培养他们的自主思考能力、问题解决能力和决策能力。因此，在实施《道德与法治》课程时，教师应当灵活运用这些教学方法，以促进学生全面发展和成长。只有这样，我们才能够培养出具有良好道德情操和法治观念的新一代公民。

（二）小学与初中学段思政课的教学方法衔接分析

《道德与法治》课程是培养学生拥有健全人格、正确价值观和道德观念的重要途径，它在小学阶段和初中阶段都占据了一定的课时，而教学方法的衔接是否合理，直接关系到学生对于道德与法治知识的掌握和理解。

1. 小学《道德与法治》课程教学方法

小学《道德与法治》课程主要以培养学生基本的道德意识和行为规范为目标。在教学方法上，注重通过讲解故事、示范行为等方式来引导学生形成正确的价值观念和行为准则。一是讲解故事。小学阶段的孩子对于抽象概念的理解能力较差，因此通过讲解寓意深厚的故事来传递道德观念是非常有效的教学方法。故事情节生动有趣，容易引起学生的兴趣和共鸣，能够激发他们的思考和讨论。二是示范行为。小学生模仿能力强，他们对于身边的人和事物有着强烈的模仿欲望。因此，在《道德与法治》课堂上，教师可以通过示范正确的行为来引导学生形成良好的道德观念。同时，教师还可以设计一些角色扮演活动，让学生亲自参与其中，加深对道德行为的理解和体验。

2. 初中《道德与法治》课程教学方法

初中《道德与法治》课程是在小学《道德与法治》课程的基础上进一步深化学生对于道德和法治知识的理解和应用。在教学方法上，应更加注重培养学生的思辨能力和实践能力。一是案例分析。初中阶段的学生已经具备了一定的思维能力，他们需要通过分析真实案例来理解道德和法治之间的关系。案例分析法是一种启发性教学方法，通过引导学生分析案例中的道德问题和法律问题，培养他们的思辨能力和判断能力。二是实践活动。初中生正处于身心发展的关键阶段，他们渴望通过实践来体验和巩固所学知识。因此，在《道德与法治》课堂上，可以增加一些实践性的活动，如参观法庭、模拟法庭辩论等，让学生亲身感受法治的力量，增强他们对法律的尊重和遵守意识。

3. 小学与初中《道德与法治》课程教学方法衔接问题分析

虽然小学《道德与法治》课程和初中《道德与法治》课程在目标和内容上有所区别，但它们都是培养学生正确价值观和道德观念的重要途径。因此，在教学方法上应该有一定的衔接，使得学生能够逐步深入理解和掌握道德与法治知识。一是知识层次的衔接。小学阶段注重培养学生基本的道德意识和行为规范，而初中阶段则更加注重培养学生对道德和法治之间关系的理解和应用能力。因此，在教学中应该注意将小学阶段所学的基础知识与初中阶段的深化知识进行有机衔接，使学生能够从表层的道德行为逐渐深入道德背后的法律原理和社会规范。

二是教学方法的衔接。小学《道德与法治》课程注重通过讲解故事和示范行为来引导学生形成正确的价值观念和行为准则，而初中《道德与法治》课程则更加注重培养学生的思辨能力和实践能力。在两个阶段之间，可以逐渐过渡，引导学生从故事中分析案例，从示范行为中提出问题，培养他们思考、判断和解决问题的能力。

要实现小学和初中学段教学方法上的衔接，我们可以从以下几方面入手。一是加强师资培训。教师是教育教学活动中最重要的因素。通过加强师资培训，提高教师对于小学和初中《道德与法治》课程教学方法衔接问题的认识和理解，使其能够灵活运用不同的教学方法，适应不同年龄段学生的需求。二是设计衔接性的教学活动。在教学过程中，可以设计一些衔接性的教学活动，如小学阶段引导学生从故事中提出问题，初中阶段引导学生分析真实案例并提出解决方案等。通过这些活动，逐步提高学生的思维方式和实践能力，使他们能够逐步理解和掌握更深层次的道德与法治知识。

小学《道德与法治》课程与初中《道德与法治》课程教学方法的衔接是培养学生正确价值观和道德观念的重要环节。通过加强师资培训和设计衔接性教学活动，可以逐步提高学生的思维方式和实践能力，使他们能够逐步理解和掌握更深层次的道德与法治知识。只有这样，才能真正培养出具有正确价值观和道德观念的未来公民。

### （三）初中与高中学段思政课的教学方法衔接分析

初中阶段的《道德与法治课程》与高中阶段的《思想政治》课程在人们的成长过程中扮演着不可或缺的角色。本节将探讨初中《道德与法治》课程与高中《思想政治》课程之间的教学方法衔接，以期提出对教师和学生都有益处的建议。

为了确保初中《道德与法治》课程与高中《思想政治》课程之间的衔接顺利进行，教师需要合理选择和运用教学方法，以促进学生的综合素质发展。第一，引导问题思考。教师可以通过提出问题引导学生进行思考，激发他们对于道德和法律问题的兴趣。例如，在初中阶段，教师可以引导学生思考"为什么要遵守法律？""如何判断一件事情是对还是错？"等问题；而在高中阶段，则可以引导学生思考"什么是正确的政治观点？""政治制度如何影响社会运行？"等问题。

第二，与实践活动结合。教师可以通过组织实践活动，使学生将所学的道德和法律知识应用于实际生活中。例如，在初中阶段，可以组织学生参观法庭、模拟法庭审理等活动；而在高中阶段，则可以组织学生参与公民讨论会、模拟政治辩论等活动，以提高学生的实践能力和思考能力。

第三，多媒体教学手段运用。教师可以运用多媒体教学手段，如图片、视频、PPT等来丰富课堂教学内容，提高学生的学习兴趣和理解能力。例如，在初中阶段，可以通过播放道德故事视频来激发学生的情感共鸣；而在高中阶段，则可以通过展示政治事件报道和分析报告等多媒体资料来提高学生对于政治问题的认知水平。

初中《道德与法治》课程与高中《思想政治》课程之间的衔接对于培养学生正确的价值观和政治观点至关重要。教师应注重培养学生的品德修养和社会责任感，同时加强他们对于法律、法规和公共事务的认知。在教学方法上，教师应采取引导问题思考、实践活动结合和多媒体教学手段运用等方式，以促进学生的综合素质发展。通过初中与高中课程教学方法的衔接，我们可以培养出更多具有良好道德素质和正确政治观念的新一代公民，为社会的进步和发展做出贡献。

### 四、教学评价衔接分析

教学评价是教学过程的最后一个环节，也是衡量教学质量和教学成效的最重要的环节。对于大中小学不同学段的思政课来说，做好教学评价的衔接，不仅可以改进本学段的思政课教学，而且可以为相邻学段思政课的前后贯通和有序衔接打下坚实的基础，推动大中小学思政课一体化建设的持续深化。

（一）课程标准中对教学评价的相关论述

课程标准是教师开展教学的指导性文件。只有透彻研究课程标准，教师才能明确所教授课程的性质、理念、目标、内容、实施等方面的要求，确保课程的教学质量和实效性。

小学学段和初中学段同属于义务教育阶段，在我国的教育体系中处于基础教育阶段，肩负着启蒙学生道德情感和打牢思想基础的重要作用。在《义务教育道德与法治课程标准（2022年版）》第六部分的课程实施中对评价建议进行了较为详细的阐述，指出义务教育道德与法治课程在进行教学评价时，要遵循坚持素养导向、坚持以评促学、坚持以评促教、重视表现性评价、坚持多主体评价的五大基本原则，综合运用观察、访谈、作业、纸笔测试等方法全面获取和掌握学生核心素养发展的相关信息，从课堂评价、作业评价、期终评价等环节入手，对学生核心素养的综合发展状况进行评价，要"兼顾学生学习态度、参与学习活动的程度以及对课程内容的理解应用水平；要着重评价学生在日常生活与学习中表现出的思想政治素养、道德品行、法治观念，以及在真实情境与任务中运用所学知识分析问题、解决问题时所表现出的核心素养发展综合水平"。由此，《义务教育道德与法治课程标准（2022年版）》就为义务教育阶段的小学和初中学段开展教学评价提供了根本遵循。

高中学段位于基础教育阶段和高等教育阶段的中间衔接环节，因此，在对义务教育学段的教学评价进行分析时，也需要明确高中思想政治的课程标准，为学生顺利步入高中阶段做好铺垫。《普通高中思想政治课程标准（2017年版，2020年修订）》中也对教学与评价建议进行了相关描述，强调教学与评价的一致性，指出评价要将过程性评价与终结性评价相结合，着重评估学生解决情境化问题的过程和结果，反映学生所表现出来的思想政治学科核心素养发展水平。普通高中思想政治课程标准按照不同的课程设计分别阐述教学评价的侧重点。一是活动型学科课程的教学评价，应专注学科核心素养的行为表现，一般采用"求同"取向与"求异"取向相结合的验证思路。二是辨析式学习过程的价值引领，要点在于能否切实把握过程与结论的关系，既关注过程，又不忽略结论；能否有效掌控导向性与开放性的关系，取向求同或取向求异，都需要合理的引导；能否恰当处理思想内涵与辨析形式的关系，遵循意义优先、兼顾形式的原则。三是实施综合性教学评价，重点是考查学生整合知识、理论联系实际、分析和解决问题的能力。四是社会实践活动的评价，评价的关注点是学科核心素养能否得到提升，具体要看学习目标是否明确，活动设计是否合理，活动组织是否恰当，活动资源是否充分利用，学生的主体性、创造性是否得到充分发挥，学生的交往能力是否得到增强，学生是否有获得感、成就感。

通过上述对义务教育阶段和高中阶段思政课课程标准的分析，我们不难看出，在教学评价方面两者既有相似之处，也有明显的差异性。

二者的共同点在于：一是小学、初中、高中学段的课程标准都以培育学生的学科核心素养为目标。在最新的课程标准中义务教育阶段和普通高中的思政课课程标准都在专章论述学科核心素养。义务教育阶段即小学和初中学段要培育的核心素养主要包括政治认同、道德修养、法治观念、健全人格、责任意识五项。普通高中要培育的核心素养主要包括政治认同、科学精神、法治意识和公共参与四项。不同学段对核心素养的要求，不仅体现在了课程目标、课程内容上，也贯彻到了教学评价中。比如，在《义务教育道德与法治课程标准（2022年版）》中明确指出要坚持素养导向的基本原则，而且把这个原则放到了首位，可见义务教育学段对学生核心素养的重视。再如，在《普通高中思想政治课程标准（2017年版，2020年修订）》中明确指出："评价要将过程性评价与终结性评价相结合，着重评估学生解决情境化问题的过程和结果，反映学生所表现出来的思想政治学科核心素养发展水平。"[①] 二是在评价方法上均强调在评价时，不能只关注思政课的最终考试得分，而要将过程性评价和终结性评价相结合，改变传统的"唯分数论"的单一评价方式。从评价方式来看，义务教育阶段和普通高中都立足于学生的成长成才，强调在教学过程中开展评价，以便及时调整教学内容和教学方法。三是在评价的内容上，两者都强调在评价时，不仅是对学生掌握的知识展开的评价，更是对学生的学习态度、价值引领和分析解决问题的能力的评价，将培养社会主义的建设者和接班人，以及德智体美劳全面发展的人作为培育目标。如《义务教育道德与法治课程标准（2022年版）》中明确指出，"要对学生核心素养的综合发展状况进行评价，兼顾学生学习态度、参与学习活动的程度以及对课程内容的理解应用水平；要着重评价学生在日常生活与学

---

① 教育部. 教育部关于印发普通高中课程方案和语文等学科课程标准（2017年版2020年修订）的通知　教材〔2020〕3号［EB/OL］. 中国政府网，2020-05-13.

习中表现出的思想政治素养、道德品行、法治观念，以及在真实情境与任务中运用所学知识分析问题、解决问题时所表现出的核心素养发展综合水平"①，均体现了对学生综合能力的考核和评价。

义务教育阶段和普通高中阶段思政课课程标准的不同之处主要在于高中阶段是按照不同类型的教学设计来对教学过程进行评价。普通高中思想政治课程标准的课程教学与评价的具体建议包括：活动型学科课程的教学设计，辨析式学习过程的价值引领，综合性教学形式的有效倡导，系列化社会实践活动的广泛开展。针对不同类型提出了不同的考核和评价标准。而义务教育学段则是依据基本原则、评价内容、评价方法和主要环节的评价进行综合性的展开。

因此，通过梳理义务教育阶段和普通高中思政课的课程标准，我们可以对小学、初中和高中学段思政课如何进行评价有一个总的认识，明确党和国家对基础教育阶段思政课的要求，明确思政课应该怎么评价，然后再观照现实，了解现实中小学、初中和高中思政课是怎么评价的，分析其存在的不足之处，从而找到切实可行的、前后衔接的方式方法。

（二）小学与初中、初中与高中学段思政课的教学评价衔接分析

习近平总书记在全国教育大会上强调："坚决克服唯分数、唯升学、唯文凭、唯论文、唯帽子的顽瘴痼疾，从根本上解决教育评价指挥棒问题。"② 自 2019 年学校思想政治理论课教师座谈会召开以来，大中小学思政课一体化建设不断向前推进，学者们对不同学段间存在的教学评价问题进行了深入的研究。根据学术界学者们的观点，教学评价还存在如下衔接不畅的问题。

一是尚未形成一体化的评价体系。思政课在不同学段的受重视程度不同，比如，在小学学段学生没有升学压力，导致对思政课不够重视，因此考评的主观性较强，而在初中和高中学段，因为面临中考和高考的压力，学校

---

① 教育部. 教育部关于印发义务教育课程方案和课程标准（2022 年版）的通知  教材〔2022〕2 号 [EB/OL]. 中国政府网, 2022-03-25.

② 习近平. 习近平出席全国教育大会并发表重要讲话 [EB/OL]. 中国政府网, 2018-09-10.

对思政课的重视程度相对较高，评价的客观性较强。这就导致了不同学段的思政课教学存在很大的差异，一体化的评价体系尚未形成，因此导致考核评价体系出现衔接不畅，连贯性和系统性缺乏的情况。不同学段的评价标准不一，就导致了不同学段间考核评价标准缺乏一致性，无法真正反映教师和学生的真实思想情况和道德情况，难以发挥对教学的指导性作用，也间接制约着大中小学思政课一体化建设的推进。

二是评价主体缺乏多元化。目前的教学评价多以学校领导和教师为主，学生、家庭和社会等评价主体的作用未充分运用，这就导致评价结果可能出现片面的情况。本书编写组于2023年3月份对大理州的小学、初中和高中思政课教师展开了一项调研，在对教学评价主体进行的调查中发现，院校领导作为评价主体占比最多为67.32%，思政课教师进行评价的次之占比58.72%，将学生作为评价主体的只有34.89%。学生作为学习的主体对教学过程的实际效果体会最深，但在实际的评价过程中，学生、家庭和社会等主体的评价作用并没有得到很好的发挥。

三是评价内容不全面。"教学评价是学生成长、教师教学水平提高和课程方案设计不断完善的重要手段"，是用来评判教学目标能否达成最关键的一环。一方面，大中小学由不同的机构进行管理，较多关注本学段的教学评价，很少将按照一体化建设的要求进行教学评价纳入评价的内容。另一方面，小学、初中和高中对学生的评价内容，主要集中于对知识点的考察，而对日常的思想政治表现和价值观念等缺乏必要的考核，导致学生重视对知识点的学习，割裂了思政课知识性和价值性相统一的要求，思政课对学生的价值引领功能亟待加强。

四是评价方式比较单一。《义务教育道德与法治课程标准（2022年版）》中明确指出："要综合运用观察、访谈、作业、纸笔测试等方法全面获取和掌握学生核心素养发展的相关信息，加强纸笔测试与观察、谈话等方式的结合，关注不同情境中学生日常品行表现，避免仅凭考试分数判断学生水平的传统单一评价方式。"而《普通高中思想政治课程标准（2017年版，2020年修订）》中也强调"要将过程性评价与终结性评价相结合，着重评估学生解决情境化问题的过程和结果，反映学生所表现出来的思想政治学科核心素养发展水平。"但在具体的教学评价中，对教学的评价主要还是依据考试的方式，较少采用过程性或发展性的教学评价方式，导致现有的评价方式无法对实际的思政课教学情况进行真实有效的反馈。而在思政课评价过程中，应注重将定性评价与定量评价、静态评价与动态评价、结果评价与过程评价相结合，构建跨学段的评价衔接方法。

五是考核评价缺乏实效性。一方面，在对教师进行评价时，存在着"当前现有的思政课教师评价体系，并不能完全体现和准确反映思政课教师教学活动的投入与效果，存在着评价机制与职业发展相失衡的问题"[①]，制约了教师开展教学活动和教学研究的积极性，导致教师的教学经验不能很好地转化为教学研究成果，难以发挥教学评价对教师教学科研活动的导向作用。另一方面，由于评价主体单一、评价内容不全面、评价方式不健全等问题，导致了对学生分数的过分关注，忽视了对学生进行过程性评价，因此，评价结果缺乏实效性，难以发挥教学评价对思政课的教学改进。在本书编写组开展的一项调查中，49.79%的思政课教师认为学校的评价体系需要完善，只有部分能够实现有效评价；体系不健全不能实现有效评价和尚未建立有效评价的占比达31.91%。很多学校也存在教学评价量化标准不明确的情况。由此可见，评价体系的科学性和有效性仍需加强。

通过上述对教学评价的分析以及本书编写组开展的思政课教师调研中我们不难发现，在实际的教学评价过程中，各自学段内部在评价时也存在着评价主体单一、评价机制不健全、评价流于形式等方面的问题，不同学段之间的衔接更是存在衔接不畅，标准不统一，注重知识性评价缺乏价值性评价、重视结果评价忽视过程评价等方面的问题。这与大中小学思政课一体化建设的要求还存在一定的差距，需要大中小学制定具有一致性的评价体系，畅通不同学段的评价内容、评价方式和评价主体，真正实现思政课程的思想性和价值性功能的统一。

---

[①] 卢黎歌，耶旭妍，王世娟，等. 统筹推进大中小学思政课一体化建设研究：学习习近平总书记在学校思想政治理论课教师座谈会上的重要讲话精神笔谈[J]. 北京工业大学学报（社会科学版），2020，20（1）：9-25.

## （三）义务教育阶段思政课如何做好与相邻学段的衔接

大中小学思政课一体化建设是思政课改革创新，实现铸魂育人的战略性决策，需要各学段同向发力，围绕整体育人目标，开展符合学生身心发展特点和规律的思想政治理论课，通过教学评价，反思教学过程，提升思想政治教育工作者的积极性和主动性，真正发挥不同学段的作用，实现不同学段的衔接和贯通。

具体到教学评价环节，需要从以下几方面着手，做好不同学段的衔接，真正发挥教学评价对思政课教学的指导性和反馈性功能。

一是加强顶层设计，探索建立更具一致性的大中小学思政课评价体系。要实现整体育人目标，推进大中小学思政课一体化工程，必须推进教学评价的一体化建设。当前，不同学段的教育主管部门不同，造成了教学评价只关注自身的体系建设，较少考虑与其他学段的评价衔接的问题。对此，应打破传统的割裂情况，从顶层设计入手，由教育主管部门牵头，制定统一的一体化评价体系，既关注对各自学段的评价体系建设，又要具有一体化意识，将不同学段放到大中小学思政课一体化建设过程中，向后回顾前一学段的评价标准，又要对后一阶段的评价打下坚实的基础，真正做到特殊性与普遍性的统一，保证评价体系的科学性和连贯性，也要"厘清综合评价与专项评价、量化评价与质性评价的跨学段复合关系，全方位、全过程、全因素地制定合理有效的评价维度和指标体系，注重评价体系中道德涵养的价值皈依、表现方案的过程管理、评价影响的多元指标，切实提升评价的反馈效应。"[①]

二是发挥多维评价主体的功能，实现育人评价合力。建设大中小学思政课一体化的评价机制，应发挥不同评价主体间的协同配合作用。首先，应发挥学生的评价主体作用。大中小学应充分尊重学生的评价权利，采取多种途径和方式鼓励学生参与考核评价工作。其次，应充分发挥教师的自我评价作用。考核评价的出发点和落脚点是提升思政课教学的实效性。思政课教师通过开展自评和互评，能够发现自己和他人在教育教学过程中存在的问题，进

---

[①] 卢黎歌，耶旭妍，王世娟，等．统筹推进大中小学思政课一体化建设研究：学习习近平总书记在学校思想政治理论课教师座谈会上的重要讲话精神笔谈［J］．北京工业大学学报（社会科学版），2020，20（1）：9-25．

而有的放矢地解决问题，在实现自我能力提升的同时提高思政课的教学质量。再次，要鼓励不同学段思政课教师进行跨学段评价。开展跨学段的思政课考核评价能够不断提升教师对其他学段思政课的认知，倒逼教师不断提升教学水平，进而加速大中小学思政课一体化建设进程，提升其育人实效性。① 最后，与外界充分沟通，发挥家长和社会的评价作用，使更多人参与到思政课的教学评价过程和学生的成长成才中，真正发挥整体育人合力。

三是完善评价内容体系，确保评价内容符合学生的核心素养要求。要制定科学的思政课评价内容体系，转变传统的唯分数论和中考、高考指挥棒的传统观念，将知识、价值观念和思想道德素质等作为评价的主要内容，而不是一味地强调知识点的背诵记忆，更要注重学生在日常学习生活中的思想政治素质的体现，通过评价内容的完善发挥对学生的思想价值引领。

四是制定多样化的评价方式，实现立体式评价。思政课课程评价衔接应当充分发挥动态性评价、过程性评价、发展性评价的价值，借助课堂表现、作业测试、试卷考试、个人成长资料袋等诸多评价方式，监测相邻学段交相互动、动态延伸的教学过程，记录学生的思想政治素养、道德修养、法治素养、个人修养的发展变化情况，以及在教学情境和现实世界中运用所学知识认识问题、分析问题、解决问题所表现出来的知识和能力水平。② 比如，建立档案袋就是一种对学生开展评价的有效方式。思政课教师可以将学生的平时表现、课程作业、期中期末考试成绩都放到档案袋中，档案袋随学生流动，便于思政课教师及时了解学生的情况，更好地开始思想政治教育工作。

五是切实加强考核评价的实效性。学校和思政课教师要认真研究党和国家制定的方针政策和课程标准，结合学生的具体情况，制定切实可行的、能真正反映教学目标的评价体系，同时立足于本学段，加强与相邻学段的评价衔接，真正做到评价结果与评价目的的一致性，提升评价的实效，推动大中小学思政课一体化建设。

---

① 蔡亮，赵梦天. 大中小学思政课一体化育人实效性探析［J］. 学校党建与思想教育，2022（18）：39-42.
② 吴优，张健华. 统筹推进大中小学思政课有效衔接［J］. 中国高等教育，2023（17）：44-47.

大中小学思政课一体化建设的评价衔接是非常重要的一个环节，需要不同学段共同努力，发挥评价对教学和教师的指导、反馈和调节作用，实现时代新人的培育目标。

第六章

# 义务教育学段思政课建设的困境、成因及解决路径——以云南省大理州为例

大理州作为云南省的滇西战略重点城市，拥有云南省重点马克思主义学院和大中小学思政课一体化研究机构，是云南省滇西地区重要的教育中心。这些能够为大中小学思政课一体化建设研究提供丰富的资源和搭建交流与合作平台。本章节采用问卷调查的方式，从云南省大理州的小学和初中学校中进行抽样，得出部分思政课教师进行调查研究，了解抽样学校推进大中小学思政课一体化建设的现状，总结存在的问题，进而提出相应的解决路径，学期对义务教育学段思政课如何建设提出优化建设。

## 一、思政课建设的困境

### （一）小学思政课存在的困境

1. 小学思政课建设的困境

虽然大中小学思政课一体化建设取得了巨大的发展，但是部分环节的建构还需要逐步完善和提高。根据调查结果，小学思政课还有在忽视为课外拓展课、固化为政治灌输课、异化为自由活动课、窄化为法律科普课以及与初中衔接不足等方面的困境。

目前，小学思政课在课程设置和各类考核评价方式方法上还不完善，在小学阶段的教育体系中的地位较低。同时，小学阶段是整个大中小学思政课一体化建设中参与度最低的学段，还存在着思政课教育资源配备不均衡，思政课育人资源供给不足的情况。如图6-1所示，问卷中对"您认为思政课在当前学段课程体系中的地位如何？"这一问题的回答，有59.15%的教师认为

小学思政课的地位一般，11.06%教师认为小学思政课的地位较低，5.53%的教师认为小学思政课的地位非常低，可见有75.74%的教师认为小学思政课在当前学段课程体系中的地位处于一般到非常低的情况。所以，从侧面可得出目前小学学段提升教师与学生在思政课中的获得感尤为重要。

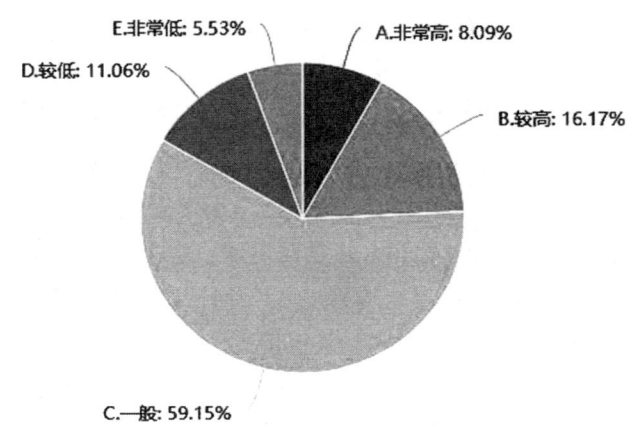

图6-1　您认为思政课在当前学段课程体系中的地位如何？

（1）小学思政课忽视为课外拓展课

在当今社会，小学生的道德素养和法治意识越来越被重视，但部分小学出现了一种现象即将小学思政课的组织形式变为课外拓展课。尽管这种做法似乎更富有趣味性，却忽视了课程的核心本质。首先，小学思政课是一门以培养学生正确的价值观和行为准则为目的的课程。在这门课程中，学生应该学会如何判断是非，如何做出正确的选择，以及如何遵守法律法规。然而，如果将这门课程变为简单的拓展课，就无法达到这些教育目标；一些拓展性游戏虽然可以增加学生的参与度和兴趣，但却不能真正教会他们如何应对各种道德困境和法律问题。只有通过深入思考和讨论，才能使学生真正理解并内化这些道德准则和法规。其次，将小学思政课变为课外拓展课可能导致学生对这门课程的轻视。在当今社会，许多家长和学生都认为道德与法治等人文科目不如数理化重要。如果将这门课程变为拓展课，就容易让学生觉得这门调程只是一种娱乐活动，而非一种必须认真对待的学习内容。这样一来，学生就不会真正重视道德与法治的重要性，也就无法在日常生活中做出正确的选择。

此外，小学思政课作为一门涉及人类社会发展和文明进步的核心科目，其教育内容应该是严谨而深入的。只有通过系统地介绍各种道德准则和法规，并引导学生思考其中的原因和意义，才能使他们真正理解并接受这些价值观念。如果将这些内容简化为各类课外拓展形式，就无法达到教育效果。

（2）小学思政课固化为政治灌输课

近年来，随着社会的发展思政课创新改革的推进，小学思政课在教育界引起了广泛关注。然而，尽管思政课在培养学生的思维能力、道德品质和公民意识方面具有重要作用，但由于一些原因，小学思政课逐渐被固化为政治灌输课。这一困境不仅影响了学生的全面发展，也制约了小学教育的进步。首先，小学思政课固化为政治灌输课的主要原因之一是教材内容单一。当前，小学思政课教材中大部分内容都是宣传党的理论和主张，强调党的正确路线和思想，忽视了其他重要的知识和价值观。这种单一的教材内容容易导致学生对思政课产生厌烦和抵触情绪，进而影响他们对于思政课的认同感和兴趣。其次，小学思政课固化为政治灌输课还存在教师素质不高的问题。思政课教师的能力和水平直接影响着课堂教学的效果。然而，目前一些小学思政课教师缺乏专业知识和教育理论的深入研究，无法将思政课融入学生的日常生活，仅停留在灌输知识的层面。这样一来，学生会觉得思政课枯燥乏味，缺乏兴趣和动力去学习。此外，小学思政课固化为政治灌输课还受家庭教育环境的影响。当前，一些家庭对小学思政课的重视程度不高，甚至有些家长对于思政课存在误解和偏见。他们认为思政课无关紧要，因此在家庭教育中也不给予足够的关注和支持。这种家庭环境对于培养学生正确的价值观和社会意识具有消极影响。

（3）小学思政课异化为自由活动课

首先，小学思政课异化为自由活动课的一个主要原因是师资力量不足。随着教育领域的发展，大量优秀的教师逐渐流失或者转行，而剩下来的一些教师饱受压力和负担。在这种情况下，很多乡村小学只能雇佣一些没有相关专业背景或者经验不足的人员来承担思政课教学任务。这些老师缺乏相关知识和教育技巧，无法有效地传递思政课的内容，也无法引导学生进行深入的思考和讨论。因此，他们往往将思政课变成了自由活动课，只是简单地让学生观看一些宣传片或者玩一些游戏，而没有真正的教学和学习。其次，小学思政课异化为自由活动课的另一个原因是教材和内容的问题。当前，小学思政课的教材往往过于简单和单调，缺乏足够的深度和广度。一些教材只是简单地介绍国家的基本情况和历史事件，并没有涉及更为亲近学生生活的主题。这样一来，学生难以从中获取真正的知识和启发，也无法形成完整的世界观和人生观。同时，一些教材还存在着过时的问题，无法与时俱进地反映社会变化和发展。因此，在这种情况下，老师往往只能选择让学生进行一些表面上的活动，而无法真正达到思政课应有的目标。此外，小学思政课异化为自由活动课还与学生自身特点有关。小学生正处于个性形成和价值观建立的关键时期，他们对事物有着很强的好奇心和求知欲。然而，由于教材和教学方法的问题，他们往往无法得到真正的启发和指导。在这种情况下，他们就会将思政课当作一种娱乐活动，只是简单地参与其中，而没有真正的思考和理解。这样一来，思政课就失去了原本的目标和意义，也无法对学生产生积极的影响和改变。

（4）小学思政课窄化为法律科普课

自改革开放以来，我国小学教育取得了长足的发展，小学思政课也成为培养优秀公民的重要环节。然而，近年来，小学思政课面临着一个严重的困境：小学思政课逐渐窄化为法律科普课。这一现象引起了广泛关注和讨论。

首先，作为一门重要的社会科学课程，小学思政课的目标应该是培养学生正确的价值观、道德观和公民意识，使他们具备良好的社会责任感和批判性思维能力。然而，近年来，由于种种原因，小学思政课逐渐远离了这些目标，变得狭隘起来。其次，小学思政课逐渐窄化为法律科普课是如何发生的呢？有人认为这与社会发展的需要有关。随着我国法制建设的不断完善，法律知识对于公民来说越来越重要，小学思政课就应该起到普及法律知识的作用。然而，这种观点忽视了小学思政课的本质和独特性。小学思政课不仅是一门科普课程，更重要的是培养学生的思维能力和社会责任感。如果把它简单地变成一门法律科普课，就会失去了原本的价值。这主要与教育体制、教材编排和教师素质等因素有关。首先，现行的教育体制过分强调考试成绩，导致教师在教学过程中更注重知识的传授而忽视了思维能力的培养。其次，现行的教材编排也存在问题。一些教材过于注重法律知识的传授，忽视了道德、伦理等方面的内容。再者，一些小学思政课教师在专业素质上存在不足，缺乏对小学思政课目标的深刻理解和把握。

2. 小学学段思政课与相邻学段思政课的衔接困境

小学思政课在课程设置与各类考核评价方式方法还不完善，在小学阶段的教育体系中地位较低。所以就存在学段间的思政课未基于学生的成长规律进行顶层设计、学段间的思政课教学目标缺乏过渡性和实施的实效性两方面的困境。如图6-2所示，在调查问卷中，对"您熟悉其他学段的思想政治理论课课程目标、教学内容吗?"这一问题的回答，有54.89%的小学思政课教师认为一般熟悉，22.13%小学思政课教师认为不熟悉，所以77.02%的教师认为小学思政课教师对于相邻学段的课课程目标、教学内容不熟悉。对"您是否熟悉其他学段的教材、教法和教学要求?"这一问题的回答，有46.00%的小学思政课教师认为一般熟悉，20.00%小学思政课教师认为不熟悉。对"您认为当前思想政治理论课的课程目标是否符合学生认知规律?"这一问题的回答，有52.77%的教师认为非常符合，47.23%教师认为一般符合。综上，结合图6-2、图6-3、图6-4来看小学思政课与相邻学段思政课衔接的建设还处于不完善的阶段。

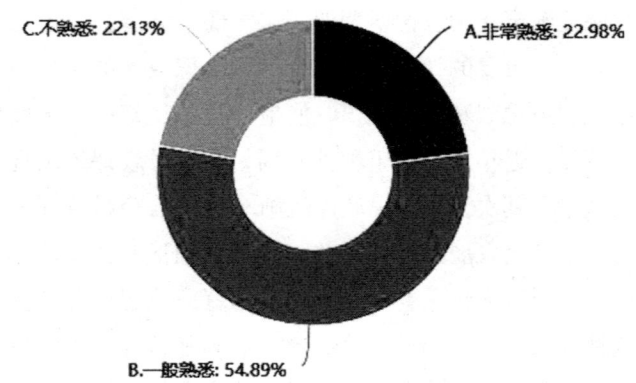

图 6-2　您熟悉其他学段的思想政治理论课课程目标、教学内容吗?

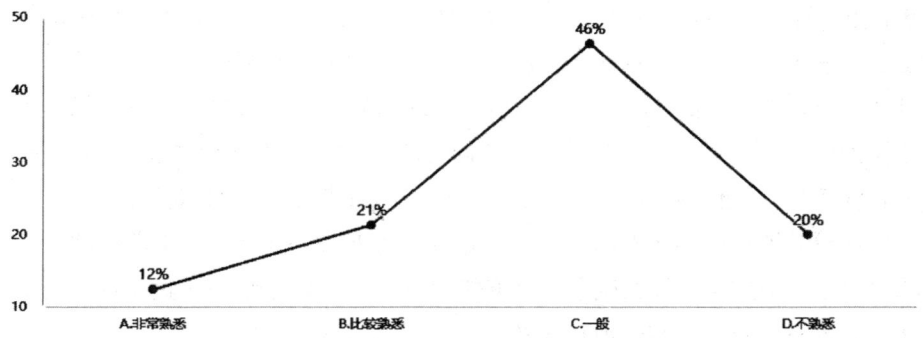

图 6-3 您是否熟悉其他学段的教材、教法和教学要求？

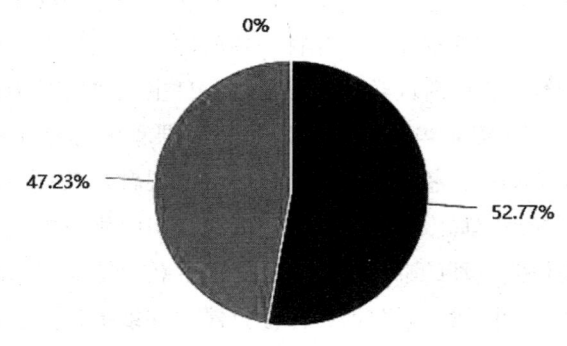

图 6-4 您认为当前思想政治理论课的课程目标是否符合学生认知规律？

（1）学段间的思政课未基于学生的成长规律进行顶层设计

思想政治课是我国教育体系中不可或缺的一环，旨在培养学生正确的价值观、丰富的思维能力和积极向上的人生态度。然而，在小学和初中阶段，存在一个衔接困境，即小学与初中的思政课未基于学生的成长规律进行顶层设计。

第一，小学阶段思政课程设计不合理。小学阶段是孩子们成长发展的重要时期，他们渴望获得知识，探索世界，建立自己的世界观和价值观。然而，在小学阶段，许多思政课程设计并没有充分考虑到这些需求。首先，小学思政课程内容注重灌输性知识传授，缺乏启发式教育。过多注重知识点的堆砌和记忆，使得孩子们只是机械地记住了知识点，而缺乏思考和分析的能力。这使得孩子们缺乏对社会问题的敏感度和理解力。其次，小学阶段思政课程注重传统文化的灌输，缺少与时俱进的内容。尽管传统文化是我们国家宝贵的财富，但是在信息时代，孩子们也需要了解当代社会的发展和变化。若仅注重传统文化的传承，将无法满足孩子们对多元文化的需求。再次，小学阶段思政课程中存在着部分过于抽象和晦涩难懂的内容。[①] 小学生的认知水平有限，他们对于抽象概念的理解能力较弱。如果思政课程过于抽象，孩子们将难以理解其中的道理和含义。

第二，初中阶段思政课程设计需改进。初中阶段是孩子们人生观、价值观形成的关键时期，也是他们开始思考社会问题、关注公共事务的时期。然而，在初中阶段，思政课程设计仍存在一些问题。首先，思政课程内容过于单一，缺乏多样性。初中阶段学生越发独立、自主，他们对于社会问题的关注度也逐渐提高。然而，当前初中阶段的思政课程内容过于单一，偏重政治、历史等方面的知识，忽视了其他学科的价值观融合教育。这将导致孩子们对于社会问题的理解局限于某一领域。其次，初中阶段思政课程缺乏实践性教育。实践是检验真理的唯一标准，也是学生获取知识和培养能力的重要手段。然而，在初中阶段，思政课程往往只停留在纸上谈兵，缺少与实际生活紧密结合的教学模式。[②] 这使得孩子们对于所学知识的理解和运用能力相对较弱。再次，初中阶段思政课程缺乏足够的互动性。互动是培养学生思考能力和团队意识的有效途径。然而，在当前初中阶段的思政课堂中，学生往往只是被动地接受知识和信息，缺乏主动性和创造性。

（2）学段间的思政课教学目标缺乏过渡性和实施的实效性

随着社会的不断发展和进步，人们对于思政课的重视程度也逐渐提升。作为培养学生良好思想道德品质和社会主义核心价值观的重要途径，思政课在小学和初中阶段都具有重要意义。然而，我们必须承认，在小学与初中的思政课教学中存在着一定的衔接困境，主要体现在其教学目标缺乏过渡性和

---

① 冯建军. 义务教育道德与法治课程性质 [J]. 思想政治课教学，2022（5）：4-10.
② 李晓东，黄彦霖. 道德与法治课程标准的修订背景与主要结构 [J]. 中学政治教学参考，2022（26）：12-14.

实施的实效性。

首先,小学思政课与初中思政课教学目标缺乏过渡性。第一,缺乏层次感。小学思政课注重培养学生的基本道德素养和价值观念,以培养良好的行为习惯为主要目标。而初中思政课则更侧重于培养学生的综合素质和社会责任感。然而,在两个阶段之间缺乏明确的过渡目标,导致学生在初中思政课中难以适应新的教学内容和要求。第二,缺乏延续性。小学思政课注重培养学生的基本道德观念和行为准则,但在初中阶段,这些观念往往没有得到有效的延续和发展。初中思政课更多地涉及社会问题和现实挑战,但由于小学阶段教育的不足和教育资源的不平衡,学生在初中思政课中面临着巨大的认知和理解障碍。

其次,小学思政课与初中思政课实施的实效性不高。第一,缺乏针对性。小学思政课通常以简单易懂、生动有趣的方式进行教学,注重培养学生的道德情感。然而,在初中阶段,由于学科知识的增加和复杂性的提升,思政课容易被边缘化,导致教育效果不佳。第二,缺乏互动性。小学思政课注重师生互动和同伴互动,鼓励学生积极参与讨论和表达自己的观点。然而,初中思政课往往以知识传授为主,学生的参与度不高,导致教育效果不佳。

(3) 学段间的思政课学科知识的衔接缺乏结构性和系统性

教育是社会发展的基石,而思想政治教育则是培养和塑造优秀公民的重要途径。然而,现实中我们常常发现,小学学段思政课与初中思政课之间存在着一定的衔接困境。

首先是衔接缺乏结构性。第一,小学思政课内容过于宽泛。小学思政课通常包括爱国主义、集体主义等方面的教育内容,但这些内容往往过于宽泛,缺乏具体细化。例如,在国旗下讲话这一环节中,小学生只是简单地背诵几句话,对其中蕴含的深层意义并没有真正理解。这导致了小学阶段只注重灌输知识,忽略了对学生情感态度和价值观念的培养。第二,缺乏与初中阶段的衔接。小学思政课与初中思政课之间缺乏衔接,导致学生在初中阶段面临知识断层。例如,小学思政课中未能涉及国家制度、法律法规范等方面的详细内容,而这些内容在初中思政课中却是必修的。因此,学生在初中思政课中很难理解这些新知识,也无法将其与小学阶段所学的内容进行联系。

其次是衔接缺乏系统性。第一，小学思政课教辅缺乏科学性。以往小学阶段的思政课教辅大多由教师自编，缺乏统一的标准和科学性。[①] 教师在编写教材时往往根据个人经验和理解，难以确保教材的全面性和准确性。这导致了小学阶段所学的思政课知识存在片面性和局限性。第二，初中思政课内容过于抽象。初中阶段的思政课内容更加抽象，许多概念和理论需要有较高的认知能力才能理解和掌握。然而，由于小学阶段对思政课教育缺乏系统性培养，学生在初中阶段往往无法适应这种抽象的教学内容，导致学习困难。

（二）初中思政课建设面临的困境

党的十八大以来，思政课越来越受到党和国家的重视，一系列关于思政课建设的文件和政策的下发，为思政课建设提供了根本遵循，思政课越来越发挥出了为党育人、为国育才的实效。但我们也不难发现，大中小学思政课一体化建设的推进到现在，初中思政课建设还存在着很多建设的困境，突出表现为与相邻学段尚未形成有效衔接、初中思政课激发学生主动学习的能量不高、社会大课堂和思政小课堂未实现有效衔接、教学经验难以转化为高质量的科研成果和教学评价体系有待进一步完善的困境。

1. 初中思政课与相邻学段尚未实现有效衔接

自2019年，习近平总书记主持召开学校思想政治理论课教师座谈会以来，小学、初中、高中、大学的各种德育课程和思政课统一了课程名称，统称为思想政治理论课（简称思政课），大中小学思政课一体化建设的理论和实践如火如荼地开展了起来。在大中小德育一体化建设的基础上，大中小学思政课一体化建设取得了巨大的成效，思政课的整体育人目标逐渐明确，教材编写工作逐步开展，教学内容和教学方法也逐渐成为学术界研究的重点问题，不同学段间教师的沟通和交流逐步展开，学段壁垒在慢慢打破。但也应该看到，大中小学思政课一体化建设是一项复杂的系统工程，需要各个学段同时发力，从整体的育人目标出发，真正守好各个学段的一段渠。初中思政课同样如此，与相邻学段思政课之间还存在如何破解衔接不畅困境的难题。

有学者曾指出："思政课一体化需要处理好的关键问题就是课程本身总

---

① 严兴文，梁思贤. 教学评一致性实施的现状、问题与路径：以义务教育阶段思政课为例 [J]. 中学政治教学参考，2023（23）：69-72.

体思想的贯通性和学段课程内容差异性间的关系。所谓循序渐进、螺旋上升，就是要做好不同学段授课内容与授课目标的定位，既要保持一致性和连续性，又要体现出不同学段的差异性和针对性。"① 初中思政课作为大中小学思政课一体化建设的一员，作为小学思政课和高中思政课的中间衔接阶段，如何立足整体育人目标，科学合理地规划本学段的教学目标、教学内容、教学方法和教学评价，真正将初中学段学生的特殊性和初中思政课的独特地位发挥出来，真正做到学段特殊性和育人整体性的统一，真正发挥初中思政课在大中小学思政课一体化建设中的作用，衔接相邻学段思政课，是初中思政课目标面临的最大的困境，也是一个极具研究价值的理论课题和实践课题。

2. 初中思政课激发学生主动学习的能量不高

"要我学"和"我要学"是两种完全不同的学习理念。"要我学"存在很强的强制性和无目的性，学生并没有从自身的实际需求出发，而是因为别人要求，主要从对方的角度出发开展学习，是一种被动的学习方式。"我要学"则完全不同，是基于自身的需要，从被动的学习转变为主动的学习，主动探索思政课所蕴含的知识和价值。从学习效果来看，"我要学"的学习效果要优于"要我学"，也更加符合素质教育中"以人为本"的教育理念，促使学生成为学习的主人。

在思想政治教育中，思想政治教育的教育者和受教育者是一对基本范畴。目前学界对教育者和教育对象开展了丰富的研究，更多的学者倾向于认为受教育者同时也是教育者，他们可以对自身开展自我教育，而且通过自我教育和学校教育相互配合，学习的效果更加积极有效。思政课是一门综合性很强的学科，不仅要向学生讲授知识体系，还要做好对学生的思想价值引领，更要教会学生看待问题和解决问题的方法。但在实际的思政课教学中还存在着学生学习的积极性不高的问题。在对大理州思政课教师的调查中发现，认为"学生学习思政课的主动性"非常强的占 7.84%，较强的占 11.76%，一般的占比 62.75%，较弱的占 13.73%，非常弱的占 3.92%，主动性一般、较弱、非常弱的总占比高达 80.4%。可见，非常多的教师认为学生

---

① 赵欣，崔红艳，安文娟. 思政课一体化建设的内涵、困境与提升路径研究［J］. 中国教育学刊，2021（S2）：200-204.

缺乏学习思政课的积极性和主动性。毋庸置疑，只有破解学生学习思政课主动性欠缺的困境，充分发挥学生学习思政课的积极性和主动性，学生才会真正把爱国情、强国志、报国行融入自己的思想认知和行动，积极投身于中国特色社会主义事业的建设过程中来。

3. 社会大课堂与初中思政课堂尚未有效融合

思政课是一门综合性很强的学科，不仅要向学生传递相关知识，更要增强学生的思想价值引领，实现学生思想和行动的统一，因此思政课要做到将枯燥的理论知识与学生日常的生活体验相联系，注重发挥社会实践的重要作用，做到理论性与实践性相统一。在思政课的教学过程中，不仅要发挥思政课堂的主渠道作用，更要将思政小课堂与社会大课堂紧密结合起来，让学生切身感受到思想政治教育的知识体系和价值观念。

但在初中思政课的教学过程中，课堂讲授还是占据了很大的比例。很多思政课教师还是采用课堂灌输的方法开展思政课，不能很好地"把学生课堂所学、生活体验与社会实践相结合"①，导致学生缺乏学习思政课的兴趣，思政课的育人实效难以发挥。在针对大理州思政课教师的调查研究中发现，认为"理论教学为主，实践教学严重不足"的占 48.04%，认为"理论教学为主，实践教学较为不足"的占 47.06%，认为"理论教学和实践教学都充足"的仅占 4.9%。从学界关于思想政治教育中社会实践的现状研究中也可以发现，社会实践在思政课中存在着不充足的情况。随着学生步入初中阶段，他们接触到的信息也越来越多，仅依靠思政课堂的讲授，难以引发学生的深刻思考，难以做到真正的入脑入心，只有将思政课堂与社会实践结合起来，充分发挥社会大课堂的作用，通过开展形式多样的社会实践活动，才能使学生真正了解真实的中国和世界，用思政课堂学到的知识解决现实社会中存在的问题。

4. 教育教学经验难以转化为高质量科研成果

为了解大中小学思政课一体化建设中各学段的成果发表情况，2023 年 9 月 6 日上午 10 时 24 分，笔者在中国知网（CNKI）分别以"大学思政课""高中思政课""初中思政课""小学思政课"为主题，在学术期刊库检索

---

① 赵欣，崔红艳，安文娟. 思政课一体化建设的内涵、困境与提升路径研究［J］. 中国教育学刊，2021（S2）：200-204.

2019年以后的期刊文献并进行数量统计,后在中国国家图书馆官网(网址:http://www.nlc.cn/web/index.shtml)分别以"大学思政课""高中思政课""初中思政课""小学思政课"为主题,检索2019年以后的书籍发行情况,统计结果如表6-1所示:

表6-1 不同学段思政课专著统计

| 序号 | 类型 | 中国知网学术期刊统计 | | 中国国家图书馆书籍出版数量 |
| --- | --- | --- | --- | --- |
| | | 学术期刊总数 | 其中北大核心、CSSCI数量 | |
| 1 | 大学思政课 | 648 | 97 | 约1300 |
| 2 | 高中思政课 | 366 | 194 | 约420 |
| 3 | 初中思政课 | 212 | 124 | 约110 |
| 4 | 小学思政课 | 210 | 93 | 约40 |

通过在中国知网和中国国家图书馆官网查询到的资料显示,学界对大学思政课的研究最多,而与初中思政课相关的学术期刊和书籍的出版数量都比较少。在关于大理州初中思政课教师的调查中发现,教师"发表与思政课教育教学相关的论文"数量,0篇的占52.94%,1~3篇的占比32.35%,4~9篇的占比13.73%,10篇以上的占比0.98%。同样是对这部分教师的教龄的调研,教龄20年以上的占比55.88%,15~20年的占比9.81%,10~15年的占比7.84%,5~10年的占比11.76%,5年以下的占比14.71%,教龄10年以上总占比达到73.53%。这部分教师耕耘教坛10年以上,拥有丰富的理论知识和教育教学经验,但是发表的论文数量却比较少。因此,如何促使思政课教师将丰富的教育教学经验提炼和总结,形成对初中思政课教育教学的高质量科研成果,将是推动初中思政课打破学段壁垒,推动思政课内涵式发展的最大的推动力量。

5. 初中思政课教学评价体系有待进一步完善

教学评价是对思政课教学效果的评估和总结,也是检验、提升教学质量的重要方式和手段,对思政课的教学内容、教学方法都有一定的指导作用。因此,教学评价体系的科学与否非常关键。在教育部下发的《关于全面深化课程改革落实立德树人根本任务的意见》中指出,要"加快推进考试招生制度改革，注重综合考查学生发展情况，引导学校实施素质教育，科学选拔人才。各级考试命题机构要严格以国家课程标准和国家人才选拔要求为依据组织中、高考命题，评估命题质量，保证考试的导向性、科学性和规范性。"① 在《义务教育道德与法治课程标准（2022年版）》中对教学评价进行了详细的描述，要求坚持素养导向、坚持以评促学、坚持以评促教、坚持表现性评价和坚持多主体评价，切实将课堂评价、作业评价、期终评价相结合，充分发挥教学评价的指导作用。

但是在思政课的评价体系中，依然存在着评价体系不科学、不健全的情况。作为大中小学思政课一体化建设中的初中思政课，其课程评价体系不仅要体现初中学生的身心发展特点和规律，还要将评价贯穿到大中小学的不同学段，既要关照小学学段的评价，又要与高中思政课做好衔接，将教学评价体系的特殊性与整体性贯穿始终。2020年10月，中共中央、国务院印发了《深化新时代教育评价改革总体方案》，指出要"扭转不科学的教育评价导向，坚决克服唯分数、唯升学、唯文凭、唯论文、唯帽子的顽瘴痼疾，提高教育治理能力和水平。"② 而在现实的思政课教学中，"五唯"现象依然存在。制定科学有效的教学评价体系，有效发挥教学评价体系对思政课的指导作用依然是初中思政课建设面临的一大困境。

**二、思政课建设困境的成因分析**

（一）小学思政课建设困境的成因分析

根据大理州大中小学思政课一体化建设过程中存在的问题，发现其原因主要有教师、学生、环境、评价等各个主体间的合作机制还不够健全，思政课课程体系有待完善以及以课堂讲授为主的传统教学模式的影响，教学资源缺乏、支持力量薄弱，即教师自身跨界交流与合作的意识、师资配备、科研任务、学习平台以及具体指导等客观条件的制约。本节将结合文献、调查数

---

① 教育部．教育部关于全面深化课程改革落实立德树人根本任务的意见［Z］．教基二〔2014〕4号．
② 中共中央国务院．中共中央国务院印发《深化新时代教育评价改革总体方案》［EB/OL］．新华社，2020-10-13．

据和访谈结果对这些原因进行分析。

1. 教师：教学理念陈旧、衔接意识不足

思政课是培养学生综合素质、塑造正确价值观的重要课程之一。然而，在小学阶段，思政课的一体化建设面临着许多困境。其中一个重要原因是教师的教学理念陈旧，衔接意识不足。本节将从理论与实践两方面，分析这一问题的成因。

（1）教师的教学理念陈旧

教育观念滞后。在传统观念中，小学阶段被认为是知识传授的主要阶段，而德育、思想品德培养往往被边缘化。部分教师仍然停留在"填鸭式"的教育层面上，只注重知识的灌输，忽视了培养学生综合素质和正确价值观的重要性。教材选择单一。当前，小学思政课教材大多数只侧重于具体知识点的讲解，缺乏理论与实践相结合的内容。这使得教师在教学过程中缺乏灵活性和创造性，难以引导学生思考、分析问题。教学方法陈旧。部分教师仍然采用传统的讲授方式，缺乏互动和启发式教学。他们过于注重知识点的呈现，而忽视了培养学生的逻辑思维能力、创新意识和社会责任感。

（2）衔接意识不足

学科之间缺乏衔接，小学阶段各个学科的教学往往是独立进行的，缺乏有效的衔接。这导致思政课与其他学科之间难以形成有机联系，无法将思政课融入其他学科。学校与社会之间脱节，当前社会发展迅速，小学生面临着日益复杂多变的社会环境。然而，部分小学思政课的教学内容与社会现实脱节，无法满足学生对社会问题的认知需求。教师与家长之间沟通不畅，家庭是孩子成长的重要环境，家长在学生思想道德教育中扮演着重要的角色。然而，由于沟通不畅，部分教师无法与家长有效合作，无法共同关注学生的发展需求。

2. 学生：探究意识薄弱、认知能力有限

在当今社会中，小学思政课在一体化建设是教育改革的重要方向之一。其中，学生的探究意识薄弱和认知能力有限是制约其发展的主要原因。在调查问卷中"您认为学生学习思政课的主动性如何？"问题的回答有55.74%的思政课教师认为小学生在思政课上的学习主动性较为一般，有11.5%的思政课教师认为小学生在思政课上的学习主动性较为较弱。（见图6-5）这些老师希望通过教学培训与指导活动，提高学生对于思政课的学习自觉。

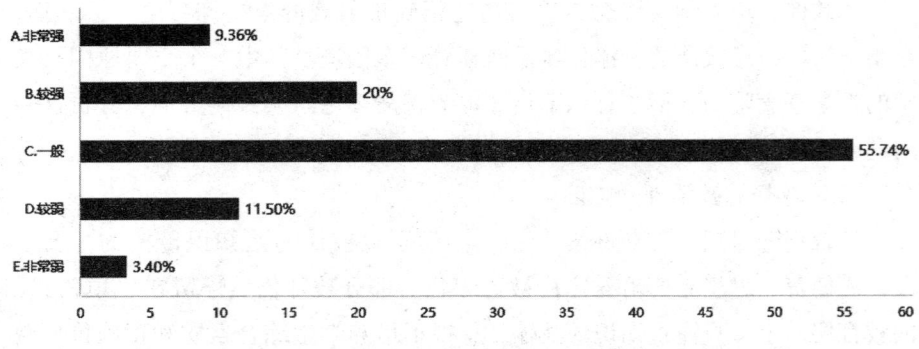

图6-5　您认为学生学习思政课的主动性如何？

（1）学生的探究意识薄弱

学生的探究意识薄弱是小学思政课一体化建设中的一个关键问题。首先，我们需要认识到，探究是人类认知发展的基本路径之一。通过探究，人们可以积极主动地获取知识、培养创新能力和解决问题的能力。然而，在小学阶段，由于对探究概念和方法的了解不足，学生在思政课上往往表现出对问题的被动接受态度，缺乏独立思考和创新精神。其次，教育环境的限制也是学生探究意识薄弱的重要原因。当前，小学教育仍然以传授知识为主导，重视对学生进行信息输入和技能培养，而忽视了培养学生的思辨能力和创新意识。在这样的环境下，学生很难有机会发挥自己的主动性，尤其是在思政课上。此外，家庭教育也是影响学生探究意识的重要因素。在一些家庭中，父母过分关注孩子的成绩和功利性教育，导致孩子缺乏独立思考和自主探索的机会。这种教育方式使得学生对于思政课中提出的问题缺乏兴趣，甚至产生厌倦情绪。

（2）认知能力有限

除了探究意识薄弱之外，学生的认知能力有限也是小学思政课一体化建设困境的重要成因。首先，小学阶段学生的认知水平相对较低，他们对于复杂抽象概念的理解能力有限。思政课作为一门涉及伦理、道德、政治等复杂概念的课程，对于学生来说往往具有较大的挑战性。其次，学生的思维方式受到限制。在小学阶段，学生的思维方式主要是感性和直观的，缺乏系统性和抽象性。这种思维方式限制了他们对于思政课中问题的深入理解和探讨。最后，教育资源不足也是制约学生认知能力发展的重要因素。一些地区的小学教育条件相对较差，师资力量不足，教学设施简陋，这给学生的认知能力培养带来了困难。在这样的环境下，学生很难获得良好的教学资源和有效的指导。

3. 环境：教学资源缺乏、支持力量薄弱

小学思想政治课是培养学生正确世界观、人生观和价值观的重要课程，也是把握学生全面发展的重要环节。然而，当前小学思政课一体化建设面临着许多困境。本节将从教学资源缺乏和支持力量薄弱两方面进行分析，以期加深对该问题的认识，并提出相应的解决办法。如图6-6所示，在调查问卷中，对于"您当前与其他学段的思政课教师交流的机会如何?"该问题，有74.04%的小学思政课教师认为与其他学段的思政课交流机会较少，有13.19%的小学思政课教师认为没有机会。这些老师希望通过教学培训与指导活动，学习其他学段思政课教师的教学经验，然而，部分思政课教师也存在缺乏交流与合作的意识，缺乏合作的激励机制，所以不太愿意与其他学段的教师开展教学交流与合作。

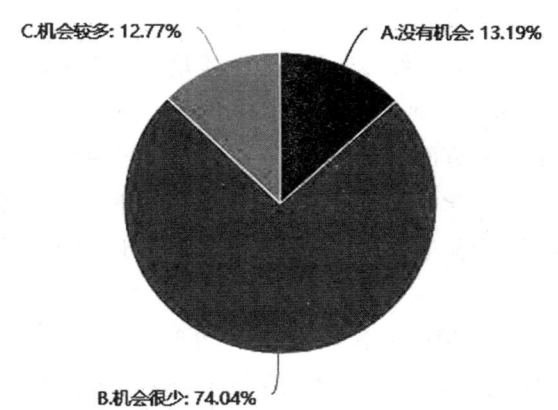

图6-6　您当前与其他学段的思政课教师交流的机会如何？

（1）教学资源缺乏是小学思政课一体化建设困境的主要成因之一

教材资源匮乏。小学思政课一体化建设需要有专门的教材作为基础，然而现有的小学思政课教材在内容和形式上存在着不足。首先，现行的小学思政课教材内容单一，缺乏多样性，无法满足不同地区、不同学生群体的需求。其次，在形式上，现行教材大多采用传统的讲授方式，缺乏互动性和趣味性，难以激发学生的兴趣和参与度。这导致教学效果不佳，影响了学生的思政课学习积极性。

师资力量不足。小学思政课一体化建设需要有一支高素质、专业化的师资队伍来保证教学质量。然而，目前小学思政课教师的整体素质不高，专业知识和教育教学能力相对薄弱。首先，目前小学思政课教师的培养机制不够健全，缺乏系统的培训和研修机会，导致其专业素养无法得到有效提升。其次，小学思政课教师的选拔和任用机制也存在问题，往往只注重教龄和职称等硬性指标，忽视了教师的专业素养和教育教学能力。

（2）支持力量薄弱是小学思政课一体化建设困境的另一主要成因

首先是相关政策缺失。小学思政课一体化建设需要有相关政策的支持与保障。然而，当前相关政策仍然存在缺失。首先，在政策层面上，对于小学思政课一体化建设的指导性文件和政策规定较为缺乏，没有统一的指南来规范各地的实施。其次，在教育部门投入方面，对小学思政课一体化建设的经费投入不足，导致教育资源配置不均衡，影响了教学质量。

其次也存在家庭支持不够的现象。家庭是培养学生正确世界观、人生观和价值观的重要环节。然而，当前家庭对小学思政课一体化建设的支持不够。首先，在家长教育方面，部分家长在对待孩子思想教育时存在被动和消极的态度，往往只关注学业成绩而忽视思政课程的重要性。其次，在家庭环境方面，由于现代社会竞争激烈，许多家庭都忙于工作和生活，无法给予足够的关注和支持。

4. 评价：一体化评价体系不全、教学评价单一

"评价一体化是思政课一体化建设的重要保障，需从组织管理层面发力，提供评价保障。"评价体系一体化是保障思政课一体化建设顺利进行的有力支撑。但是在实施的过程中评价内容及其主体权责还不明确和评价机制有待完善。在调查问卷中，对于"您所在学校建立的评价体系是否能够实现有效评价？"问题的回答，有50.21%的小学思政课教师认为自己所任职学校评价

体系还不够完善（23.4%、8.51%、18.3%）。关于"您认为思想政治理论课课程评价存在哪些问题"的多选题分析显示（参与问卷调查的教师有235名），"评价主体单一"被180名教师（76.6%）选择，显著高于其他选项；其次是163名教师选择的"评价的机制不够完善"（69.36%）和162名教师选择的"评价的标准不够全面"（68.94%）。值得注意的是，131名教师选择的"评价流于形式"占55.74%，以上数据均高于50%，需深入探究一体化评价体系不全作为小学思政课建设困境的一个重要因素背后的深层次原因。

一体化评价体系不全是小学思政课建设困境的一个重要因素。在当前的教育改革过程中，我们强调了对综合素质的培养和评价，但是对于思政课来说，却缺乏一个完善的评价体系。目前，很多学校在开展思政课教学时仍然以知识点为主要内容，评价方式也仅限于考试成绩。这种单一的评价方式无法全面反映出孩子们在道德、思想、文化等方面的发展情况，更无法激发他们的学习兴趣和创造力。因此，我们需要建立一套科学合理的评价体系，将思政课教学纳入综合素质评价的范畴。这样，我们才能真正实现对孩子们全面发展的关注和引导。

教学评价单一也是小学思政课建设困境的一个重要原因。当前，很多思政课教师在教学过程中普遍存在以灌输为主、缺乏互动性的问题。这种教学方式不利于培养学生的自主思考和创新能力。同时，在评价方面，也存在着只注重结果而忽视过程的问题。这种单一的教学评价方式不仅无法激励学生主动参与思考，还容易导致教师过分追求分数而忽视对学生个性化发展的关注。因此，我们需要改变传统的教学方式，注重培养学生的思辨能力和创新意识，并将评价从结果导向转变为过程导向。只有这样，我们才能真正激发孩子们的学习热情和创造力。

除了上述两个原因外，小学思政课建设困境还有许多其他的原因。首先，教师队伍建设不足是一个重要的因素。当前，很多小学思政课教师缺乏足够的专业知识和教学经验，无法有效地引领学生进行思政教育。其次，课程资源不足也是一个重要问题。很多学校在思政课教学中缺乏合适的教辅资料，这给兼职教师的教学工作带来了不小的困扰。再次，家校合作不够密切也是小学思政课建设困境的一个重要原因。家长对于孩子道德教育的重视程度普遍较低，缺乏与学校积极配合的态度。最后，社会环境也对小学思政课建设造成了一定的阻力。当前社会风气不正、道德观念淡薄，给思政课的教育任务带来了极大的困难。

为了解决小学思政课建设困境，我们需要采取一系列有针对性的措施。首先，在评价体系方面，应该建立起科学合理的评价体系，将思政课纳入综合素质评价中去。其次，在教学方式上，应该改变传统的灌输式教学，注重培养学生的思辨能力和创新意识。同时，也要转变评价方式，注重过程导向，关注学生个性化发展。此外，还需要加强教师队伍建设，提供更多的培训机会和专业知识支持，提高教师的教育水平和教学能力。同时，也要加大对课程资源的投入，提供更多的教材和教辅资料。此外，家校合作也是非常重要的一环，学校和家长应该加强沟通与合作，共同关注孩子的道德教育。最后，在社会环境方面，各级政府和社会各界应该共同努力，营造良好的道德风尚和社会氛围。

综上所述，一体化评价体系不全和教学评价单一是导致小学思政课建设困境的重要原因。为了解决这些问题，我们需要建立科学合理的评价体系，并改变传统的灌输式教学方式。同时，也需要加强教师队伍建设、提供更多的课程资源，并加强家校合作。最后，我们也需要共同努力，营造良好的社会环境，为小学思政课的建设创造有利条件。只有这样，我们才能真正实现小学思政课的全面发展和提高。

（二）初中思政课建设困境的成因分析

初中思政课建设存在的困境并不仅是初中思政课自身的问题，还涉及学校、社会、教育主管部门等方面的因素影响。因此，除思政教师对学生缺乏深入的了解和思政课教师队伍的专业化有待加强外，传统的应试教育观念、学校对思政课不够重视、思政课基础理论研究有待加深等问题也是造成当前初中思政课建设困境的重要原因。只有对成因进行深入分析，才能提出有针对性的路径，真正推动初中思政课内涵式发展。

1. 传统应试教育观念的影响

在素质教育理念提出以前，中国传统的教育观念是应试教育，即以中考、高考为指挥棒，以应付考试为主要目标，通常学生考试的分数很高，但是没有真正在情感上认同，也难以真正得到践行。随着素质教育理念的提出，以学生为本的教育理念也逐渐发展起来，思政课也越来越关注学生，注重从学生的实际生活出发，了解学生的需求，将思政课与学生的情感需求结合起来，在一定程度上转变了教育理念。但在实际的教学过程中，初中思政课在中考中所占的分值不高，课时有限，思政课教师较多地采用灌输式的方式开展思政课教学，仍以中考和高考为目标，以知识点或考点为主，向学生讲授思政课的知识，忽视了对学生价值性的引领。在大中小学思政课一体化建设的新时代，只有转变传统的应试教育的观念，从时代新人的培育和社会主义建设者和接班人的整体育人目标出发，注重理论与实践相结合，注重知识性和价值性的统一，初中思政课才能真正发挥作用，实现初中学段的育人目标，为学生的政治素养的提升和勇担时代使命打下坚实的思想基础，只有从为党育人、为国育才的要求出发，真正使思政课入学生的头脑，使学生善于用马克思主义的世界观和方法论解决现实问题，提升分析问题和解决问题的能力。

2. 缺乏对学生身心特点的了解

受教育者是思想政治教育重要的研究内容之一，思想政治教育就是按照统治阶级的意愿，对受教育者进行思想政治教育，使他们的思想政治水平达到统治阶级的要求。而要达到思想政治教育的实效性，就必须充分了解教育对象的身心发展特点和规律，从受教育者的角度出发，采用适合当前学段学生的教学内容，采用科学的教学方法，充分发挥学生的积极性和主动性，提升思政课的吸引力和感染力。一是学生的身心发展不是一蹴而就的，而是一个循序渐进的过程，具有明显的层次性和发展性。"学生在不同的发展阶段有不同的差异化需求和阶段性要求，思政课教学必须适应学生阶段性发展特点和身心发展规律，实现对中小学各个学段课程目标和课程资源的优化设计和合理分配，制订更加适切、科学的教育教学计划，切实做到以人为本，因材施教。"① 因此，初中思政课必须对初中学生的身心发展特点和规律有清晰的认知。二是随着时代的发展，学生接触的信息和社会群体也不同，在开展

---

① 赵欣，崔红艳，安文娟. 思政课一体化建设的内涵、困境与提升路径研究［J］. 中国教育学刊，2021（S2）：200-204.

思政课教学之前，必须对学生的时代特征有更加深刻的了解。而在当前的思政课教学中，也还存在着思政课教师只从教材和教学内容出发组织教学，没有结合学生的实际需求和学生的身心发展特点，难以对学生产生吸引力，学生主动学习思政课的兴趣就难以提升。

3. 教师队伍的专业化程度不足

开展思想政治理论课关键在教师，关键在教师发挥积极性主动性。大中小学思政课一体化建设始于对高校思政课问题的探讨，从育人的整体要求倒推到小学、初中和高中学段的思政课建设，其中，作为起主导作用的教师发挥着巨大的作用，决定着思政课的育人实效能否真正实现，思政课能否实现改革创新，也决定着学生未来的成长与发展。随着大中小学思政课一体化建设的全面推进，初中思政课的教师队伍也在逐步健全，思政教师的专业化和职业化在不断推进。但是不可否认，初中生思政课教师队伍的专业化程度还不足够，还存在着质与量的提升空间。一是初中思政课教师队伍的数量不足，不少学校还存在着思政课教师数量偏低的情况，难以对学生开展充足且有效的思想政治理论课，其他学科老师兼任思政课教师的情况仍然存在，思政课教师数量的不充分不利于思政课的内涵式发展。二是初中思政课教师的素质还有待提升。很多思政课教师拥有丰富的教育教学经验，但因缺乏科研能力，难以将丰富的教学经验转化为高质量的科研成果，部分学校的典型经验也无法提炼总结，造成好的经验总结不出来，难以发挥这些丰富的教育经验的巨大作用。因此，思政课教师的专业化程度不高也是造成初中思政课建设困境的一大原因，只有提升教师的综合素质和专业化水平，初中思政课才能真正打牢学生的思想基础，为学生成长成才奠定坚实的基础。

4. 部分学校对初中思政课不够重视

初中学生正处于青春期，也是世界观、人生观和价值观形成的关键时期，加强对初中生的思想政治教育工作，引导他们增强政治认同、提升道德修养、培育法治观念、形成健全人格、养成责任意识是学校的重要任务。在推进大中小学思政课一体化建设中，各级各类学校具有重大的使命与责任，学校只有从观念上重视思想政治理论课，重视在大中小学思政课一体化建设中推动本学段思政课同向同行，才能实现思政课整体的育人目标，实现为党育人、为国育才的光荣使命。但是部分学校对待初中思政课出现了一些问题，主要集中在两方面。一是教育观念上。一些学校管理层的教育观念存在偏差，他们往往更加注重学生的考试成绩和升学率，而忽视了思政课的重要性和意义。他们认为思政课不是一门重要的学科，对学生的未来发展没有太大的影响，因此不愿意投入更多的精力和资源来发展这门学科。这种观念的存在，直接导致了思政课在学校中的地位和重视程度下降。二是思政课自身的特点。思政课是一门理论性强、涉及面广的学科，它不仅包括政治、经济、文化等方面的内容，还包括哲学、历史、法律等方面的知识。这使得思政课的教学难度较大，需要教师具备较高的专业素养和教学能力。同时，由于思政课的内容相对较为抽象和枯燥，对于初中生来说难以理解和接受，这也增加了思政课的教学难度。此外，学校对初中思政课的重视不足也是制约思政课创新发展的一大因素。因此各级各类学校只有提高对思政课的重视程度，深入一线思政课教师课堂和教师之间，了解思政课教师的所思所想和对思政课建设的提议，从学校层面做出整体规划和部署，给予足够的资金、政策支持，建立科学有效的评价体系，思政课教师才会更有信心开展思想政治教育工作。

5. 初中思政课的基础理论研究较缺乏

学科基础理论是支撑一个学科发展的基石，就如同搭建一座房子，如果地基不牢，房子建得再宏伟高大也无济于事，终将走向坍塌。自1984年成立思想政治教育学科以来，学科的基础理论也在逐步探索当中。随着时代的进步，思想政治教育也与时代要求和社会主义实践相结合，学科研究的宽度和广度也在逐步拓展。2019年习近平总书记主持召开了学校思想政治课教师座谈会，提出了大中小学思政课一体化建设，思想政治教育也焕发出了新的活力。小学、初中、高中思政课的地位也在逐步提升，学界除对大学思政课进行深入的理论和实践研究外，也逐渐关注到其他的学段。初中思政课也开始探讨如何在大中小学思政课一体化建设中推动思政课内涵式发展。虽然初中思政课取得了很大的研究成果，学段教学目标、教学内容、教学方法和教学评价越来越受到学界的关注，初中思政课与以往相比有了很大的提升，但初中思政课的研究也缺乏不够系统、不够深入，基础理论研究比较缺乏的情况，基础理论研究对初中思政课建设的指导不足等问题。这也是制约初中思政课实现内涵式发展的最重要的因素，只有初中思政课教师投入对教育教学的研究，将自身的教学经验提炼和总结，推动基础理论研究向前发展，才能真正打牢初中思政课建设的根基。

### 三、思政课建设的解决路径

（一）小学思政课建设的路径

"思政课一体化建设的实现，重在实践。"党和国家出台了一系列重要的政策性文件，学术界的专家学者从不同角度进行了研究，取得的理论成果也比较丰富。全国各地也在积极探索，纷纷在实践探索的过程中搭建了平台和建立了机制。大理地区积极响应，实施了一系列举措。例如，开展学术会议、理论研讨会、组织集体备课活动以及通过线上或线下的形式开展经验交流会等。本节主要从教材、教法、制度、教师四方面对其未来的发展进行阐述。

1. 教材：在教材编写环节增强思政课内容的递进性

（1）在整体上保证大中小学思政课教材内容的系统性

思想政治教育是培养学生正确世界观、人生观和价值观的重要途径，也是培养社会主义建设者和接班人的关键环节。教材作为思政课的重要组成部分，对于保证教育内容的系统性至关重要。然而，在当前大中小学思政课教材编写环节中存在内容单一、缺乏系统性等问题。因此，在教材编写环节应保证大中小学思政课整体教材内容的系统性，以提高思政课的实效性和针对性。

一是加强教材编写团队建设。教材编写团队是保证整体教材内容系统性的基础。首先，建立多学科、多领域的专家团队，确保涵盖各个方面的知识。其次，注重专家之间的交流与合作，形成共识，避免片面主义。最后，提高专家团队的素质水平，不断更新知识和理论，以适应时代发展需求。二是明确教育目标和核心价值观。教材编写应明确教育目标和核心价值观，并贯穿于整个教材内容。教育目标要与时俱进，紧密联系社会需求和学生实际，注重培养学生的创新思维和实践能力。核心价值观要贯穿于各个章节和知识点，引导学生形成正确的世界观、人生观和价值观。三是结合学科特点设计内容。思政课的内容需要兼顾理论性和实践性，在教材编写环节应结合学科特点进行设计。首先，理论性内容要有系统性，可以通过建构知识体系、设置知识框架等方式实现；其次，实践性内容要注重培养学生的实践能力和创新精神，可以通过案例分析、讨论等方式进行呈现。四是注重教材内容的多样性。教材编写中应注重教材内容的多样性，以适应不同学生的需求。一方面，要注重地域差异和民族特色，将优秀传统文化和地方文化纳入教材；另一方面，要关注不同年龄段学生的特点，设计符合他们认知水平和心理发展的教材内容。五是加强教材与实际生活的联系。教材编写应注重将教材内容与实际生活紧密联系起来，提高学生的学习兴趣和参与度。可以通过引入实际案例、社会热点问题等方式，使学生能够将所学知识应用于实践，增强思政课的实效性和针对性。六是加强教材质量监控和评估。教材编写完成后需要进行质量监控和评估工作。首先，要建立评估体系，制定科学的评估指标，通过专家评审、教师反馈和学生调查等方式进行全面评估；其次，要及时修订和完善教材，根据评估结果对不足之处进行改进。

在教材编写环节保证大中小学思政课整体教材内容的系统性是提高思政课效果的重要举措。只有加强教材编写团队建设、明确教育目标和核心价值观、结合学科特点设计内容、注重教材内容的多样性、加强教材与实际生活的联系以及加强教材质量监控和评估，才能有效提高思政课的实效性和针对性，为培养社会主义建设者和接班人做出积极贡献。

（2）增强小学思政课教材内容的针对性

在培养国民素质、提升道德水平方面，思政课具有重要作用。然而，在小学阶段，由于教材内容的普遍性，学生们对思政课的认知和理解常常存在一定程度的局限性。因此，加强小学阶段思政课教材内容的针对性显得尤为重要。

一要明确小学阶段思政课教材的基本任务。小学阶段是孩子们的人生观、价值观形成的关键时期，因此，思政课在这个阶段有着特殊的使命。小学阶段的思政课应该注重启蒙教育，培养学生正确的人生观和价值观。因此，在教材编写环节中，需要明确思政课教材的基本任务，并将其贯穿于整个教材。

　　二要根据学生年龄特点确定教材内容。小学阶段的学生年龄较小，对于抽象概念的理解能力有限。因此，在教材编写环节中，应该根据学生年龄特点确定教材内容。例如，在教授道德伦理方面的知识时，可以通过讲述寓言故事、引用生活中的案例等方式，使抽象的道德观念更加具体，更容易被学生理解和接受。

　　三要结合学生实际情况设置案例分析。教材内容的针对性不仅要从学生年龄特点出发，还需要结合学生的实际情况来设置案例分析。通过引入学生熟悉的人物和事情，使学生能够更好地理解和感受思政课所传递的价值观念。例如，在讲述诚信的重要性时，可以引入一个关于作弊行为的案例，并以此为基础展开讨论和思考。

　　四要注重培养学生的思辨能力。小学阶段的学生正处于认知能力快速发展的阶段，因此，在教材编写环节中应该注重培养学生的思辨能力。通过提问、引导和讨论等方式，激发学生思考问题的欲望和能力。例如，在讲述公平正义的概念时，可以提出一些具体的问题，鼓励学生思考在各种情况下如何判断公平与正义。

　　五要突出国家和社会的重要问题。教材内容的针对性还需要突出国家和社会的重要问题。小学阶段的学生对于国家和社会的认知有限，因此，在教材中应该引导学生了解国家和社会的发展现状，关注国家和社会面临的重要问题，并培养学生关心社会、热爱国家的情感。例如，在讲述环境保护问题时，可以介绍一些与学生生活密切相关的环保实践案例，引发学生对环境保护问题的思考和行动。

　　六要加强师资队伍建设。教材编写环节增强小学阶段思政课教材内容的针对性，离不开师资队伍的建设。教师在教材编写过程中应起到积极主动的作用，结合自身实际经验和学生实际情况，提出有针对性的建议和意见。同时，教师应不断提升思政课教学能力，增强对教材内容的理解和把握，向学生提供更具针对性的教学内容。

　　小学阶段的思政课对于培养学生正确的人生观和价值观有着重要作用。在教材编写环节中增强小学阶段思政课教材内容的针对性，不仅要明确基本任务，根据学生年龄特点确定教材内容，还需要结合学生实际情况设置案例分析，注重培养学生思辨能力，突出国家和社会的重要问题，并加强师资队伍建设。通过这些措施的实施，可以提高小学阶段思政课教材内容的针对性，更好地培养学生正确的人生观和价值观。

（3）提升小学与初中阶段教材教育内容的衔接性

教育是培养人才、传承文明的重要途径，而教材则是教育的重要工具。小学与初中阶段是学生人生中最为关键的两个阶段，也是他们知识基础和思维能力发展的关键时期。因此，如何在小学与初中阶段教材中提升教育内容的衔接性，确保知识的连贯性和深度发展，已成为当今教育界面临的一项重要任务。

第一，了解小学与初中阶段的特点。小学和初中阶段的孩子正处于快速成长发展的关键时期，他们对于新知识的接受能力较强，但思维还不够成熟。因此，在编写教材时，应充分考虑到他们认知水平和心理特点的差异。首先，在小学阶段，孩子们对世界充满好奇心，喜欢探索事物背后的原理。他们对于具体事物比较感兴趣，因此在教材编写时应注重培养他们的观察力和实践能力。其次，在初中阶段，学生开始逐渐接触抽象的知识，思维逻辑能力得到提高。他们对于深入了解事物的内在关系和本质规律更感兴趣，因此，教材应注重培养他们的分析和综合能力。

第二，教材编写环节提升小学与初中阶段教育内容的衔接性。首先是知识体系的连贯性。小学和初中阶段教育内容之间应具有一定的连贯性，即初中阶段的知识应该是小学阶段知识的延伸和拓展。这样可以使学生对于新知识有一个较好的接受基础，并能够更好地理解和掌握新知识。例如，在数学教育中，小学阶段主要教授基本的计算技巧和简单的几何概念，而初中阶段则进一步扩展了数学知识体系，引入了更复杂的代数和几何概念。那么，在编写小学和初中数学教材时，应该注重将这些知识点进行衔接，使学生在初中阶段能够顺利过渡。

其次内容的扩展与延伸。在小学和初中阶段的教材编写中，应注重对知识内容进行扩展与延伸，使学生能够逐步深入了解事物的本质和发展规律。这样可以培养学生的思维能力，并为他们将来的学习打下坚实的基础。例如，在自然科学教育中，小学阶段主要教授一些基本的自然现象和科学知识，而初中阶段则进一步深入探索自然界的规律和科学原理。为了提升教材内容的衔接性，应该在小学阶段培养学生对于自然现象的观察和思考能力，在初中阶段引入更复杂的科学实验和研究方法。

最后学习方法与策略的引导。小学和初中阶段是学生形成良好学习习惯和掌握学习方法的关键时期。因此，在教材编写环节中应该注重引导学生养成正确的学习方法和策略，帮助他们有效地掌握知识。例如，在语文教育中，小学阶段主要培养学生的阅读和写作能力，而初中阶段则进一步提高学生的理解和表达能力。为了提升教材内容的衔接性，应该在小学阶段引导学生形成良好的阅读习惯和写作技巧，在初中阶段引入更多的文学作品和阅读材料，培养学生的文学素养和批判思维能力。

教材编写环节对于小学与初中阶段教育内容的衔接性至关重要。只有合理编写教材，才能确保学生知识的连贯性和深度发展。因此，教育工作者应加强对小学与初中阶段特点的研究，注重知识体系的连贯性、内容的扩展与延伸以及学习方法与策略的引导，从而提升小学与初中阶段教育内容的衔接性，为学生全面发展和未来发展奠定坚实基础。

2. 教法：在课堂教学环节上按照递进性要求不断调整优化

（1）及时拓展与补充教材教育内容

小学思政课是我国基础教育的重要组成部分，旨在培养孩子们正确的价值观和道德观念。然而，由于课堂时间有限，教材内容的局限性以及孩子们对知识的需求多样化等原因，仅依靠教材难以满足他们全面发展的需要。因此，在课堂教学环节上，小学思政课教师应及时拓展与补充教材教育内容，以促进孩子们的全面发展。

第一，拓展知识面。首先引导学生了解国内外的政治制度。在小学思政课中，我们可以通过引导学生了解国内外的政治制度，帮助他们理解国家和社会运行的方式。比如，可以介绍中国的人民代表大会制度、美国的总统制度等，让学生了解不同制度背后的原理和运作机制。其次，增加历史知识。历史是人类经验的宝库，通过讲述历史故事可以引导学生学会感悟人类的智慧和历史的发展。教师可以通过讲述历史事件和伟人的事迹，引发学生对历史的兴趣，培养他们对历史的热爱和思考能力。再次，开展地理知识教育。地理知识是了解世界、认识自然环境的基础。教师可以在课堂上通过投影仪、地图等工具向学生介绍中国和世界各大洲、各个国家的地理位置、地形、气候等相关知识，培养学生对地理环境的认知能力。

第二，补充道德教育。首先，引导学生关注公共事务。小学阶段是培养孩子们社会责任感和公民意识的关键时期。在课堂上，教师可以通过讨论社会问题、组织班级活动等形式，引导学生关注公共事务，提高他们对社会问题的认知和参与度。再次，加强家庭教育内容。家庭是孩子成长的第一课堂，家庭教育对孩子的品德和行为习惯有着重要影响。教师可以通过布置家庭作业、组织家长座谈会等形式与家长合作，加强家庭教育内容的衔接，促进学生德育教育的全面发展。最后，引导学生树立正确的人生观。在教学过程中，教师可以通过讲述人物故事、分享成功经验等方式，引导学生树立正确的人生观和价值观。通过培养学生正确的人生观，引导他们形成积极向上的人生态度，为未来的发展奠定良好基础。

第三，拓宽思维视野。首先，引导学生开阔视野。在课堂上，教师可以通过讲述科技创新、文化交流等内容，引导学生开阔视野，了解不同国家和地区的文化、科技发展等方面的知识。这有助于培养学生跨文化交流和全球意识。其次，提升学生综合能力。除了传授知识外，思政课还应注重培养学生的综合能力。教师可以通过讨论问题、小组活动等方式，培养学生分析问题、解决问题的能力，提高他们的创新思维和综合应用能力。最后，引导学生思考人生意义。小学阶段是学生形成世界观、人生观和价值观的关键时期。教师可以通过引导学生思考人生意义等主题，培养他们的思辨能力和深度思考能力，为他们未来的发展提供精神指引。

在课堂教学环节上，小学思政课教师应及时拓展与补充教材教育内容，以满足孩子们多样化的需求，促进他们全面发展。

（2）合理调整不同模块的教学内容顺序

在小学思政课的教学中，合理调整不同模块的教学内容顺序是非常重要的。一个合理的教学顺序可以促进学生对思政课的理解和接受，提高课堂教学效果。本节旨在探讨在课堂教学环节上小学思政课教师应如何合理调整不同模块的教学内容顺序。

在小学思政课教学中，合理调整不同模块的教学内容顺序需要教师具备一定的专业知识和教育教学能力。教师应该根据学科特点和学生需求，灵活运用各种教学方法和手段，创设良好的教育环境，提高课堂教学效果。同时，教师还应关注每个学生的个体差异，根据不同学生的特点进行个性化教育。这样可以促进每个学生全面发展，提高他们对思政课的兴趣和理解。

综上所述，在课堂教学环节上小学思政课教师合理调整不同模块的教学内容顺序是非常重要的。一个合理的教学顺序可以促进学生对思政课的理解和接受，提高课堂教学效果。因此，加强对小学思政课教学的研究和实践，不断提升自己的教育教学能力，为培养德智体美劳全面发展的社会主义建设者和接班人做出积极贡献。

3. 制度：在一体化建设环节上完善思政课教学递进式构建的保障机制

（1）加强国家层面的统筹机制

在当今社会，思政课的地位和作用越来越受到重视。思政课一体化递进式构建环节是当前国家层面一体化建设统筹机制的必然选择。思政课是培养德智体美劳全面发展的社会主义建设者和接班人的重要途径，因此，构建一个具有全面性、实效性和导向性的思政课体系显得尤为重要。思政课一体化递进式构建环节能够使学生在不同学段、不同阶段接收到连贯、有序、系统的思想政治教育，有助于他们形成正确的世界观、人生观和价值观。同时，这种构建环节还能够增强学生对国家层面一体化建设的认知，并激发他们参与国家建设的积极性。

为了解决思政课一体化递进式构建环节存在的问题，需要加强国家层面的一体化建设统筹机制。首先，要加强思政课教师的培训与交流，提高他们的教学水平和专业素质。其次，要优化思政课教材，精选内容，注重实践与理论相结合，使学生能够在实际中运用所学知识。此外，还可以通过开展校企合作、社会实践等方式，将思政课与现实联系起来，增强学生的参与感和责任感。

在加强国家层面一体化建设统筹机制的基础上，还可以创新思政课教学模式，可以引入国外先进的思政课教学模式，如小组讨论、案例分析等，提高学生的思辨能力和批判精神。同时,还可以加强与其他学科的融合,促进思政课与其他学科相互渗透、相互促进,形成全面发展的思维方式。

总之,在当前国家层面一体化建设的背景下,思政课一体化递进式构建环节具有重要意义。通过加强国家层面的一体化建设统筹机制,我们能够为学生提供更系统、更完整的思想政治教育,培养出更多德智体美劳全面发展的社会主义建设者和接班人。这不仅有助于推动国家层面一体化建设的顺利进行,还能够为我国的长远发展打下坚实基础。

(2) 畅通中小幼学段的思政课沟通机制

在当今社会,思政课的重要性不容忽视。作为一门具有独特教育意义的课程,它旨在培养学生正确的世界观、人生观和价值观,引导学生树立正确的人生目标。然而,在现实中,我们常常面临着不同学段之间思政课教育的断层问题。为了解决这个问题,我们应该构建一个递进式的、畅通的思政课沟通机制,使得大学、中学、小学和幼儿园各个学段之间能够有效地进行思政课教育。

首先,应该认识到大学、中学、小学和幼儿园是一个系统整体。每个阶段的思政课都有其特定的目标和任务,但它们应该相互衔接、相互递进。正如习近平总书记所指出的,"教育是一张无缝地被拉开的纸。"只有将各个学段的思政课教育有机地结合起来,才能形成一个完整、系统的教育体系。

其次,可以借鉴国内外一些成功的经验和做法。例如,在我国高校中可以设立一些思政课教师培训中心,为中学、小学和幼儿园的思政课教师提供培训和指导。这样一来,大学的思政课教师可以与中学、小学和幼儿园的思政课教师进行交流和互动,分享教学经验、教案和教材,以及共同研究思政课教育的新方法和新理念。

此外,还可以通过建立一个统一的思政课教材体系来促进不同学段之间的沟通。这个体系应该包括大学、中学、小学和幼儿园各个学段所使用的思政课教材,并且要保持递进式的特点。通过统一的教材体系,不仅可以确保不同学段之间思政课内容的衔接性,还可以节约资源,提高教学效果。

另外,还可以通过组织一些交流活动来促进不同学段之间的沟通。例如,在大学寒暑假期间,可以组织一些中学、小学和幼儿园思政课教师到大学进行参观交流，了解大学思政课的教育理念和实践。同样地，在寒暑假期间，大学思政课教师也可以到中学、小学和幼儿园进行授课，与基层教师们共同探讨思政课的教育方法和教学手段。

最后，还可以通过建立一个思政课教研组织来推动不同学段之间的沟通。这个组织可以由大学、中学、小学和幼儿园的思政课教师共同组成，定期举行研讨会、座谈会和培训班等活动。通过这些活动，不仅可以促进不同学段之间的互相了解和交流，还可以提高各个学段的思政课教师的专业素养和教学水平。

总而言之，在构建环节畅通大学、中学、小学、幼儿园各个学段的思政课沟通机制方面，我们应该认识到各个学段是一个系统整体，借鉴国内外的成功经验和做法，建立统一的思政课教材体系，组织交流活动，建立思政课教研组织等措施。

（3）建立健全螺旋上升式的思政课跟踪评价机制

在当代社会中，思政课的教育意义不言而喻。作为一门重要的课程，思政课旨在培养学生正确的世界观和价值观，引导他们树立正确的人生观和道德观。然而，在实际教学中，由于各个学段的特点以及对学生教育的不同需求，思政课的内容、形式和评价方式也需要相应调整。因此，在大学、中学、小学不同学段，建立健全螺旋上升式的思政课跟踪评价机制显得尤为重要。

首先，大学作为高等教育的重要阶段，思政课在这一阶段起到了承上启下的关键作用。大学生正处于人生观、价值观塑造的关键时期，他们对社会、对自身的定位和未来有着更多的思考和追求。因此，大学思政课应该注重培养学生批判性思维能力和创新精神。同时，大学思政课还应该与专业知识相结合，将道德规范融入各个专业领域。在评价机制方面，可以采用多元化的方式，包括课堂表现、学术论文、社会实践等多个方面进行评估，以全面了解学生的思政教育效果。

其次，中学阶段是学生性格和价值观形成的关键时期。在这个阶段，思政课应该注重培养学生的爱国情怀和社会责任感。中学思政课可以引导学生深入了解我国历史文化和优秀传统，培养他们正确的历史观和文化自信心。

同时，在评价机制方面，可以通过小组讨论、班级活动等方式进行评估，以及对参加社会实践活动的学生进行奖励和表彰，激励他们更好地参与社会公益事业。

再次，小学阶段是孩子形成基本道德观念和行为习惯的关键时期。小学思政课应该注重培养学生的基本道德素养和品德修养。通过讲述寓言故事、开展主题班会等方式，引导孩子树立正确的价值观和行为规范。在评价机制方面，可以采用教师观察记录、家长反馈、学生自评等多种方式进行评估，以全面了解学生的道德发展状况。

综上所述，在大学、中学、小学不同学段，构建螺旋上升式的思政课跟踪评价机制具有重要意义。这种机制能够适应不同学段的特点和需求，促进学生全面发展。同时，这种机制还能够激励教师不断改进教育方法和手段，提高思政课的教育效果。

4. 教师：在融合对接环节上充分调动教师的主观能动性

（1）形塑中小学教师的一体化思维

思政课作为培养学生综合素质的重要环节，其教师的专业素养和教育理念对学生的发展起着决定性作用。在各学段思政课融合对接环节中，积极形塑思政课教师的一体化思维，是提高思政课一体化教学质量的关键所在。

第一，强化思政课教师团队合作与交流。培养思政课教师的一体化思维，有助于加强不同学段之间的交流与合作。每个学段都有其独特的教育特点和需求，通过互相借鉴、交流经验，可以有效提高整个思政课教育的质量和水平。例如，小学思政课注重培养学生基本的道德素养，初中思政课强调学生的价值观培养，高中思政课则注重学生的批判性思维和社会责任感培养。通过教师团队之间的交流与合作，可以实现不同学段之间的有机衔接，并形成协同效应。

第二，培养思政课教师一体化思维的策略。首先，提供跨学段、跨专业的培训机会。为了培养思政课教师的一体化思维，可以提供跨学段、跨专业的培训机会。通过这样的培训，教师可以了解不同学段的教育特点和需求，掌握各个学段的教育内容和方法。高中阶段的教师可以参加小学和初中阶段的教师培训，了解他们在教育过程中遇到的问题和解决方案。这样一来，教师就能够通过互相交流和分享经验，形成一体化思维。其次，加强教师专业发展与研究。为了提高思政课教师的专业素养，可以加强教师的专业发展与研究。教师可以参加各类研讨会、学术交流活动，了解最新的教育理念和研究成果。同时，学校可以组织教师开展教学研究和实践活动，鼓励教师进行跨学段、跨专业的合作与交流。通过这样的专业发展与研究，教师可以不断提高自己的一体化思维水平，为思政课教育贡献更多的智慧和创新。

在各学段思政课融合对接环节中，积极形塑思政课教师的一体化思维，是提高思政教育质量的关键所在。通过培养思政课教师的一体化思维，可以促进不同学段之间的衔接与深化，强化教师团队合作与交流。为了培养思政课教师的一体化思维，可以提供跨学段、跨专业的培训机会，加强教师的专业发展与研究。只有如此，才能够实现思政课教育的目标，培养出更多具有社会责任感和创新精神的优秀人才。

（2）全面提高教师的政治素养

我国思政课创新改革取得了显著成就，其中一项重要举措就是推进大中小学思政课一体化建设。这一改革旨在通过将中小学阶段的思想政治教育与高等教育阶段的思想政治理论课程有机结合，培养学生全面发展的社会主义建设者和接班人。然而，思政课融合对接需要优秀的思政课教师来引领和实施，因此，全面提高思政课教师的政治素养势在必行。

首先，要明确什么是思政课教师的政治素养。政治素养是指思政课教师具备正确的世界观、人生观和价值观，并能够将这些观念贯穿于教学实践之中。一个具有良好政治素养的思政课教师应当具备以下几方面的能力：一是要有较高的道德水准和崇高的职业道德操守；二是要具备政治理论知识和马克思主义理论修养；三是要具备较强的表达能力和沟通能力；四是要有正确的教育观和教育方法。

邓小平曾经说过："思想政治工作，就是做人。"思政课教师作为学生道德品质和政治觉悟的引领者，首先必须具备高尚的道德水准和崇高的职业道德操守。只有自身具备了正确的价值观和行为规范，才能够对学生起到良好的示范作用。同时，思政课教师还需要具备较高的政治理论知识和马克思主义理论修养。毛泽东曾经说过："没有调查就没有发言权。"一个优秀的思政课教师应当具备丰富的社会实践经验，并能够将这些经验与马克思主义理论相结合，为学生提供科学、准确、全面的思想政治教育。

此外，思政课教师还应当具备较强的表达能力和沟通能力。在教学过程中，他们需要清晰地传递知识，引导学生理解和分析问题，培养学生的思辨能力。为了实现这一目标，他们需要具备良好的口头表达能力和书面表达能力，在教学中善于启发学生的思维，引导学生积极参与课堂讨论。同时，思政课教师还应当具备正确的教育观和教育方法。他们需要根据不同学段学生的特点和需求，合理安排教学内容和教学方式，使每一个学生都能够受益于思政课的教育。

如何全面提高思政课教师的政治素养呢？首先，高校应当注重对思政课教师进行系统化、专业化的培训。通过举办各类研修班、研讨会等形式，加强对思政课教师的理论研究和实践经验分享，提高他们的政治理论知识水平和教育教学能力。同时，高校还应当加强对思政课教师的日常指导和督导工作，及时发现并纠正他们在政治素养方面存在的不足之处。

其次，高校可以通过建立良好的激励机制来提高思政课教师的政治素养。比如，可以设立政治素养奖项，每年评选出一批在思政课教学中表现突出的教师，并给予相应的奖励和荣誉称号。这样一来，不仅可以激发思政课教师的积极性和创造性，还可以形成一种良好的风气和氛围，促进全体教师的共同进步。

另外，高校还可以加强与中小学阶段的思想政治教育部门的合作与交流。通过定期举办论坛、座谈会等形式，促进高校和中小学之间的思想政治教育理念和教学方法的交流，加强对思政课教师的培训和指导工作。同时，高校还可以借鉴中小学阶段的优秀思想政治教育经验和做法，丰富思政课教学内容和教学手段。

总之，在各学段思政课融合对接环节中全面提高思政课教师的政治素养是一项长期而艰巨的任务。只有通过系统化、专业化的培训，激励机制的建立，与中小学阶段的合作与交流等措施相结合，才能够培养出一支政治素质过硬、教学能力强大的思政课教师队伍，为我国高等教育改革和思想政治教育事业的发展做出积极贡献。

(3) 培养教师综合运用教材的能力

思想政治理论课作为一门重要的课程，承担着培养学生社会主义核心价值观、加强思想道德建设、培养高素质人才等重要任务。为了提高思政课教师的综合能力，各学段在思政课融合对接环节中应调动教师的主观能动性，培养其综合运用教材的能力。本节将从引导教师积极参与教材编写、建立评价体系、加强培训和研修等方面探讨如何实现这一目标。

第一，引导不同学段的教师积极参与教材编写。优质的教材是思政课教师有效开展工作的基础。因此，要调动教师的主观能动性，首先应该引导他们积极参与教材的编写过程。通过邀请优秀的思政课教师参与编写工作，可以有效地汇集各方智慧，确保教材内容准确、科学。同时，鼓励教师主动反馈学生的实际需求和思想特点，将其纳入教材编写过程，以实现教材与学生需求的有效对接。例如，开展问卷调查、座谈会等形式，让教师直接参与教材编写的决策过程，从而增加他们对教材的认同感和责任感。

第二，建立科学全面的教学评价体系。建立科学合理的评价体系是调动教师主观能动性的重要手段之一。通过明确评价标准和量化指标，可以为教师提供明确的目标和方向，使其在课堂教学中更加注重培养学生的综合素质和核心能力。同时，要注重多元评价方式的运用，如课堂观察、学生问卷调查、同事评议等，不仅有助于发现教学中存在的问题，还能够及时给予教师反馈，促进其自我完善。此外，还可以通过评选优秀思政课教师、设立奖励机制等方式激励教师积极投入工作，进一步提高他们的主观能动性。

第三，加强培训和研修。思政课教师的综合能力需要通过培训和研修不断提升。因此，要调动教师的主观能动性，必须加强对其的培训和研修工作。一方面，可以通过组织专家讲座、学习研讨会等方式，引导教师深入学习思政课教材，并掌握其中的理论知识和教学方法。另一方面，要鼓励教师参加各种专业培训和学术交流活动，提高他们的学术水平和教学能力。同时，还应建立健全师资培养机制，为思政课教师提供更多的发展机会和平台。

在各学段思政课融合对接环节中调动教师的主观能动性培养思政课教师综合运用教材的能力是提高思政课教学质量的重要途径。通过引导教师积极参与教材编写、建立评价体系、加强培训和研修等手段，可以激发教师的积极性和创造力，提高他们的综合能力。只有不断提升教师的专业素养和教学水平，才能更好地培养学生的社会主义核心价值观，促进社会主义事业的发展。因此，各学段应该积极探索适合自身特点和需求的思政课教师培养模式，为思政课教师的专业发展提供更多支持和保障。

### （二）初中思政课建设的路径探析

大中小学思政课一体化建设中加强初中思政课建设是落实党的教育方针和立德树人根本任务的重要举措，对于加强初中生思想道德教育和培养德智体美全面发展的社会主义建设者和接班人具有重要意义。加强初中思政课建设是一项系统工程，需要多方面的努力和支持，需要学校、教师、学生和社会各方面的共同参与和推动，需要从教学目标、教学内容、教学方式、学生学习方式等方面进行一体化建设，多举措发力，完善思政课教育体系，提高教育教学质量，促进初中思政课建设。

#### 1. 加强顶层设计构建思政课一体化育人格局

大中小学思政课一体化建设是一项系统工程，需要各学段、各系统相互配合才能实现思政课的整体育人目标，完成落实立德树人的根本任务。因此，加强顶层设计，从系统性和整体性的角度出发，统筹谋划大中小学思政课一体化建设及加强各学段的思政课的有效衔接就非常必要。

一是统筹规划，制订一体化育人方案。制订一体化育人方案是构建思政课一体化育人格局的基础。学校应该根据国家教育方针和课程设置要求，结合实际情况，制订符合学生特点和需求的思政课教学方案。方案应该包括课程目标、教学内容、教学方法、教学资源、评估方式等方面，并且要注重不同学科之间的衔接和配合，确保思政课教学的系统性和连贯性。

二是强化领导，建立工作机制。加强顶层设计需要建立强有力的工作机制。学校应该成立由校领导、教师、辅导员等组成的思政课建设领导小组，明确工作职责和任务，确保思政课建设的顺利推进。同时，要建立健全思政课建设的各项规章制度，规范教学管理，加强教学质量监控，确保思政课教学的质量和效果。

三是加强师资队伍建设，提高教学水平。师资队伍建设是构建思政课一体化育人格局的关键。学校应该建立一支高素质的思政课教师队伍,加强对教师的思想政治教育和教学能力培训,提高教师的教学水平和综合素质。同时,要注重教师之间的交流和合作,促进教师之间的经验分享和资源共享,提高教学效果和教学质量。

四是创新教学方式方法,增强教学效果。创新教学方式方法是构建思政课一体化育人格局的重要手段。学校应该采用多种教学方法和手段,如案例教学、互动教学、情景模拟、微课程、数字教学资源等,增强思政课教学的趣味性和实效性。同时,要注重实践教学,组织学生参加社会实践活动、志愿服务、公益活动等,增强学生的社会责任感和使命感,提高他们的综合素质。

五是立足不同学段学生的身心发展特点,统一布局不同学段的课程内容,整体设计育人目标和学段分层教学目标,做好整体规划与不同学段分层目标的有机融合。大中小学思政课教学目标具有总体一致性、学段独立性、过程渐进性的特征,要围绕育人总目标设定学段目标,遵循学生身心发展规律,对学段间教学目标进行层次优化与衔接整合。学生的成长与发展是一系列连续的发展过程,不同学段学生具有鲜明的思维习惯、认知水平、道德水准,只有思政课课程内容符合学生的身心发展和成长规律,才能调动学生学习的积极性主动性,真正实现课程的育人目标。

六是加强教学资源建设,满足学生学习需求。教学资源建设是构建思政课一体化育人格局的重要保障。学校应该加强教学资源建设,开发多样化的教学资源,如教材、课件、教学视频、案例库等,以满足不同学生的学习需求。同时,要注重教学资源的更新和维护,保证教学资源的时效性和质量。

七是强化评估考核,持续改进提高。评估考核是持续改进和提高思政课一体化育人格局的重要环节。学校应该建立科学的评估考核机制,对思政课教学效果进行全面评估。通过对学生的思想道德素质、文化素质、心理素质等方面的评价以及教师教学水平的考核,发现存在的问题和不足之处并及时进行改进和提高。同时也要注重评估考核结果的反馈和应用,为进一步优化思政课教学方案提供参考依据。

八是加强沟通协调实现合作共赢。加强沟通协调合作共赢是构建思政课一体化育人格局的必要条件。学校内部各部门之间以及学校与外部机构之间应该加强沟通协调。共同探讨思政课建设过程中遇到的问题和困难并共同寻找解决方案促进思政课建设的顺利发展。同时也要注重与其他课程的衔接和配合,促进整个课程体系的发展和完善,提升学校整体教育质量和水平。一方面,地方教育主管部门要统筹规划本地区的大中小学思政课一体化建设和不同学段的思政课建设工作,制订思政课建设的具体实施方案,提供政策措施、制度平台和资源,保证思政课建设顺利进行。另一方面各级各类学校要按照教育主管部门的意见,有条不紊地执行思政课建设的要求,保证思政课建设真正落地和取得实效。

总之,加强顶层设计构建思政课一体化育人格局需要学校、社会上下共同努力,积极参与和推进工作机制的建立完善,才能取得更好的效果,实现更高的教育目标和社会效益。

2. 完善教研工作体系推动思政课内涵式发展

教研工作是保障基础教育质量的重要支撑,也是实现育人目标的强大动力。要推进初中思政课创新改革,实现内涵式发展,必须深入研究初中思政课的科学内涵、价值意蕴、学生身心发展特点及规律等基础理论,只有从教育教学的实践出发,推动基础理论的研究,发挥基础理论对实践的指导作用,初中思政课的内涵式发展才能真正实现。

一是形成上下联动、运行高效的教研工作机制。《教育部关于加强和改进新时代基础教育教研工作的意见》明确指出,要建立和完善国家、省、市、县、校五级教研工作体系,以确保教研工作的全面开展和高效运行。在这个体系中,国家各级教育主管部门需要制订具体的、切实可行的教研工作实施方案,以激发思政课教师的科研热情,并为他们的科研工作提供必要的保障。同时,学校需要将思政课的教育教学研究工作作为学校工作的重点,充分利用思政课教师的丰富教学经验和对思政课的深入思考与研究,将其转化为高质量的科研成果,推动思政课科研工作落到实处,发挥其实效。

二是建立完善的教研制度,加强教研团队建设。建立完善的教研制度是推动思政课内涵式发展的基础。教育主管部门和学校应该制定一系列教研制度,包括教研计划、教研活动开展、教研成果评估等方面,确保教研工作的规范化和科学化。同时，要注重对教研活动的过程管理和监督，确保教研活动的质量和效果。加强教研团队建设是推动思政课内涵式发展的关键。初中思政课应该建立一支高素质的教研团队，包括思政课教师、学科带头人、教学名师等，加强对思政课教学内容、教学方法、教学资源等方面的研究和实践。同时，要注重团队成员之间的交流和合作，促进经验分享和资源共享，提高教学效果和教学质量。

三是充分发挥高校、科研机构的科研优势，为基础教育思政课提供科研支撑。一方面，高校和科研机构可以为初中思政课教师提供专题培训，帮助他们提升科研综合能力，提高他们的研究水平和能力。另一方面，高校和科研机构可以与中学开展合作课题研究，这不仅可以发挥高校、科研机构在科研方面的优势，还可以充分利用初中思政课丰富的实践经验，实现理论与实践的有机结合。

四是加强基础理论和关键环节研究。基础理论研究是初中思政课最核心、最基础的研究内容，包括内涵、价值、规律和特点等方面。只有深入开展基础理论研究，才能把握初中思政课的本质和核心。关键环节研究则包括对课程、教学、作业和考试评价等方面的研究，这些直接关系到初中思政课建设的成效，也是破解初中思政课建设困境的重点和难点。只有把握好这些关键环节的研究，才能确保初中思政课的内涵式发展。

五是加强课程资源开发，强化教学质量监控。加强课程资源开发是推动思政课内涵式发展的保障。初中思政课应该加强对思政课校本教材、课件、教学视频、案例库等课程资源的开发，以满足不同学生的学习需求。同时，要注重对课程资源的更新和维护，保证课程资源的时效性和质量。强化教学质量监控是推动思政课内涵式发展的必要环节。初中思政课应该建立完善的教学质量监控体系，对思政课教学过程进行全面监控和评估。通过对教学效果、教学质量等方面的评价以及学生满意度调查等手段，及时发现存在的问题和不足之处并及时进行改进和提高。同时也要注重评估考核结果的反馈和应用，为进一步优化思政课教学方案提供参考依据。

六是创新教研工作方式。创新教研方式方法是推动思政课内涵式发展的重要手段。要根据不同学科、不同学段、不同教师的实际情况，因地制宜地采用多种方式开展教研工作，包括区域教研、网络教研、综合教研、主题教研以及教学展示、现场指导、项目研究等。这些方式可以提升教研工作的针对性、有效性和吸引力、创造力，使得教研工作更加灵活、多样，更符合不同教师的需求和实际情况。初中思政课应该采用多种教研方式和方法，如集体备课、教学观摩、案例分析、课题研究等，增强教研活动的针对性和实效性。同时，教研工作还可以借助现代信息技术手段，如在线课程、网络平台等，以实现远程互动和资源共享，提高教研工作的效率和覆盖面。

3. 提升思政教师关键素养强化师资队伍建设

（1）提升初中思政教师关键素养

习近平总书记在"3·18"讲话中对全体思政教师提出了"政治要强、情怀要深、思维要新、视野要广、自律要严、人格要正"的"六要"要求。初中思政课教师只有具备以上这六方面的关键要素，才能在教学实践中稳步推进思政课一体化的衔接。根据"六要"各方面的内涵和性质，可以将其分为三个大方面的关键素养。

一是政治素养。旗帜鲜明讲政治是中国共产党治国理政的优良传统，特别是初中学生正处于三观逐步形成、扣好人生第一粒扣子的关键期，初中思政课教师要坚持为党育人、为国育才，坚持正确的政治方向，这就要求教师要有高度的政治素养。其一要有坚定的政治信仰。传道者须先得道，初中思政课教师要真学真懂马克思主义，坚定对马克思主义始终如一的信仰。面对初中生，突然从易理解且直观的小学知识过渡到较为抽象的中学知识，教师要能够深入浅出、春风化雨为学生讲授马克思主义的真理，真正坚定中学生的政治信仰。其二要有敏锐的政治觉察力。当前社会，学生每天接收到的网络信息中掺杂着许多错误的思想观点，加之中学生辨别力不强，很容易受其影响。若是初中思政课教学衔接效果欠佳，很容易给学生造成思政课老生常谈、假大空的印象。因此，初中思政课教师要作为学生思想的守护者。将社会上学生关注度的热点问题以政治角度分析，传递主流意识，向学生传递治国理政的智慧。其三要有勇毅的政治定力。习近平总书记指出："在原则问题上决不能含糊、决不能退让。"初中思政课教师在大是大非问题面前，要能够抵制住各种不良诱惑，经受住考验，要以身作则，成为学生思想的引领者。

二是能力素养。其一是创新思维,习近平总书记在多次讲话中提到了创新思维的重要性:"思政教师要做学生创新思维"的引路人,初中思政课教师的思维特点会直接影响到学生的思维发展。创新思维要求思政教师要顺应时代和科技的发展,运用各种手段进行思政课教学,从而提升思政课感染力和亲和力。同时要求能够通过辩证、历史的角度看待社会事件,尊重不同学生发展水平,使每一位学生都能受到思政课的感染。其二是要有深而广的视野。要做好初中思政课教学衔接,要求教师必须有丰厚的知识储备,否则面对衔接中出现的各种问题,教师必然会捉襟见肘,只有超越学生的知识水平和视野,才能够游刃有余、深入浅出地为学生讲解理论知识。最后,师德素养。习近平总书记强调,评价教师队伍的第一标准应该是师德师风。"自律要严""人格要正"是习近平总书记对思政课教师提出的严格要求。初中思政课教师作为学生的引路人,要做到课上课下一致、网上网下一致,对待网络上、社会中的言论要带头识别,不轻易相信,不轻易传播。把握好自己的行为界限,明白作为一名思政课教师什么行为可以做,什么行为不可以做。要求学生做到的事情,思政课教师首先要带头做到。向学生弘扬主旋律,为学生提供成长动力。用自己的高尚人格感染学生,"做一个高尚的人、纯粹的人、脱离了低级趣味的人。"同时,教师高尚的人格可以促进教师与学生之间良好的师生关系,亲其师才能信其道,这对于思政课一体化教学衔接有着巨大的促进作用。

(2) 充分发挥党建工作对教师队伍建设的推动作用

思想政治理论课是对学生开展马克思主义世界观和方法论教育的课程,是提升学生思想素养、政治素养和道德水平的主要渠道。思政课教师是学生思想的引路人,也是提升大中小学思政课一体化建设实效的关键。在学生成长与成才的道路上,思政课教师发挥着重要的作用。因此,要建设好初中思政课,关键在教师,关键在于激发教师的积极性和主动性,充分发挥思想引导和价值引领的作用。学校党建工作则是强化思政课师资队伍建设的重要抓手。

一是加强党的领导,坚定正确的政治方向。学校党组织在加强思政教师队伍建设中，要充分发挥领导作用，确保思政教师队伍建设的正确方向。将思政教师队伍建设纳入学校党建工作的总体规划，确保思政教师队伍建设的顺利实施。同时，加强对思政教师的思想政治教育，引导他们坚定正确的政治方向，提高他们的政治素养和思想觉悟。通过定期组织学习、研讨会等方式，让思政教师深入了解党的路线、方针、政策，增强他们的政治意识、大局意识、核心意识、看齐意识。

二是发挥党员教师的先锋模范作用。学校党组织要加强对党员教师的教育和管理，引导他们发挥先锋模范作用。党员教师要在思政课教学、科研、社会实践等方面发挥积极作用，为思政教师队伍建设树立榜样。通过开展党员教师公开课、示范课等活动，让其他思政教师学习优秀教学方法和经验。同时，党员教师还要积极参与学术研究、课题申报等学术活动，提高思政教师队伍的整体素质和水平。

三是加强思政教师培训，提高教学水平和综合素质。学校党组织要加强对思政教师的培训，提高他们的教学水平和综合素质。可以组织开展各种形式的培训活动，如集中培训、专题讲座、学术交流等，为思政教师提供学习和发展的机会。同时，要加强对思政教师在党建理论方面的培训，提高他们在思想政治教育中的理论水平。通过培训，使思政教师更好地掌握马克思主义基本原理和中国特色社会主义理论体系，提高他们的教学水平和综合素质。

四是建立健全激励机制，激发思政教师的积极性和创造性。学校党组织要建立健全激励机制，激发思政教师的积极性和创造性。可以制定相关政策和措施，如评选优秀思政教师、奖励在教学和科研方面取得突出成绩的教师等，以鼓励思政教师积极投入教学和科研工作。同时，要加强对思政教师的评价和考核，对表现优秀的教师给予表彰和奖励。通过激励机制的建立和完善，激发思政教师的积极性和创造性，促进他们更好地投入教学和科研工作。

五是加强沟通协调，促进思政教师队伍的稳定和发展。学校党组织要加强与思政教师的沟通协调，了解他们的需求和困难，及时解决他们在工作和生活中遇到的问题。同时，要积极创造条件促进思政教师队伍的稳定和发展，为他们的职业发展提供良好的环境和支持。通过组织座谈会、问卷调查等方式，了解思政教师的需求和困难，为他们提供及时的帮助和支持。同时，要积极推动思政教师队伍的稳定和发展，为他们提供更好的职业发展机会和支持。

六是以党建为引领，重视发展思政课教师加入中国共产党。党建工作是对党员开展培训、教育的重要渠道，也是提升党员政治定力，坚定理想信念的重要措施。在一项关于初中思政课教师的政治面貌的调查中发现，党员占比仅为50%，群众的比例高达46.08%，无党派人士和其他占比3.92%。初中思政课教师党员占比远远低于大学思政课教师。因此，积极引导和动员初中思政课教师入党是提升思政课思想性和理论性的重要抓手，学校要重视基础教育阶段的党建工作。

七是擦亮初中思政课教师的政治底色。思政课是铸魂育人的关键课程，思政课教师要讲好思政课的思想性、理论性和政治性，首先必须坚定理想信念，提高政治觉悟，坚定主流意识形态，引导学生树立正确的世界观、人生观和价值观。要用思想政治教育的学术话语传播党的政治智慧，引领学生真学真懂真信真用马克思主义。

总之，发挥学校党建引领作用加强思政教师队伍建设需要党的领导和各项措施的协同作用，同时注重激发思政教师的积极性和创造性，提高他们的教学水平和综合素质，推动思政课教学的内涵式发展，提升学校整体教育质量和水平。

### 4. 打破学段壁垒实现纵向有机衔接

思政课是培育社会主义建设者和接班人的重要育人课程，贯穿小学、初中、高中、大学等不同学段，是促进学生个体自然人向社会人转变的重要环节。为了实现整体的育人目标，每个学段的思政课都发挥着积极作用，并且不同学段之间也需要相互衔接和递进。对于初中思政课来说，要打破与小学、高中学段的壁垒，实现纵向学段间的有机衔接。

一是思政课教师要强化一体化意识，认识到学生的成长和发展是一个连续不断的过程，不同学段的思政课必须相互衔接、相互促进，才能更好地发挥育人作用。学生从自然人到社会人的转变过程中，需要经历多个阶段的学习和成长，而思政课则是其中重要的一环。因此，思政课教师需要具备一体化的育人意识，将不同学段的教学内容和方法相互衔接起来，形成系统性和整体性的育人模式。

二是要构建一体化的育人、科研、培训共同体，开展跨学段合作与交流。通过不同学段育人联盟和大中小学不同学段思政课教师集体备课活动等形式，促进不同学段间的合作和交流。同时，要充分发挥不同学段的优势，实现整体作用的有效发挥。例如，初中思政课可以借助小学思政课的基础性内容来丰富和拓展自身的课程内容；高中思政课则可以关注学生的思想成熟和价值观的形成，为大学思政课打下基础；大学思政课则要进一步深化和完善学生的思想和价值观念，培养具有社会责任感和历史使命感的社会主义建设者和接班人。

三是在课程设置、教学内容、教学方法、教师培训等方面实现纵向有机衔接。思政课程是培养学生思想道德素质的重要途径，应该从小学到大学都设置相应的课程。在课程设置方面，要注重不同年龄段和不同学段之间的衔接，确保课程的连贯性和系统性。例如，在小学阶段，可以开设生活化、趣味性的思政课程，如《弟子规》《三字经》等，以培养学生的基本道德观念和行为习惯；在初中阶段，可以开设以社会主义核心价值观为主题的思政课程，如《道德与法治》《中华优秀传统文化》等，以提高学生的思想道德素质和文化素养；在高中阶段，可以开设深入浅出的思政课程，如《马克思主义哲学》《中国特色社会主义理论体系概论》等，以增强学生的政治素质和理论素养；在大学阶段，可以开设具有深度的思政课程，如《马克思主义基本原理》《中国近现代史纲要》等，以提高学生的理论水平和综合素质。

教学内容是思政课的核心，直接影响着学生的学习效果和思想观念的形成。在教学内容方面，要注重内容的深度和广度，以及与现实生活的联系。首先，教学内容要具有层次性。针对不同学段的学生，教学内容的难度和深度应该有所不同。例如，在小学阶段，可以注重生活化和趣味性的内容，如诚信、友善、文明礼仪等；在初中阶段，可以注重社会主义核心价值观的内容，如公正、法治、爱国等；在高中阶段，可以注重马克思主义基本原理和中国特色社会主义理论体系的内容；在大学阶段，可以注重具有深度的理论和中国历史、文化等方面的内容。其次,教学内容要具有现实性。要结合时代背景和现实生活中的问题,引导学生运用所学知识去分析、解决问题。例如,可以结合当前的国际形势、社会热点、民生问题等,让学生了解国家的发展现状和未来趋势,培养学生的社会责任感和使命感。

教学方法是实现教学目标的重要手段。在教学方法方面,要注重多样化、互动性和创新性。首先,要采用多种教学方法。如讲授法、讨论法、案例分析法、小组合作法等,通过不同的教学方法,激发学生的学习兴趣和积极性,提高教学效果。其次,要加强师生互动。通过课堂讨论、小组合作等方式,鼓励学生积极参与课堂活动,促进师生之间的交流和互动。最后,要注重创新性。可以利用现代信息技术手段,如网络教学、在线学习等,创新教学方式和方法,提高学生的学习效果和综合素质。

教师是实现思政课纵向衔接的关键因素。在教师培训方面,要加强教师的专业素养和教学能力培训。首先,要加强教师的专业素养培训。思政课教师不仅要具备扎实的专业知识基础和广博的文化素养,还要具备较高的政治觉悟和理论素养。要通过参加学术会议、研讨会、读研深造等方式,提高教师的专业素养和理论水平。其次,要加强教师的教学能力培训。思政课教师要掌握多种教学方法和手段,能够根据不同学段和不同学生的特点因材施教。要通过观摩优秀教师的教学实践、参加教学研讨会等方式,提高教师的教学能力和教学水平。

四是通过学科竞赛、社会实践、校园文化等建设加强一体化建设贯通。学科竞赛是促进学生学习积极性和交流能力的重要途径。在学科竞赛方面,要注重竞赛的层次性和与教学内容的关联性。首先,竞赛的层次性要与教学内容相匹配。例如,在小学阶段可以组织文明礼仪大赛,初中阶段可以组织社会主义核心价值观知识竞赛,高中阶段可以组织马克思主义基本原理和中国特色社会主义理论体系的知识竞赛,大学阶段可以组织具有深度的理论和中国历史、文化等方面的知识竞赛。其次要注重竞赛与教学内容的关联性,要紧密联系教学内容展开竞赛,促进学生对教学内容的理解和掌握,提高学生运用知识的能力,扩展学生的视野和知识面。

通过社会实践的方式让学生更好地了解社会、了解国情,增强社会责任感和使命感。具体方式包括组织学生进行社会调查、访问爱国主义教育基地、志愿服务等。社会实践活动可以帮助学生深入社会了解国情，增强对祖国的认同感和归属感，同时也可以提高学生的综合素质和能力，为学生的未来发展打下坚实的基础。大学应增强共建共享意识，定期向中小学免费开放校史馆、图书馆、科技展馆、实验室等实践基地，让中小学与大学融会贯通，上好"行走的思政课"。同时，具有鲜明特色或光荣传统的中小学也可将自己的校园特殊建筑群、纪念馆等作为大学生的实践基地。这样可以帮助学生身临其境地感受我国波澜壮阔的发展历程，了解世界发展大势，增强其社会责任感和使命担当。

校园文化对于思政课的纵向衔接也有很大的影响。一是要注重校园文化的传承和创新，营造良好的育人环境。首先，校园文化要注重传承中华优秀传统文化，弘扬社会主义核心价值观。通过举办文化节、艺术节、讲座等方式让学生了解中华文化的博大精深，自觉传承中华优秀传统文化。其次，校园文化要注重创新。通过举办创意大赛、科技节等方式激发学生的创新思维，培养学生的创新能力。最后，校园文化要注重营造良好的育人环境。通过建设优美的校园环境、营造积极向上的氛围等方式，让学生在潜移默化中受到熏陶和教育，提高自身的思想道德素质和文化素养。

此外，要注重不同学段集中培训的作用。通过不同学段集中培训，可以增强思政课教师的沟通与交流，了解相邻学段的教学内容和教学方法，为本学段的教学创新打下坚实基础。同时，培训过程中还可以邀请相关领域的专家和学者进行授课和交流，提高思政课教师的专业素养和教学能力。

综上所述，初中思政课必须打破与小学、高中学段的壁垒，实现纵向学段间的有机衔接。这需要思政课教师具备一体化意识，构建一体化的育人、科研、培训、文化共同体，开展跨学段合作与交流。同时注重不同学段集中培训的作用，提高思政课教师的专业素养和教学能力，这样才能更好地发挥思政课的育人作用，培养具有社会责任感和历史使命感的社会主义建设者和接班人。

5. 整合思政资源构建长效保障机制

推动初中思政课改革创新，实现内涵式发展，思政资源的整合运用和长效机制的构建是保障。一是整合红色文化教育资源。初中思政课的重点目标是要打牢学生的思想基础，使学生认同中国共产党、认同中国特色社会主义，自觉承担起中华民族伟大复兴的光荣使命。要实现这一育人目标，除对学生开展必要的思想政治理论课外，还要充分发挥实践育人的作用，运用红色文化资源和实践教育基地，让学生在体验性学习中增强政治认同和坚定理想信念。将学生的情感性体验、现实性体验、意义性体验有机融合，真正培养担当民族复兴大任的时代新人。因此，在初中思政课的教学中，要善于将思政课堂和社会实践课堂结合起来，从理论与实践结合的角度，真正解决"怎样培养人"的根本问题。二是合理运用网络资源。运用信息技术和网络资源，构建思政课教育教学资源库和案例库，推动优质资源的有效开发和利用，打破传统的教育资源分布不均匀的情况。三是搭建一体化的交流平台。不同学段的思政课教师要进行有效的沟通和交流，必须要有交流平台作为保障。一体化交流平台可以促进教师分享教育教学经验，学习国家方针政策，互相交流教学中遇到的难题，解答教师的困惑，帮助思政课教师更好地开展教育教学工作。四是构建长效体制机制。一方面要做好顶层设计。探索组建各层级思政课一体化建设指导委员会，为不同层级、不同区域思政课一体化建设及学段思政课建设谋篇布局、咨询研判、统一协调、督促落实。另一方面，做好制度安排。探索建立区域思政课教师联席会议制度，思政课教师定期互访制度，推动思政课教师评价机制，创新、改革思政课教师的激励机制，真正发挥出体制机制的长效保障作用。

# 结　语

随着大中小学思政课一体化建设的深入推进，对不同学段开展的整体性研究也逐步进入学者们的视野当中。如何推进学段的思政课建设这一问题就摆在了学者和思想政治教育工作者的面前。义务教育阶段作为学校教育的基础性阶段，对学生的身心发展和成长成才起着关键的奠基作用。基础打不牢，学生的发展和育人的目标就难以达成。

对此，本书立足于大中小学思政课一体化建设的视域，研究义务教育学段思政课如何建设的问题。一是对研究的背景进行了梳理，厘清了政策文件对思政课建设的要求；其次梳理了学界相关的研究成果，明确了研究现状和不足之处，为本书的撰写提供了学术支撑。二是对义务教育阶段思政课的地位和作用按照小学和初中两个学段分别进行了梳理，明确了两个学段的特殊地位和重要作用。三是对义务教育学段的受教育者进行了研究，明确了目前主流的认知发展理论，总结了学生的思想品德形成规律，分析了小学和初中学生的身心发展特点，整体刻画了新时代的小学生和初中生的面貌。四是从课程目标和教学内容入手，梳理了小学思政课和初中思政课要解决的重点问题，明确了以核心素养培育为导向的义务教育学段思政课建设。五是分析了义务教育思政课与相邻学段思政课的衔接情况，从教学目标、教学内容、教学方法和教学评价四方面展开衔接分析，明确义务教育学段如何立足自身衔接好相邻学段的思政课，做到既立足整体又发展自身。六是以云南省大理州的思政课教师的问卷调查为例，研究小学和初中思政课在建设中存在的困境、成因，并探索解决的路径。通过以上六部分的研究期望对义务教育学段思政课的建设提出建议。

由于受限于编写团队能力水平和视野所辖的限制，以及材料搜集方面存在的不足，错误与遗漏之处在所难免。我们将在后续的工作中继续完善，也希望广大思政教育工作者和思政课研究者对本书提出意见或建议，共同推动义务教育学段的思政课建设，把大中小学思政课一体化建设推进得更加深入。

# 参考文献

（一）著作

[1] 中共中央马克思恩格斯列宁斯大林著作编译局．马克思恩格斯选集：第1卷［M］．北京：人民出版社，2012．

[2] 习近平．习近平总书记系列重要讲话读本［M］．北京：学习出版社，2016．

[3] 习近平．习近平谈治国理政：第一卷［M］．北京：外文出版社，2018．

[4] 习近平．习近平谈治国理政：第二卷［M］．北京：外文出版社，2017．

[5] 习近平．习近平谈治国理政：第三卷［M］．北京：外文出版社，2020．

[6] 习近平．习近平谈治国理政：第四卷［M］．北京：外文出版社，2022．

[7] 习近平．论坚持全面依法治国［M］．北京：中央文献出版社，2020．

[8]《思想道德与法治》编写组．思想道德与法治［M］．北京：高等教育出版社，2023．

[9]（法）爱弥儿．涂尔干．道德教育［M］．陈光金，沈杰，朱谐汉，译．上海：上海出版社，2006．

[10] 许瑞芳，等．新时代大中小学思政课一体化建设［M］．上海：华东师范大学出版社，2021．

[11] 张耀灿，陈万柏．思想政治教育学原理：第三版［M］．北京：高

等教育出版社，2015.

[12] 张耀灿，等. 思想政治教育学前沿 [M]. 北京：人民出版社，2006.

[13] 奚彦辉. 文化与认同：思想政治教育实践机制的深层理论探究 [M]. 北京：光明日报出版社，2021.

**（二）期刊**

[1] 孙其昂. 论大中小学思政课的三重逻辑 [J]. 学校党建与思想教育，2023（7）.

[2] 武燕. 补齐初中道德与法治核心素养培育短板 [J]. 中学政治教学参考，2023（18）.

[3] 蔡爱佳. 一体化视域下的问题导向策略 [J]. 中学政治教学参考，2023（46）.

[4] 易君霞，陈美兰. 大中小学思政课教学目标一体化设计探论 [J]. 中学政治教学参考，2023（1）.

[5] 黄冰凤，徐秦法. 大中小学思政课课程体系一体化需处理好的几对关系 [J]. 广西社会科学，2023（6）.

[6] 胡新峰，李丹. "大思政课"视域下实践育人一体化建设探析 [J]. 思想政治课教学，2023（8）.

[7] 李婧. 小初高同上一堂思政课实践探索 [J]. 中学政治教学参考，2023（29）.

[8] 严兴文，梁思贤. 教学评一致性实施的现状、问题与路径：以义务教育阶段思政课为例 [J]. 中学政治教学参考，2023（23）.

[9] 李静. 大中小学思政课教师一体化意识与能力养成探赜 [J]. 教育科学研究，2023（9）.

[10] 张彩云，马喜宁. 大中小学思政课教师队伍一体化建设的现实际遇与实践逻辑 [J]. 课程·教材·教法，2023，43（7）.

[11] 石海泉，霍雪辉. 存量优化与增量培育：思政课一体化教师队伍建设探论 [J]. 中学政治教学参考，2023（43）.

[12] 高静毅，张东方. 大中小学思政课师资队伍一体化建设的实践审思 [J]. 学校党建与思想教育，2023（19）.

[13] 金松，李正军，章绍麟. 大中小学思政课教师队伍一体化建设研究[J]. 学校党建与思想教育，2023（12）.

[14] 计琳，周敬山，谢诒范. 中小学思政课教师专业化发展现状、问题与对策研究[J]. 上海教育科研，2023（3）.

[15] 李爱琴，师海娟. 大中小学思政课一体化的价值共创[J]. 思想政治课教学，2023（11）.

[16] 董翔薇，孙雪. 地方性知识融入大中小学思政课一体化建设研究[J]. 齐齐哈尔大学学报（哲学社会科学版），2023（12）.

[17] 刘小勇，文晓夏. 推进大中小学思政课一体化建设的常态机制与路径[J]. 中学政治教学参考，2023（39）.

[18] 刘峰. 新时代大中小思政课一体化建设长效机制研究[J]. 教育理论与实践，2023，43（9）.

[19] 谢俊丽. 大中小学思想政治教育一体化建设存在的问题与对策[J]. 学校党建与思想教育，2023（22）.

[20] 陈鹏，刘侣萍. 大中小学思政课一体化建设的价值意蕴、生成动因与创新展望[J]. 学校党建与思想教育，2023（19）.

[21] 吴双，赵野. 三维双向：大中小学思政课一体化建设路向探寻[J]. 中学政治教学参考，2023（32）.

[22] 梁建新，王文静. 大中小学思政课一体化协同育人的五维进路[J]. 江苏高教，2023（8）.

[23] 冯建军. 大中小学思政课一体化的内容要求与推进措施[J]. 课程·教材·教法，2023，43（2）.

[24] 徐高虹. 从政策到实践：深化思政课一体化建设[J]. 思想政治课教学，2023（1）.

[25] 于冬梅，马婕，黄劲. 素养导向下小学生课堂参与度的影响因素及提升策略[J]. 教育导刊，2023（9）.

[26] 刘文，李永强，张中敏，等. 提议者的班级角色对中高年级小学生公平偏好的影响：来自ERP的证据[J]. 中国临床心理学杂志，2023，31（2）.

[27] 李振松. 新时代传承中华优秀传统家训文化的价值意蕴及路径[J]. 齐齐哈尔师范高等专科学校学报，2023（3）.

[28] 刘丽丽. 幼儿园教师在教学活动中融入爱国主义教育的研究[J]. 邢台学院学报, 2023, 38 (1).

[29] 吴优, 张健华. 统筹推进大中小学思政课有效衔接[J]. 中国高等教育, 2023 (17).

[30] 王小英, 刘思源. 幼儿深度学习的感性认识基础及其发展趋势[J]. 学前教育研究, 2023 (7).

[31] 赵丹妮, 尹永彩. 具身认知视域下小学生生命教育体验式学习探析[J]. 教学与管理, 2023 (12).

[32] 黄亚茜, 经柏龙. 卢梭家庭教育思想之精髓及其解析[J]. 黑龙江教师发展学院学报, 2023, 42 (2).

[33] 林可. 超越技术素养的公民品格建构：国际数字公民教育经验及其对我国德育变革的启示[J]. 教育学报, 2023, 19 (2).

[34] 谢晓娟, 路晓芳. 新时代推动大中小学思政课一体化建设研究[J]. 学校党建与思想教育, 2022 (11).

[35] 蔡亮, 赵梦天. 大中小学思政课一体化育人实效性探析[J]. 学校党建与思想教育, 2022 (18).

[36] 凌小萍. 大中小学思政课一体化建设的实践困境与突破路径[J]. 贵州师范大学学报（社会科学版）, 2022 (3).

[37] 冯建军. 义务教育道德与法治课程性质[J]. 思想政治课教学, 2022 (5).

[38] 李晓东, 黄彦霖. 道德与法治课程标准的修订背景与主要结构[J]. 中学政治教学参考, 2022 (26).

[39] 张善喜. 大中小学思政课一体化建设的制约因素与路径选择[J]. 中学政治教学参考, 2022 (12).

[40] 杨利利. 大中小学思想政治理论课一体化建设的三维探析[J]. 北京教育（德育）, 2022 (Z1).

[41] 奉元圆. 大中小学思政课一体化建设的逻辑向度及实践进路[J]. 西华师范大学学报（哲学社会科学版）, 2022 (6).

[42] 冯建军. 义务教育道德与法治课程理念[J]. 课程·教材·教法, 2022, 42 (6).

[43] 石书臣. 推进大中小学思政课一体化建设的理念与路径[J]. 学

校党建与思想教育，2022（1）．

［44］付洪，王丹阳．运用系统思维推进新时代大中小学思政课一体化建设探析［J］．马克思主义理论教学与研究，2022，2（2）．

［45］黄晓红．大中小学思政课一体化建设的几点思考［J］．北京教育（高教），2022（12）．

［46］曾令辉．论大中小学思想政治理论课一体化建设的三个基本问题［J］．思想教育研究，2022（8）．

［47］周增为，杨兰．基于核心素养的课程目标一体化设计：《义务教育道德与法治课程标准（2022年版）》课程目标解读［J］．课程·教材·教法，2022，42（9）．

［48］丁帅，陈旻．大中小学思想政治理论课课程内容一体化面临的问题及破解路径［J］．思想教育研究，2022（10）．

［49］杨立冬，周江．初高中思政课内容一体化建设的原则与途径［J］．中学政治教学参考，2022（7）．

［50］朱少雄，覃承凤，潘柳燕．大中小学思想道德与法治课程一体化的思考与建议［J］．高教论坛，2022（8）．

［51］吕增艳，王宇．略论情感叙事在大中小学思政课一体化教学中的应用［J］．东北师大学报（哲学社会科学版），2022（4）．

［52］徐秦法，张肖．破立并举：大中小学思政课一体化评价的理性审思［J］．江苏高教，2022（9）．

［53］赵启平．"大思政课"导向下初中思政课教学创新［J］．中学政治教学参考，2023（36）．

［54］杨兰，吴晓云．思政课教师对统编教科书的理解与使用：基于全国调研数据的分析［J］．课程·教材·教法，2023，43（12）．

［55］谢春风．教师视域下大中小学思政课一体化教学衔接机制建设的实证分析［J］．中国高等教育，2022（19）．

［56］张莉，徐国锋，吴涯．思政课教材内容纵向一体化衔接的问题分析［J］．中学政治教学参考，2022（39）．

［57］那琛，张必发．"同异"之间：初高中思政课一体化的思考与实践：以"基本经济制度"一框为例［J］．中学政治教学参考，2022（2）．

［58］牟文杰．初中道德与法治教师的角色转换［J］．中学政治教学参

考，2022（42）．

[59] 孙子洋，刘芳，孙莹炜．大中小学思政课一体化网络平台构建研究［J］．齐齐哈尔大学学报（哲学社会科学版），2022（11）．

[60] 周奇，李茂春．论大中小学思政教育一体化建设［J］．中学政治教学参考，2022（39）．

[61] 徐建飞，董静．大中小学思想政治理论课一体化建设：内涵逻辑、实践困囿与优化方略［J］．社会主义核心价值观研究，2022，8（4）．

[62] 胡新峰，陈麒．新时代背景下大中小学思想政治教育一体化建设研究［J］．思想政治教育研究，2022，38（4）．

[63] 徐秦法，黄俞静．纵向衔接：构建"链条式"大中小学思政课一体化课程内容体系［J］．思想理论教育导刊，2022（2）．

[64] 郭绍均．统筹推进新时代大中小学思政课一体化建设的理念及路径探究［J］．课程·教材·教法，2022，42（7）．

[65] 陈改君．大中小学教材领域的意识形态风险及其防范［J］．学校党建与思想教育，2022（18）．

[66] 张海明．吉林省小学道德与法治学科一体化建设现状调研［J］．吉林省教育学院学报，2022，38（3）．

[67] 杨洁．论孔子"均、和、安"的公平正义思想［J］．伦理学研究，2022（1）．

[68] 程英．幼儿教师对中华优秀文化启蒙教育的态度及教学效能感［J］．教育评论，2022（8）．

[69] 吕璐璐．君子之道：《论语》中孔子的君子教育思想论析［J］．教育与教学研究，2022，36（9）．

[70] 杨志成．论大中小幼一体化德育体系建设的大学担当［J］．中国高等教育，2022（1）．

[71] 陈占安．明确关键课程定位配齐建强教师队伍：重温习近平总书记"3·18"重要讲话［J］．学校党建与思想教育，2022（11）．

[72] 杨增崒，赵月．善用"大思政课"：深刻内涵、时代价值与建设理路［J］．学校党建与思想教育，2022（5）．

[73] 孔晓娟．我国家庭教育政策40年：嬗变与前瞻［J］．教育科学研究，2022（5）．

[74] 陈文梅．促进小学生从形象思维向抽象思维过渡的几种方法［J］．人民教育，2022（Z3）．

[75] 欧素菊．少数民族非物质文化遗产的教育功能及其释放：以桂林市某小学为例［J］．教育观察，2022，11（26）．

[76] 陈磊，徐秦法．大中小学思政课一体化建设的"段间规律"探寻［J］．中国大学教学，2022（6）．

[77] 陈思．大中小一体化建设视域初中思政课定位与特征［J］．中学政治教学参考，2021（23）．

[78] 金钊．义务教育阶段道德与法治学科核心素养的整体建构［J］．中学政治教学参考，2021（39）．

[79] 虞明霞，陈艳．初中道德与法治教学新样态之构建［J］．中学政治教学参考，2021（38）．

[80] 徐秦法，赖远妮．以教育逻辑为遵循构建大中小学思政课一体化教学方法［J］．中国大学教学，2021（12）．

[81] 李超民，李想，吴芳．大中小学思想政治课教材一体化建设研究［J］．天津师范大学学报（基础教育版），2021，22（4）．

[82] 毛志浩．《道德与法治》教材修订中的"变"与"不变"［J］．思想政治课教学，2021（3）．

[83] 申霞，赵凯，申国昌．基础教育思政课教材贯穿立德树人根本任务刍议［J］．课程·教材·教法，2021，41（4）．

[84] 孙辉，杨立冬．初高中思政课一体化建构困境与策略［J］．中学政治教学参考，2021（25）．

[85] 陈小春．初高中思政教学一体化设计探索［J］．中学政治教学参考，2021（21）．

[86] 胡莉英．"教科研训一体化"服务思政教师专业发展：以太仓市小学道德与法治教师队伍建设为例［J］．中学政治教学参考，2021（3）．

[87] 吴宏政，高丹．大中小学思政课一体化建设的目标论要［J］．东北师大学报（哲学社会科学版）．2021，（5）．

[88] 赵欣，崔红艳，安文娟．思政课一体化建设的内涵、困境与提升路径研究［J］．中国教育学刊，2021（S2）．

[89] 杨韶刚，郭嫄．小学儿童品德心理发展的教育支架［J］．当代教

227

育科学，2021（11）．

［90］黄冰凤．一体化背景下小学思政课的现实图景与实践策略［J］．湖北师范大学学报（哲学社会科学版），2021，41（5）．

［91］邱凯祥．小学思政课渗透生态道德教育的构建与实施研究［J］．黑龙江教师发展学院学报，2021，40（7）．

［92］王宇．新时代背景下跨文化敏感度内涵探析：以本土化研究为例［J］．辽宁师范大学学报（社会科学版），2021，44（1）．

［93］刘晓青．论近代欧洲启蒙思想与现代性［J］．当代中国价值观研究，2021，6（4）．

［94］杨玉红．绘本教学对幼儿教育的启蒙作用［J］．黑龙江教师发展学院学报，2021，40（3）．

［95］丁晶，林巧丹．深度学习视野下的小学《道德与法治》德法融合教学实践研究［J］．宁德师范学院学报（哲学社会科学版），2021（4）．

［96］章乐．论德育课程中知识学习的定位与教学策略：兼论统编小学《道德与法治》教材对知识的处理［J］．课程·教材·教法，2021，41（1）．

［97］张子麟，周秀菊．从游戏到学习：打开思政学习体验新视界［J］．中学政治教学参考，2021（15）．

［98］王治东．统筹推进大中小学思政课一体化建设的三个维度［J］．中国高等教育，2020（1）．

［99］吴宏政．从知识增长到价值认同的逻辑进路：大中小学思政课一体化建设中的教育规律探寻［J］．学术论坛，2020，43（6）．

［100］陈丽微．学校思想政治理论课一体化建设的四个维度［J］．教育学术月刊，2020（4）．

［101］程英．一体化视域下义务教育阶段思政课的重要性探析［J］．中学政治教学参考，2020（18）．

［102］卢黎歌，耶旭妍，王世娟，等．统筹推进大中小学思政课一体化建设研究：学习习近平总书记在学校思想政治理论课教师座谈会上的重要讲话精神笔谈［J］．北京工业大学学报（社会科学版），2020，20（1）．

［103］宋婷．构建大中小学思政课一体化育人格局［J］．思想政治课教学，2020（5）．

［104］安宝珍，郭雨馨．"儿童哲学"视角下小学道德与法治课教学

[J]．教学与管理，2020（2）．

［105］白秀．《道德与法治》教材一体化建设面临的问题及对策[J]．中学政治教学参考，2020（37）．

［106］陈红，张源媛．新时代小学教育中的爱国主义教育[J]．文学教育（下），2020（3）．

［107］朱光辉．新时代大中小德育一体化的内涵、挑战与对策[J]．思想政治教育研究，2020，36（4）．

［108］孔嘉黎．初中学生的法治素养培育[J]．思想政治课教学，2020（8）．

［109］唐燕．为什么从事德育：论小学道德与法治课教师的道义动机及其建构[J]．中国教育学刊，2020（6）．

［110］佘双好，张琪如．习近平总书记在学校思想政治理论课教师座谈会重要讲话研究透析[J]．学校党建与思想教育，2020（5）．

［111］蒋洪池，熊英．日本小学劳动教育：形式、特点及启示[J]．外国教育研究，2020，47（12）．

［112］袁志刚，林燕芳．劳动力迁移、经济活动空间分布与中国未来区域一体化趋势：一个空间与经济地理学文献综述的视角[J]．社会科学战线，2020（10）．

［113］孙立会，王晓倩．计算思维培养阶段划分与教授策略探讨基于皮亚杰认知发展阶段论[J]．中国电化教育，2020（3）．

［114］邓赐平．皮亚杰发生认识论视角下的儿童思维与智慧发展[J]．心理研究，2020，13（4）．

［115］李志强．再谈新时代"思想道德修养与法律基础"课中的道德与法律关系问题[J]．思想教育研究，2020（8）．

［116］王立仁，白和明．关于大中小学思想政治理论课课程内容一体化建设的构想[J]．思想理论教育，2019（11）．

［117］张彩云．大中小学思政课一体化建设新图景[J]．中学政治教学参考，2019（34）．

［118］余华，涂雪莲．关于大中小学思想政治理论课教学有效衔接的思考[J]．思想理论教育，2019（9）．

［119］王世光．家乡观念的建构：以小学德育教科书为中心的考察

[J]．课程·教材·教法，2019，39（4）．

[120] 翟东升．从地区价值链到亚洲命运共同体：国际政治经济学视角下的中国崛起和东亚复兴[J]．教学与研究，2019（6）．

[121] 杜晓丛．灵魂回忆说对中学思想政治课"灌输式"教学问题的应对[J]．吉林省教育学院学报，2018，34（10）．

[122] 牛秋霞，裴士瑞．小学低年级图画书阅读指导策略[J]．文山学院学报，2016，29（5）．

[123] 孙彩平．小学德育教材中儿童德育境遇的转变及其伦理困境[J]．华中师范大学学报（人文社会科学版），2016，55（3）．

[124] 朱小蔓．将学生核心素养的发展作为小学教育的使命[J]．人民教育，2015（13）．

[125] 沈燕明，张思思，许勇．体验式教育融入大学生思想政治教育的思考与实践[J]．思想理论教育导刊，2015（10）．

[126] 刘孝友，吴先伍．面貌伦理与情景化道德教育[J]．江淮论坛，2015（3）．

[127] 苏守波，李涛．国家认同与当代青少年公民意识教育[J]．中国青年研究，2015（8）．

[128] 何珂．"他—我"之间的德育张力：基于人教版小学德育教材的分析[J]．教育学术月刊，2014（10）．

[129] 朱小蔓，王慧．关于大中小学德育课程衔接的思考[J]．课程·教材·教法，2014，34（1）．

[130] 李占星，牛玉柏，曹贤才．心理理论、道德情绪与儿童公平行为的关系[J]．中国临床心理学杂志，2014，22（2）．

[131] 班华．德育目标应有的要求：民族精神与世界精神统一[J]．教育研究，2013，34（2）．

[132] 王易，彭思雅．试论思想品德的形成规律[J]．教学与研究，2012（9）．

[133] 沈壮海．国别思想政治教育研究的补白之作：读新著《德国政治教育研究》[J]．思想理论教育导刊，2011（1）．

[134] 郑航，王清平．中小学生思想品德现状及教育对策[J]．教育科学研究，2011（3）．

[135] 徐志刚，朱小蔓．情感培育：在小学生心中播下道德的种子 [J]．中国教育学刊，2011（6）．

[136] 鲁洁．道德教育的根本作为：引导生活的建构 [J]．教育研究，2010，31（6）．

[137] 檀传宝．德育功能简论 [J]．中国教育学刊，1999（5）．

[138] 李志远，张秋生．经济结构调整中的系统理论 [J]．集团经济研究，1997（10）．

（三）学位论文

[1] 潘维威．初高中思政课教学衔接问题及对策研究 [D]．重庆：重庆三峡学院，2023．

[2] 韩小雨．同课异构助推大中小学思政课教学一体化研究 [D]．漳州：闽南师范大学，2023．

[3] 曾德想．初高中思政课政治认同培育衔接研究 [D]．桂林：广西师范大学，2023．

[4] 陈睿．新时代大中小学思政课课程内容一体化建设研究 [D]．昆明：云南财经大学，2023．

[5] 王敏．大中小学思政课一体化背景下初高中思政课教学衔接研究 [D]．固原：宁夏师范学院，2023．

[6] 陈玉玭．大中小学思政课学段间"螺旋上升"问题研究 [D]．长春：吉林大学，2023．

[7] 孙洋．推进大中小学思政课教材使用一体化建设研究 [D]．长春：吉林农业大学，2022．

[8] 刘萌萌．中学思政课一体化视角下的中华优秀传统文化教学研究 [D]．上海：华东师范大学，2022．

[9] 冯桐华．初中思政课中考命题分析及教学应对策略研究 [D]．上海：华东师范大学，2022．

[10] 张静帆．初高中思政课一体化教学路径研究 [D]．上海：华东师范大学，2022．

[11] 李鹏飞．大中小学思政课法治教育一体化研究 [D]．青岛：青岛大学，2022．

［12］周迎迎."一体化"视域下初高中思政课教学衔接研究［D］.安庆：安庆师范大学，2022.

［13］戴晓桐.大中小学思政课集体备课现状与优化策略［D］.安庆：安庆师范大学，2022.

［14］李晓芳.初高中思政课教学内容衔接研究［D］.济宁：曲阜师范大学，2022.

［15］许文娇.提升初中思政课线上教学有效性的策略研究［D］.合肥：合肥师范学院，2022.

［16］杨映.沉浸式体验法在初中思政课的应用研究［D］.广州：广州大学，2022.

［7］储悦.一体化背景下大中小学思政课学段衔接的路径探析［D］.漳州：闽南师范大学，2022.

［18］刘笑琳.初高中思政课教学有效衔接问题及对策研究［D］.洛阳：洛阳师范学院，2022.

［19］张熙萍.初高中思政课法治教育内容衔接研究［D］.上海：华东师范大学，2022.

［20］杨迪."思政课一体化"背景下初高中思政课教学衔接研究［D］.上海：华东师范大学，2021.

［21］涂雪莲.中小学思政课法治模块的学习进阶研究［D］.成都：四川师范大学，2021.

［22］王羽.大中小学一体化视阈下思政课教师队伍建设研究［D］.武汉：武汉理工大学，2021.

［23］王诗琪.小学生规则行为的培养研究［D］.呼和浩特：内蒙古师范大学，2023.